第12版

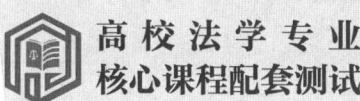

劳动与社会保障法
配套测试

解析

教学辅导中心 / 组编 编委会主任 / 周圆

中国法治出版社
CHINA LEGAL PUBLISHING HOUSE

目　　录

基础理论篇

第一章　劳动法概述 …………………………………………………………… 1
第二章　法律关系 ……………………………………………………………… 12
第三章　劳动法主体 …………………………………………………………… 19
第四章　法律责任 ……………………………………………………………… 24

劳动关系协调篇

第五章　劳动合同 ……………………………………………………………… 26
第六章　集体合同 ……………………………………………………………… 57
第七章　劳动规章制度 ………………………………………………………… 62
第八章　职工民主管理 ………………………………………………………… 64

劳动基准篇

第九章　工作时间与休息休假 ………………………………………………… 65
第十章　工资 …………………………………………………………………… 69
第十一章　劳动保护 …………………………………………………………… 75

劳动保障篇

第十二章　劳动就业 …………………………………………………………… 81
第十三章　职业培训 …………………………………………………………… 85
第十四章　社会保险 …………………………………………………………… 89
第十五章　职工福利 …………………………………………………………… 102

劳动执法篇

第十六章　劳动争议处理 ……………………………………………………… 105
第十七章　劳动监察 …………………………………………………………… 118
综合测试题一 …………………………………………………………………… 121
综合测试题二 …………………………………………………………………… 125

基础理论篇

第一章 劳动法概述

☑ 单项选择题

1. **答案：C**。劳动法意义上的劳动，专指劳动者为谋生所从事的履行劳动法规、集体合同和劳动合同所规定义务的劳动。从主体看，它主要是以雇员身份所从事的劳动，不包括家务劳动、自然人雇用劳务和合伙人的劳动；从目的上看，它是作为一种谋生手段的有偿劳动；从性质看，它是提供劳动法律意义上的劳动，而非提供如赡养、抚养义务等民事法律意义上的劳动。劳动法是调整劳动关系和与劳动关系密切联系的社会关系的法律部门，可以说，劳动法都是与劳动有关的法律。

2. **答案：D**。作为劳动法调整对象的劳动关系，是指劳动力所有者（劳动者）与劳动力使用者（用人单位）之间，为实现劳动过程而发生的一方有偿提供劳动力由另一方用于同其生产资料相结合的社会关系。《劳动法》第2条规定，在中华人民共和国境内的企业、个体经济组织（以下统称用人单位）和与之形成劳动关系的劳动者，适用本法。国家机关、事业组织、社会团体和与之建立劳动合同关系的劳动者，依照本法执行。依此，A、B、C项错误。

3. **答案：A**。本题考查的是《劳动法》的调整对象。劳动法的调整对象以劳动关系为主，还包括与劳动关系密切联系的其他社会关系。A项中的关系属民事劳务关系，B项、C项中的关系都是劳动关系，D项中的关系属于与劳动关系密切联系的社会关系。

4. **答案：D**。通常认为，劳动法与社会保障法既相互独立，又有很深的渊源关系。劳动法与社会保障法的构成内容中有相互重叠和交叉的部分。社会保障法的内容一般包括社会保险、社会救济、社会福利与社会优抚四大部分。其中，社会保险的适用对象主要是工资关系中的劳动者，因而又是劳动法所包含的内容。

5. **答案：B**。基本劳动标准，又称劳动基准，是国家为保护劳动者的利益而制定的有关劳动条件与劳动待遇的最低标准。它是劳动法规定的强制性标准，不允许当事人协议排除其适用。用人单位只能高于基本劳动标准向劳动者提供劳动条件与劳动待遇，而不能低于基本劳动标准约定劳动条件与劳动待遇。

6. **答案：C**。本题考查的是《劳动法》的宗旨、功能、目标。劳动法就其宗旨而言，具有双重性，既是劳动者保护法又是劳动管理法。其中，作为劳动者保护法，主要体现公平；作为劳动管理法，主要追求效率。但保护劳动者是劳动法的主要宗旨、功能、目标，劳动管理则次之。简言之，劳动法应兼顾公平与效率，但更偏重于公平。另外，关于A选项存在很大迷惑性。虽然从法体系层面上看，劳动法的调整对象以劳动关系为主，还包括与劳动关系密切联系的其他社会关系；但更为确切地说，在劳动法律体系中作为劳动关系协调法的《劳动合同法》更侧重调整劳动关系。题干中有意特指劳动法律体系中的基本法，即《劳动法》的功能目标侧重，而劳动法律体系中除了劳动关系协调法之外，还有劳动就业法、劳动基准法、劳动争议处理法、劳动保障法等具体部门法，因此在整个劳动法律体系中保护劳动者相较调整劳动关系的功能目标更为重要。

7. **答案：D**。根据劳动者倾斜保护理论，在劳动关系中，劳动者处于事实上的弱势地位，加之劳动关系的人身性和隶属性特征，劳动法应对劳动者进行倾斜保护。这在劳动立法上的体现一般包括：偏重于规定劳动者的权利和用人单位的义务；以强行性规范规定基本劳动标准；对用人单位单方解除劳动关系实行严格限制；在劳动监察制度中，监察对象一般只限于或者主要是用人单位遵守劳动法的行为等方面。

8. **答案**：B。对于非全日制用工，《劳动合同法》第 68 条规定："非全日制用工，是指以小时计酬为主，劳动者在同一用人单位一般平均每日工作时间不超过四小时，每周工作时间累计不超过二十四小时的用工形式。"第 69 条第 2 款规定："从事非全日制用工的劳动者可以与一个或者一个以上用人单位订立劳动合同；但是，后订立的劳动合同不得影响先订立的劳动合同的履行。"

多项选择题

1. **答案**：BC。劳动法是指调整劳动关系以及与劳动关系密切联系的其他社会关系的法律规范的总称。劳动法不仅调整劳动关系，还调整某些与劳动关系密切联系的其他社会关系。

2. **答案**：BD。作为劳动法调整对象的劳动关系，是指劳动力所有者（劳动者）与劳动力使用者（用人单位）之间，为实现劳动过程而发生的一方有偿提供劳动力由另一方用于同其生产资料相结合的社会关系。它的双方当事人一方为劳动者，另一方为用人单位，兼有平等性与隶属性；是为实现劳动过程而发生的社会关系，但并非在所有争取和实现劳动权过程中发生的关系都是劳动关系，如劳动服务关系、劳动争议处理关系等，则属于与劳动关系密切联系的其他社会关系。

3. **答案**：ABC。劳动法所调整的"其他社会关系"，即在劳动关系运行过程中及其前后，为实现劳动关系而发生的社会关系。这些社会关系与劳动关系有着密切联系，其目的必须是实现劳动关系，因此，并非所有与劳动关系有逻辑联系的都是"其他社会关系"。与劳动关系的密切联系主要体现在：有的是劳动关系赖以建立的必要前提，有的是为了使劳动关系正常运行而伴随劳动关系发生的，有的是劳动关系发展、变化的直接后果。

4. **答案**：ABCD。本题考查的是《劳动法》的调整对象。劳动法的调整对象以劳动关系为主，还包括与劳动关系密切联系的其他社会关系。A 项属于劳动关系，其他各项则属于与劳动关系密切联系的其他社会关系。

5. **答案**：AB。本题的考点是劳动法的调整范围。《劳动法》第 2 条规定，在中华人民共和国境内的企业、个体经济组织（以下统称用人单位）和与之形成劳动关系的劳动者，适用本法。国家机关、事业组织、社会团体和与之建立劳动合同关系的劳动者，依照本法执行。因此，A、B 项是当然的准确答案；D 项的错误也比较明显，劳动合同的一方必然是劳动者，甲公司与乙公司之间的合同肯定不是劳动合同了，另外劳务合同与劳动合同是有本质区别的；对于 C 项的判断，相对较难。从形式上看，公司董事长与公司之间签订的聘用合同属于劳动合同的一种。但董事长的地位比较特殊，无论是股份有限公司还是有限责任公司，作为董事的董事长首先是股东会选举出来的，而后或者选举（股份有限公司）或者依章程（有限责任公司）产生。国有独资公司中董事会成员由履行出资人职责的机构委派，董事长由履行出资人职责的机构从董事会成员中指定。此外，董事长可以同时在多家公司担任董事职务。由此可见，董事长不是劳动法意义上的劳动者，很大程度上其所体现的是公司行政一方的立场，其与公司之间是代表和被代表的关系，而不是劳动合同关系，故不受劳动法的调整。

6. **答案**：BC。《劳动法》第 2 条规定："在中华人民共和国境内的企业、个体经济组织（以下统称用人单位）和与之形成劳动关系的劳动者，适用本法。国家机关、事业组织、社会团体和与之建立劳动合同关系的劳动者，依照本法执行。"公务员和依法参照执行公务员制度的劳动者、现役军人、家庭保姆一般不能直接适用劳动法。事业单位工作人员要作区分，如果其与事业单位形成劳动合同关系的，则依照劳动法执行；如属依法参照执行公务员制度的（属人事关系范畴），则不直接适用劳动法；农业农村农民劳动者究竟是否可以直接适用劳动法，要具体情况具体分析，不能一概而论，如进城务工与企业建立劳动关系的，则应受劳动法的调整。

7. **答案**：BCD。本题考查的是劳动法的基本特征。A 选项有理论难度，在我国学理上劳动法通说属于公法、私法融合的社会法域，在实践中劳动法是社会法的重要组成部分。

8. **答案**：CD。劳动法渊源，是指劳动法律规范的来源和具体表现形式。它包括规范性文件和准规范性文件两大类。在我国，规范性文件主要包括宪法、法律、行政法规、部门规章、地方性法规及经济特区法规、地方规章、国际法律文件等；准规范性文件则包括劳动政策、标准制定机关制定的劳动标准、抽象劳动行政行为、中华全国总工会制定的规章、规范性劳动法规解释等。企业工会与企业行政订立的集体合同以及企业内部劳动规则只在本企业内有效，故不被视为劳动法的形式。

9. **答案**：BD。劳动关系协调法，又称劳动关系法，主要是由以实现劳动关系运行协调化为基本职能的各项劳动法律制度所构成，包括劳动合同法、集体合同法、用人单位内部劳动规则法、职工民主管理等法律制度。

10. **答案**：ACD。本题考查了劳动关系的有关概念。劳动关系是指劳动力所有者与劳动力使用者之间，为实现劳动过程而发生的一方有偿提供劳动由另一方用于同其生产资料相结合的社会关系。因此，劳动关系的当事人是特定的，一方是劳动者，另一方是用人单位。A 正确。选项 B 错误。劳动行政部门与劳动者、用人单位之间的关系属于与劳动关系密切联系的其他社会关系。选项 C 正确。劳动关系具有人身属性，用人单位有权依法管理和使用劳动者。劳动关系具有财产关系的属性，劳动者有偿提供劳动力，用人单位向劳动者支付报酬。选项 D 正确。双方当事人在建立、变更劳动关系时，应依照平等自愿、合法原则进行，因而劳动关系具有平等性。同时，劳动关系具有从属性，劳动关系一经确立，劳动者即成为用人单位的职工，与用人单位存在身份、组织和经济上的从属关系，用人单位按照其劳动规章制度管理和使用劳动者，双方形成管理与被管理、支配与被支配的关系。

不定项选择题

1. **答案**：ACD。参见重点知识一的我国劳动法上的劳动的概念及特征，故 B 项错误，C、D 项正确。我国宪法明确规定，公民有劳动的权利和义务，故 A 项也正确。

2. **答案**：ABCD。根据《劳动和社会保障部关于确立劳动关系有关事项的通知》，劳动关系当事人一方必须为用人单位，另一方则为劳动者。同事之间的关系显然不属于劳动关系，个体劳动者与其家庭成员共同劳动的关系也非劳动关系；承揽人与定作人之间的关系，是承揽关系，属于民事劳务关系，适用民法；农民在市场上出售自己的劳动产品，属于民事买卖关系。

3. **答案**：ACD。集体合同争议，是工会与用人单位就集体合同的签订和履行发生的争议，属于与劳动关系密切联系的其他社会关系，故在劳动法的调整范围之内；社会救济、军人优抚、公共福利既不存在劳动关系，也不属于与劳动关系密切联系的其他社会关系，故不为劳动法所调整，而属于社会保障法的调整范畴。

4. **答案**：CD。履行出版合同，属于民事劳务关系；个体户与其家庭成员共同劳动所形成的共有关系，显然属民事关系；C 项中的关系属于劳动法调整的劳动关系；D 项中的关系则属于与劳动关系密切联系的其他社会关系，也在劳动法的调整范围之内。

5. **答案**：BCD。劳务关系属于民事关系，主要适用民法；劳务关系强调劳动成果的给付，稳定性不如劳动关系。技术人员在业余时间兼职，具有双重劳动关系，故 C 项中的关系属于劳动关系；D 项中的关系是加工承揽合同关系，属劳务关系。

6. **答案**：ABCD。本题的考点是劳动法的作用。劳动法作为以劳动关系为主要调整对象、以保护劳动者为主要宗旨的法律部门，自产生以来，对社会经济的发展一直起着巨大作用，主要体现在以下方面：有助于促进生产力的发展、有助于市场经济的健康运行、有助于保障人权、有助于社会安定。

名词解释

1. **答案**：作为劳动法调整对象的劳动关系，是指劳动力所有者（劳动者）与劳动力使用者（用人单位）之间，为实现劳动过程而发生的一方有偿提供劳动力由另一方用于同其生产资料相结合的社会关系。其下述内涵要点尤其值得重视：（1）劳动者与雇主（用人单位）的关系。（2）劳动力与生产资料相结合的关系。（3）劳动力使用关系。（4）劳动组织关系。（5）劳动力有偿转让（或称劳动力交易）关系。

2. **答案**：劳动法是指调整劳动关系以及与劳动关系密切联系的其他社会关系的法律规范的总称。它是法律体系中独立的法律部门。以上表述即为广义上使用的劳动法。狭义的劳动法仅指一个国家的劳动法律，如《劳动法》。

3. **答案**：根据基本原则的本质属性和确立标准，我国劳动法的基本原则可以归纳为劳动自由、劳动者权益保障和劳动协调三项。（1）劳动自由原则是指劳动者有权按照自己意愿决定是否参加社会劳动以及根据社会需要和自己特长、兴趣爱好自由选择职业。（2）劳动者权益保障原则是指对劳动者合法权益的特别保护或者倾斜性保护。（3）劳动协调原则是劳动法调整劳动关系的基本准则。劳动自由、劳动者权益保障、劳动协调三项基本原则，有其内在的逻辑联系。劳动自由原则是劳动法律制度的基础，劳动者权益保障原则是劳动法的实质和核心，劳动协调原则是劳动法调整劳动关系的基本方法。

4. **答案**：劳动法体系，是指一国的全部劳动法律规范按照一定标准分类组合所形成的，具有一定纵向结构和横向结构的有机整体。我国劳动法体系主要涵盖劳动就业法、劳动基准法、劳动关系协调法、劳动争议处理法等部分。

5. **答案**：劳动基准法，又称基本劳动条件法，主要由以实现劳动者权益（或称劳动条件）基准化（即制定和实施劳动基准）为基本职能的各项劳动法律制度所构成，包括工时、工资、劳动安全卫生条件、劳动争议处理等劳动法律制度。

简答题

1. **答案**：一般意义的劳动，是指人们在物质生产和精神生产过程中，通过使用（消费）劳动力，运用劳动资料作用于劳动对象，创造使用价值以满足人们需要的有目的的活动。最简明的表述，劳动即劳动力的使用。我国当前劳动法中劳动，除了有其一般含义外，还有其特定内涵。主要包括，（1）职业劳动。劳动的目的有谋生与非谋生之分。作为谋生手段的劳动，也就是为获取作为其生活主要来源的劳动报酬而相对稳定在一定劳动（工作）岗位上所从事的劳动，即职业劳动；而不以谋生为目的的劳动，如"义务劳动"，志愿者的劳动，现役军人的军工劳动，家庭成员的家务劳动，均非职业劳动，都不属于当前我国劳动法所调整的劳动。（2）受雇劳动。劳动有受雇劳动与自营劳动之分，我国当前劳动法上的劳动一般只限于受雇劳动。受雇劳动又称他雇劳动，是在雇主的组织、安排、指示下，以雇主的名义从事的劳动。自营劳动又称自雇劳动，即以生产资料所有者或经营者的身份从事的劳动，独立自主性强。例如，个体工商户业主、合伙人、自由职业者、公司法定代表人的劳动，农民在其自己的承包地、责任田中从事的劳动，不属于我国当前劳动法上的劳动。值得注意的是，在有的国家，将工具化的自营劳动一定程度上纳入劳动法的调整范围，如德国劳动法中"类雇员"、意大利劳动法中的"准从属性劳动"等。（3）从属性劳动。劳动者在雇主所组织的劳动中处于从属地位，受雇主的内部劳动规则的约束，受雇主意志的支配。

2. **答案**：作为劳动法调整对象的劳动关系，是指劳动力所有者（劳动者）与劳动力使用者（用人单位）之间，为实现劳动过程而发生的一方有偿提供劳动力由另一方用于同其生产资料相结合的社会关系。在现代市场经济中，劳动关系的一般特征主要表现在：

（1）它的当事人一方固定为劳动力所有者和支出者，称劳动者，另一方固定为生产资料占有者和劳动力使用者，称用人单位（或雇主）。

（2）它的内容以劳动力所有权与使用权相分离为核心。一方面，劳动者将其劳动力使用权让渡给用人单位，由用人单位对劳动力进行分配和安排，以同其生产资料相结合；另一方面，劳动者仍然享有劳动力所有权，用人单位在使用劳动力的过程中应当为劳动者提供保障劳动力再生产所需要的时间、物质、技术、学习等方面的条件。

（3）它是人身关系属性和财产关系属性相结合的社会关系。劳动者向用人单位提供劳动力，实际上就是劳动者将其人身在一定限度内交给用人单位，因而劳动关系就其本来意义说是一种人身关系。由于劳动者以让渡劳动力使用权来换取生活资料，用人单位要向劳动者支付工资等项物质待遇，这是一种通行的商品等价物交换原则中的等量劳动相交换。就此意义而言，劳动关系同时又是一种财产关系。

（4）它是平等性质与隶属性质兼有的社会关系。劳动者与用人单位之间通过相互选择可以合同形式确立劳动关系，并可以通过协议来续延、变更、暂停、终止劳动关系。这表明劳动关系是一种平等关系，即平等主体间的合同关系。然而，劳动关系一经缔结，劳动者就成为用人单位的职工，用人单位就成为劳动者的支配者和劳动者的管理者。这使得劳动关系又具有隶属性质，成为一种隶属主体间的以指挥和服从为特征的管理关系。

3. **答案**：个别劳动关系是相对于集体劳动关系而言的，是劳动者个人在运用劳动能力，实现劳动过程时与用人单位发生的关系。个别劳动关系是基础层面的劳动关系，或劳动关系的基本形态。人们在社会生活中所说的劳动关系通常是指个别劳动关系。集体劳动关系是指在实现劳动过程中，代表劳动者的劳动者团体为了劳动条件、劳动标准等涉及劳动者整体利益的事项而与用人单位发生的社会关系。

二者的区别主要是：（1）当事人不同。个别劳动关系是指劳动者个人与用人单位发生的关系；集体劳动关系是由劳动者团体代表劳动者与用人单位发生的关系。（2）内容不同。个别劳动关系涉及的是劳动者个人；集体劳动关系中，劳动者个人意志通过劳动者团体表现出来，涉及的是用人单位劳动关系的整体内容。

二者的联系体现在：（1）集体劳动关系是在个别劳动关系存在和发展的基础上形成的，没有个别劳动关系，集体劳动关系便无法形成。（2）集体劳动关系并不是个别劳动关系的简单叠加，集体劳动关系改变了个别劳动关系的从属特征，使双方的力量对比获得了相对平衡。个别劳动关系具有隶属关系的属性，劳动者处于相对弱者的地位，劳动者与用人单位之间的关系严重失衡；而集体劳动关系中，劳动者个人意志通过劳动者团体表现出来，由劳动者团体代表劳动者与用人单位交涉劳动过程中的事宜，有助于克服个别劳动关系的内在不平衡。

4. **答案**：《劳动法》第2条规定："在中华人民共和国境内的企业、个体经济组织（以下统称用人单位）和与之形成劳动关系的劳动者，适用本法。国家机关、事业组织、社会团体和与之建立劳动合同关系的劳动者，依照本法执行。"这是关于劳动法适用范围的规定，虽然不一一对应我国劳动法调整劳动关系的范围，但涵盖并指引了劳动法调整劳动关系的范围，具体而言：

（1）企业、个体经济组织（即个体工商户）与劳动者形成的劳动关系直接受劳动法调整。其中的"企业"，包括各种法律形态、各种所有制形式、各种行业的企业。

（2）国家机关、事业组织、社会团体的劳动关系中，仅限于劳动合同关系直接受劳动法调整。就其劳动者范围而言，包括国家机关、事业组织、社会团体的工勤人员，企业化事业组织的非工勤人员，以及其他通过劳动合同与国家机关、事业组织、社会团体确立劳动关系的劳动者。可以预料，随着劳动合同制度在国家机关、事业单位、社会团体中适用范围的扩大，会有更多的劳动者适用于劳动法。

（3）国家机关、事业组织、社会团体的非合同劳动关系，即公务员和依法参照执行公务员制度的劳动者，以及农村农业劳动者（不包括进城务工的农民工）、现役军人、家庭佣人等，不直接受劳动法调整，而分别直接受相应的公务员法、农业法、军事法、民法调整。

另外需要特别注意的是"适用本法"与"依照本法执行"的差异。《劳动法》《劳动合同法》的第2条，都对第1款的劳动关系规定"适用本法"，对第2款的劳动关系规定"依照本法执行"。"适用本法"与"依照本法执行"这两种表述，仅从文字含义看，几乎没有差异；但就法律意义而言，则存在适用程度上的差异，即第1款的劳动关系应当完全适用劳动法；第2款的劳动关系只是在一定程度上适用劳动法。对于"适用本法"与"依照本法执行"的法律差异，《劳动法》未作明确规定，《劳动合同法》在第96条作了明确规定，即"法律、行政法规或者国务院另有规定的，依照其规定；未作规定的，依照本法有关规定执行"。这表明，第2款规定的劳动关系，既受劳动法调整，也受人事管理特别法调整。

5. **答案**：劳动法在将劳动关系作为主要调整对象的同时，还调整与劳动关系密切联系的其他社会关系。劳动法所调整的其他社会关系，即在劳动关系运行过程中及其前后为实现劳动关系而发生的社会关系。这些社会关系与劳动关系有着密切联系，其主要特征、内容及性质如下：

（1）特征：①它的当事人一般有一方是劳动者或用人单位，而另一方是劳动关系相关人，或者双方均为劳动关系相关人或用人单位。所谓劳动关系相关人，即劳动关系当事人之外与劳动关系运行相关的主体，如劳动行政部门、工会、用人单位团体、职业培训机构、职业介绍机构、劳动争议处理机构、社会保险经办机构等。②它的目的是实现劳动关系，即它是为实现劳动关系而发生的社会关系。其中，有的是劳动关系赖以建立的必要前提，有的是为了使劳动关系正常运行而伴随劳动关系发生的，有的是劳动关系发展、变化的直接后果。

（2）内容：①劳动力资源开发和配置的社会关系；②工资总量宏观调控和实施工资保障的社会关系；③劳动安全卫生管理和服务的社会关系；④社会保险及其管理的社会关系；⑤集体谈判和协商的社会关系；⑥劳动争议调解和仲裁的社会关系；⑦监督用人单位遵守劳动法的社会关系。

（3）性质：包括下述几种主要类型：①劳动行政关系，即行政机关和经授权具有行政职能的有关机构与用人单位及其团体、劳动者及其团体和劳动服务主体之间，由于执行劳动行政职能而发生的社会关系；②劳动服务关系，即劳动服务主体与用人单位和劳动者之间由于为劳动关系运行提供社会服务而发生的社会关系；③劳动团体关系，即劳动者团体（工会）与用人单位团体之间，劳动者团体（工会）与其成员或用人单位之间，用人单位与其成员或劳动者之间，由于协调劳动关系和维护劳动关系当事人利益而发生的社会关系；④劳动争议处理关系，即劳动争议处理机构与劳动争议当事人（或其他人）之间因调解、仲裁劳动争议而发生的社会关系。

6. **答案**：劳动法是调整劳动关系以及与劳动关系密切联系的其他社会关系的法律规范的总和。作为我国法律体系中的一个独立法律部门，劳动法具有与其他法律部门不同的特征，主要体现在以下方面：

（1）它是公法与私法的兼容。

（2）它是劳动者保护法与劳动管理法的统一。源于劳动关系的人身性和隶属性，劳动者处于相对弱势地位，劳动法首先向保护劳动者倾斜。劳动法同时也是劳动管理法。劳动法还负有将劳动管理纳入法治轨道，为提高劳动力资源配置效率提供法律保障的任务。故就宗旨而言，劳动法既是劳动者保护法，又是劳动管理法。

（3）它是劳动关系协调法和劳动标准法的结合。劳动法虽然从总体上向保护劳动者倾斜，但也兼顾对用人单位的保护。之所以能够如此，是因为劳动法以协调方法和标准化方法作为基本的调整方法，在此意义上可以认为，劳动法既是劳动关系协调法，又是劳动标准法。

（4）它是实体法和程序法的配套。在法律体系中，实体法与程序法之间是一种相互依存的关系。一般表现为一定的实体法部门必须有一定的程序法部门与之相对应。劳动法则不然，它并非单纯的实体法或程序法部门。之所以如此，是因为劳动法的调整对象是由劳动领域多种社会关系构成的，以劳动关系为主的系统。其中，为实现劳动关系而发生的各种社会关系中有许多属于程序性关系，它们分别与劳动关系的特定内容或运行环节相对应，是劳动关系正常运行在程序上的必要条件或保障。

7. 答案：就宗旨而论，劳动法是劳动者保护法与劳动管理法的统一。但劳动法首先是劳动者保护法，它从总体上向保护劳动者倾斜，这是因为：（1）在市场经济中劳动关系双方当事人之间，劳动者一般处于事实上的相对弱者地位，在劳动力供过于求的情况下更是如此。（2）在具有人身性和隶属性的劳动关系中，用人单位所支配和使用的劳动力，是劳动者生命力的主要内容，承载着劳动者的生存权。劳动力的消耗过程实质上就是劳动者生命的实现过程，在此过程中，对劳动力的任何损害，都直接危及劳动者生存。所以，在法律上，需要特别强调对劳动者的保护。

劳动法对劳动者的倾斜保护主要表现在：（1）劳动法在关于劳动关系双方当事人之间权利义务的规定中，偏重于规定劳动者的权利和用人单位的义务。可以说，劳动法对劳动者是权利本位，对用人单位则是义务本位。（2）劳动法对劳动者利益，以强行性规范规定劳动条件的最低标准，使其得到最基本的保护；对用人单位利益，则无这种保护性规定。（3）劳动法对用人单位单方解除劳动关系实行严格限制，即不仅规定必备的许可性条件，而且规定具体的禁止性条件和限制性条件；对劳动者单方解除劳动关系，有的国家不规定条件，有的国家则只规定许可性条件而不规定禁止性条件和限制性条件。（4）在劳动监察制度中，监察对象一般只限于或者主要是用人单位遵守劳动法的行为；至于劳动者遵守劳动法的行为，许多国家并不规定为劳动监察的对象。

8. 答案：劳动法的法律渊源，是指劳动法律规范的来源和具体表现形式。它表明劳动法律规范以什么形式存在于法律体系中，告诉人们从何处找到劳动法律规范。从成文法形式看，它包括规范性文件和准规范性文件两大类。

（1）规范性文件。作为劳动法形式的规范性文件主要包括宪法、法律、行政法规、地方性法规及经济特区法规、部门规章、地方规章、国际法律文件等。

（2）准规范性文件。作为劳动法形式的准规范性文件通常有：①劳动政策。劳动法规的内容往往来源于劳动政策，劳动政策在一定意义上是对劳动法规内容的一种重要补充，尤其在劳动立法不完备的阶段。②劳动标准。这里仅指标准制定机关依据劳动法规和标准化法规制定的关于劳动方面的标准，劳动法规中直接规定的标准未包括在内。它将劳动法规的要求定型化、具体化、数量化，具有同法律规范一样的普遍适用性和反复适用性，因而被视为劳动法的一种形式。③抽象劳动行政行为。这里仅指行政机关为实施劳动法规而制定的具有普遍约束力的决定、命令，而不包括行政机关制定的劳动法规在内。④工会规章。一般认为，中华全国总工会制定的规章，也是劳动法形式的一种。⑤规范性劳动法规解释。它是法定对劳动法规有解释权的国家机关就劳动法规在执行中的问题所作出的具有普遍约束力的解释，实践中较多见的是原劳动部单独或会同有关部门所作的解释。⑥集体合同。在国外，全国性、地方性、行业性和职业性集体合同具有一定规范作用。我国目前主要存在的是企业工会与企业行政签订的基层集体合同，它只在本企业内有效，故不被视为劳动法的形式。至于地方性、行业性和职业性集体合同，则分别在相应的地区、行业和职业范围内具有规范作用。

论述题

答案： 劳动法的基本原则，是指集中体现劳动法的本质和基本精神，主导整个劳动法体系，劳动法调整劳动领域的社会关系所应遵循的基本准则，是劳动法的核心和灵魂。对于劳动法基本原则，我国目前尚无集中的立法规定，科学地确定其内容，以充分发挥其功能，是我国劳动法学研究的重要任务之一。

（1）确立劳动法基本原则的必要性。之所以需要对劳动法基本原则的内容加以确定，主要是因为劳动法基本原则的重要功能。所谓劳动法基本原则的功能，概言之，就是对劳动法如何调整劳动关系以及与其密切联系的其他社会关系进行规范，即劳动法基本原则→劳动法律规范→劳动关系以及与其密切联系的其他社会关系。具体体现在如下方面：①在劳动法体系中的凝聚和统帅功能。各项劳动法律规范在内容和调整范围上都不尽相同，只有贯彻和体现劳动法基本原则的精神，只有在劳动法基本原则的统帅下，才能形成相互配合与协调的有机整体。②在劳动立法中的依据和准则功能。劳动法基本原则在劳动法律规范中的具体落实和体现，是通过劳动立法过程实现的。制定和修改劳动法规，都应当以劳动法基本原则作为确定其具体内容的依据和准则，从而保证各项劳动法律规范都符合劳动法基本原则的要求。③在劳动执法中的指导和弥补功能。劳动法基本原则的法律调整作用，是通过劳动执法过程最终实现的。因此，在劳动执法中，对被适用的具体法律条文的解释，需要以劳动法基本原则为指导；遇到法律漏洞或法律矛盾时，由于劳动法基本原则内涵容量大、适应性强，执法者可以依据劳动法基本原则的有关精神，补充法律漏洞、修正法律矛盾。

（2）劳动法基本原则的要件。劳动法中的原则、精神有许多，要衡量一个所谓的原则能否成为劳动法的基本原则，需要一定的规格和标准，这就是劳动法基本原则的要件。一般来说，构成劳动法基本原则需要具备以下要件：①具有全面的涵盖性。一方面，劳动法基本原则应当是能够涵盖劳动法所调整的各种劳动关系以及与其密切联系的其他各种社会关系的原则。另一方面，劳动法基本原则应当是能够涵盖各项劳动法律制度的原则。②具有高度的权威性。这主要表现在：各项劳动法律制度和劳动法规的内容，都不得与劳动法基本原则相抵触；劳动法与其他法律部门相区别，不同类型的劳动法相区别，均以劳动法基本原则为基本标志，劳动法的发展方向和基本任务，都为劳动法基本原则所左右，各种劳动法主体及其在劳动领域的行为，都要受劳动法基本原则的约束；各种劳动问题的处理，都应以劳动法基本原则为基本依据。③具有相当强的稳定性。劳动法基本原则的内容一经确定，一般不因劳动法具体内容的个别或局部变动而更改。即使在改革时期，只要劳动关系不发生根本变化，劳动法基本原则也不会发生变化。④具有一定的抽象性和概括性。劳动法基本原则是规范各种劳动关系的共同的通则，自然应有一定抽象性和理论概括性，要与劳动法个别领域的具体原则区分开来。

（3）确立劳动法基本原则的考察角度。①法律依据。宪法是国家的根本法，确立劳动法基本原则当然要以它为最高法律依据。在我国宪法中，应作为确立劳动法基本原则依据的，包括关于国家政治制度和经济制度的规定，关于劳动方面的规定，如公民有劳动的权利与义务、实行男女同工同酬等。②政策依据。劳动政策有基本劳动政策和具体劳动政策之分。基本劳动政策往往是关于劳动方面的根本性或总体性问题的规定，能及时反映一定时期内现实情况和国家宏观意图的变化。因此，还应以基本劳动政策作为补充性依据。③现实依据。劳动法基本原则必须来源和根植于现实，正确反映我国现阶段劳动领域的基本现状和发展要求，包括现阶段劳动关系的性质、特征和发展趋向，现存的劳动问题和与之密切联系的经济、政治、社会问题，等等。

（4）劳动法基本原则的具体内容。对此，理论上一直存在争议。在劳动法学界有长期和广泛影响的一种表述，是将宪法中有关劳动方面的某些条文直接移植为劳动法的各项基本原则。这种意见不尽科学，应以宪法中有关劳动法方面的条文所体现的精神为依据，而不应直接移植，且有些原则是民法、经济法、劳动法所应遵循的，如"兼顾国家、集体、个人三者利益"；有些则不能涵盖劳动关系的全部；有的表述不够概括。在确定劳动法基本原则时，应坚持上述法律、政策、现实依据，既要有各自特定的内涵又要有较大的容量和较广的涵盖面，同时又应当是劳动法所独有的，且具有一定的理论概括性。

根据基本原则的本质属性和确立标准，我国劳动法的基本原则可以归纳为劳动自由、劳动者权益保障和劳动协调三项。

①劳动自由原则。劳动自由原则是指劳动者有权按照自己意愿决定是否参加社会劳动以及根据社会需要和自己特长、兴趣爱好自由选择职业。禁止任何形式的强迫或强制劳动，保障劳动者不违背自己意愿并屈从于被迫的社会分工或职业，是国际劳工组织分别在1930年第29号《强迫劳动公约》和1957年第105号《废除强迫劳动公约》确立的原则。

②劳动者权益保障原则。劳动者权益保障原则是指对劳动者合法权益的特别保护或者倾斜性保护。保护劳动者合法权益是劳动法的基本目标，也是我国劳动立法的宗旨。《劳动法》第1条和《劳动合同法》第1条均开宗明义地指出，为了"保护劳动者的合法权益"制定本法，这是我国劳动法立场观点的集中体现。劳动者权益保障原则充分体现了劳动法的基本理念和价值追求，一方面，要求国家在劳动立法中对劳动者权利实行倾斜配置，以实现劳动权利实质平等的价值目标；另一方面，要求在劳动法实施过程中对劳动者合法权益给予特别保护，即当运用具体法律规范难以作出维护劳动者或用人单位利益判断时，应当倾向于重点保护劳动者权益。

③劳动协调原则。劳动协调原则是劳动法调整劳动关系的基本准则。协调，既是一种状态，也是一种调整方法。作为状态，表现为劳动关系双方良好的合作与配合，表现为劳动关系稳定与和谐；作为方法，是指劳动关系双方特有的沟通、协商、谈判的自治机制，是指国家或政府对劳动关系和劳动关系双方利益失衡的适度干预。

劳动自由、劳动者权益保障、劳动协调三项基本原则，有其内在的逻辑联系。劳动自由原则是劳动法律制度的基础，它不仅直接支撑了劳动合同法律制度，也是其他劳动法律规范的基础；劳动者权益保障原则是劳动法的实质和核心，它充分反映了劳动关系特殊的人身属性和劳动关系双方的地位差别，体现了劳动法对劳动者权益保护的制度目标；劳动协调原则是劳动法调整劳动关系的基本方法，它既是以合作、信赖为基础的劳动过程的本质要求，也是构建稳定、和谐劳动关系的有效路径。三项原则作为一个整体，共同服务于劳动法律制度目标和任务。

案例分析题

1. **答案**：作为劳动法调整对象的劳动关系，是指劳动力所有者（劳动者）与劳动力使用者（用人单位）之间，为实现劳动过程而发生的一方有偿提供劳动力由另一方用于同其生产资料相结合的社会关系。劳务关系是指提供劳务的一方为需要的一方以劳动形式提供劳动活动，而需要方支付约定的报酬的社会关系。劳动关系与劳务关系之间的共同之处是一方提供的都是劳动行为，也都涉及报酬的支付。对于二者的界限，劳动法没有明确规定。可以从理论上从以下方面进行区分：

（1）从当事人构成看，劳动关系当事人一方只能是作为自然人的劳动者，另一方只能是作为劳动组织的用人单位（包括个体工商户）；而劳务关系当事人不限于此，自然人、法人或者其他组织都可以成为劳务关系的当事人。（2）从当事人之间关系看，劳动关系具有隶属性，用人单位与劳动者存在着管理与被管理的关系；而劳务关系是相对平等主体之间的契约关系，不存在管理与被管理的关系。（3）从权利义务的实现途径看，劳务关系强调的是劳动成果的给付，当事人之间权利义务的发生与劳动过程无关；而劳动关系强调的是劳动者与生产资料相结合的劳动过程，当事人之间的权利义务体现在劳动过程中。（4）从劳动的组织及风险责任的承担看，在劳动关系中，劳动者是在用人单位的安排和管理下，以用人单位的名义进行劳动的，劳动风险一般由用人单位主要承担；在劳务关系中，提供劳务的一方以本人的名义从事劳务活动，一般自行安排劳动，也独立承担劳动风险责任。（5）从稳定性看，一般来说，劳动关系中劳动者有长期、持续、稳定在用工单位工作的主观意图，同时用人单位在招聘时也以劳动者长期为单位提供劳动为目的；而劳务关系一般以完成一定工作为目的，不具有长期、持续、稳定的特征。（6）从报酬支付方式看，劳动关系中，劳动报酬一般按月支付；而劳务费一般一次性或分次给付。

本案中，李某与该个体餐馆签订合同后为餐馆装修门面，他不是该餐馆的成员，与该餐馆没有身份上、组织上的隶属关系；同时，他按照合同规定独立从事装修工作，与该餐馆并不存在管理与被管理、支配与被支配的关系；按期交付约定门面后，他则享有获取报酬的权利，而与他的具体装修劳动过程无关；装修完毕，并按照约定了结报酬有关事宜后，李某与该餐馆的关系也就终止，并不具有长期、持续、稳定的特征。因此，李某与该餐馆之间不是劳动关系，而是劳务关系。此外，《民法典》第770条第1款规定："承揽合同是承揽人按照定作人的要求完成工作，交付工作成果，定作人支付报酬的合同。"可见，李某与该餐馆所签合同应是承揽合同，而非劳动合同。

综上所述，李某与该餐馆之间是劳务关系，适用《民法典》等相关民事法律的规定，而不受劳动法调整。

2. **答案**：王某与田某之间是民事雇用关系，不是我国劳动法上的劳动关系，二者之间的纠纷不适用《劳动法》规定，田某不能享有劳动法所规定的劳动者的权利，包括社会保险方面的权利。

理由：在学理层面，比较劳动关系和民事雇用关系。劳动关系和民事雇用关系尽管都属于劳动与报酬的交换关系，但其根本区别在于：劳动关系中的劳动是从属性劳动，民事雇用关系中的劳务属于自治性（或称独立性）劳动。主要区别表现在：

（1）主体方面，主要体现在人格、组织从属性的有无。在劳动关系中，劳动者作为用人单位的劳动组织成员而与用人单位有组织（人格）上的从属关系，劳动关系属于生产要素组织关系，即用人单位组织劳动力与生产资料相结合的关系，劳动者的劳动被用人单位纳入其生产（业务）系统；在劳务关系中，劳务提供方相对于劳务接受方具有经营者身份，而不是其成员，与其无组织（人格）上的从属关系，劳务关系属于产品（劳务）交换关系，劳务行为独立于劳务接受方生产（业务）系统之外。本案中，田某与王某在管理与被管理层面可能存在部分人格从属性，但并无组织从属性，田某并不是王某的成员，同时王某也并未给田某提供所谓生产资料，王某提供的劳动并非劳动力和生产资料的结合。

（2）客体方面，主要体现在经济从属性的有无。劳动关系的客体是作为生产要素的劳动力；劳务关系的客体是作为产品的劳务，即运用劳动力等生产要素所生产的产品（劳务）。本案中，田某提供的劳动更多是照看服务的产品而非作为生产要素的劳动力。

（3）权利义务的实现途径。在劳动关系中，劳动者有义务转让劳动力使用权，一般表现为提供劳动的行为，有权获得劳动力再生产条件（如劳动报酬、休息休假、劳动安全卫生等），主要适用劳动法律；在劳务关系中，劳务提供者有义务提供劳务行为的成果或使用价值，有权获得劳务费，主要适用民事法律，部分劳动法律规范存在适用空间。本案中，田某权利义务的实现途径主要依据田某与王某签订的个人之间的民事雇用合同，适用民事法律，并非劳动法律，因此田某在社会保险方面并无相应的请求权基础。

（4）风险责任的承担不同。在劳动关系中，劳动者是在用人单位的安排和管理下，以用人单位的名义进行劳动的，一般劳动风险主要由用人单位承担；劳务关系是提供劳务的一方以本人的名义从事劳务活动，一般自行安排劳动，也独立承担劳动风险责任。本案中，田某主要以本人名义从事劳务活动，虽然接受王某一定的管理，但多为任务性指示，田某有一定的自行安排劳动的权限，因而一般独立承担劳动风险。

在法律层面，王某与田某之间的这种法律关系，一般称之民事雇用关系，不属于现行《劳动法》所直接调整的范畴。依我国现行《劳动法》的规定，并非所有的劳动关系都归劳动法调整。《劳动法》第2条规定："在中华人民共和国境内的企业、个体经济组织（以下统称用人单位）和与之形成劳动关系的劳动者，适用本法。国家机关、事业组织、社会团体和与之建立劳动合同关系的劳动者，依照本法执行。"此外，原劳动部《关于贯彻执行〈中华人民共和国劳动法〉若干问题的意见》第4条规定："公务员和比照实行公务员制度的事业组织和社会团体的工作人员，以及农村劳动者（乡镇企业职工和进城务工、经商的农民除外）、现役军人和家庭保姆等不适用劳动法。"这是关于劳动法适用范围的规定，虽然劳动法适用范围和劳动关系不一一对应，但劳动法适用范围包含和指引了劳动关系的范围，即：（1）企业、个体经济组织（即个体工商户）与劳动者形成的劳动关系直接受劳动法调整。（2）国家机关、事业组织、社会团体的劳动关系中，只有劳动合同关系直接受劳动法调整。就劳动者范围而言，包括国家机关、事业组织、社会团体的工勤人员，企业化事业组织的非工勤人员，以及其他通过劳动合同（含聘用合同）与国家机关、事业组织、社会团体确立劳动关系的劳动者。（3）国家机关、事业组织、社会团体的非合同劳动关系，即公务员和依法参照执行公务员制度的劳动者，以及农村农业劳动者（乡镇企业职工和进城务工、经商的农民除外）、现役军人、家庭佣人等，不直接受劳动法调整，而分别直接受相应的公务员法、农业法、军事法、民法调整。

因此，王某与田某之间的民事个人雇用关系不在我国现行《劳动法》的调整范围之内，田某不能依照《劳动法》享有该法规定的权利，包括社会保险方面的权利。故他要求王某为其缴纳社会保险费是没有法律依据的。

第二章 法律关系

✓ 单项选择题

1. **答案：B。** 劳动法律关系，是指劳动者与用人单位之间，依据劳动法律规范所形成的实现劳动过程的权利和义务关系。或者说，它是劳动法调整劳动关系所形成的权利和义务关系。劳动关系是劳动法律关系产生的现实基础，劳动法律关系是劳动关系在法律上的表现形式。

2. **答案：C。** 劳动法律关系是指劳动者与用人单位之间，依据劳动法律规范所形成的实现劳动过程的权利和义务关系。归根结底它是一种法律上的权利与义务关系，而劳动法律关系的内容正是劳动者与用人单位之间的相互权利和义务，是劳动法律关系主体之间、主体与客体之间的纽带，因此，劳动法律关系的内容是劳动法律关系的核心。

3. **答案：C。** 劳动法律关系的产生，是指劳动者与用人单位依法确立劳动法律关系，进而产生相互权利和义务。引起劳动法律关系发生的法律事实，必须是合法行为，并且其中必须有劳动者与用人单位的合意行为。个体餐馆雇用童工为违法行为，甲与所在单位协议改变岗位是引起劳动法律关系变更的法律事实，丙与某宾馆协议延长合同期限将导致劳动法律关系的续延，而非劳动法律关系的再次发生。

4. **答案：D。** 劳动法律关系的客体是指劳动者和用人单位的权利和义务所共同指向的对象，是当事人双方利益关系的连结点。在实践中，劳动法律关系的客体有复杂多样的表现形式，根据其在劳动法律关系中的地位和作用不同，可分为基本客体和辅助客体两大类。基本客体是劳动行为，辅助客体主要是劳动条件。其中，劳动条件有的表现为行为，有的表现为物，有的表现为技术，有的表现为行为、物、技术的结合，有的表现为一定状态。

5. **答案：B。** 参见简答题第8题。

✓ 多项选择题

1. **答案：ACD。** 本题的考点是劳动法律关系内容的特征。其特征主要有：各项权利和义务都与劳动力的使用和再生产紧密联系；各项权利和义务所实际体现的劳动者利益，不得低于法定标准；劳动者的权利和义务必须由本人亲自实现，而不得由他人代理；劳动者的权利和义务的实现，受用人单位的劳动管理行为支配；劳动者的某些权利和义务存续于劳动法律关系终止之后，并且有的权利还扩及劳动者供养的亲属。此外，劳动法律关系的内容是法定的劳动权利与义务，而非劳动。

2. **答案：ABC。** 劳动关系以及与其密切联系的其他社会关系经劳动法调整，就形成法律上的权利义务关系，此即劳动法学中的法律关系。它包括两大类：一是劳动法调整劳动关系所形成的法律关系，一般称之为劳动法律关系。二是劳动法调整与劳动关系密切联系的其他社会关系所形成的法律关系，可称之为附随法律关系，其中主要是劳动行政法律关系和劳动服务法律关系。

3. **答案：ABD。** 劳动法律关系的暂停，是指劳动法律关系在存续的过程中，双方当事人之间的主要权利义务依法在一定期限内暂停行使和履行，待暂停期限届满后恢复以前的正常状态。实践中，主要在停薪留职、停产息工、借调职工、职工放长假、厂内待岗、职工涉嫌违法犯罪而被暂时羁押等情况下发生。职工自费出国留学并不一定导致劳动法律关系暂停，当事人的权利义务应根据国家有关规定或劳动合同的约定来加以确定。

4. **答案：BCD。** 引起劳动法律关系终止的，既可以是行为、事件，也可以是行为和事件的结合，且单方行为和双方行为、合法行为和违法行为均可。但劳动法律关系的变更，以当事人的意思表示为要件，因此，引起劳动法律关系变更的法律事实中必须要有行为，而不能只是不以人的意志为转移的事件。

5. **答案**：ABCD。劳动行政主体是劳动行政法律关系中处于管理者地位的一方当事人，包括专司劳动行政职能的劳动行政机关和兼有劳动行政职能的其他行政机关（如人事行政机关、卫生行政机关、行业主管行政机关等），以及经依法授权具有一定劳动行政职能的机构（如职业介绍机构、社会保险经办机构等）。

6. **答案**：ABC。劳动行政相对人是劳动行政法律关系中处于被管理者地位的一方当事人，主要是劳动者和用人单位，还包括工会和用人单位团体、劳动服务主体（如职业介绍机构、劳动就业服务机构）等。

7. **答案**：ABCD。劳动法律关系的终止是指既存的劳动法律关系依法不复存在，即双方当事人之间权利义务依法消灭。实践中，劳动法律关系终止的情形通常有：因有效期限届满或目的实现而终止；因主体资格消灭或丧失一定资格而终止；因辞职、辞退或协议解除而终止；因行政决定、仲裁裁决或法院判决而终止；等等。

名词解释

1. **答案**：劳动法律关系，是指劳动者与用人单位之间，依据劳动法律规范所形成的实现劳动过程的权利和义务关系。或者说，是劳动法调整劳动关系所形成的权利和义务关系。劳动法对劳动关系的调整，使一般劳动关系上升为法律关系，并在国家强制力的保障下，实现用人单位与劳动者之间法律上的权利和义务关系，从而使劳动关系得到发展。因此，劳动法正是借助劳动法律关系在现实生活中得以实现的，它由主体、内容与客体三个要素构成。

2. **答案**：事实劳动关系，是指虽然在劳动法调整范围内但不符合法定模式的劳动关系。劳动关系是劳动法律关系的现实基础，劳动法律关系是劳动关系的法律形式，但并非所有的劳动关系都表现为劳动法律关系。只有纳入劳动法调整范围，并且符合法定模式的劳动关系，才得以表现为劳动法律关系。虽然在劳动法调整范围内，但不符合劳动法所设定模式的，只能作为事实劳动关系存在。

3. **答案**：劳动法律关系的运行，是指劳动法律关系形成和存续的动态过程，表现为劳动法律关系的发生、续延、变更、暂停、终止（消灭）等环节和在这些环节之间劳动者与用人单位相互权利和义务的实现。

4. **答案**：劳动法律关系的续延，是指劳动法律关系的有效期依法延长，即既存的劳动法律关系在原有效期限届满后仍然依法存续一定期限，在该期限内，双方当事人继续享有和承担与原有效期限届满前完全或基本相同的权利和义务。

5. **答案**：劳动法律关系的暂停，是指劳动法律关系在存续的过程中，双方当事人之间的主要权利义务依法在一定期限内暂停行使和履行，待暂停期限届满后恢复以前的正常状态。

6. **答案**：劳动法律事实，是指劳动法所确定的能够引起劳动法律关系发生、续延、变更、暂停或终止的客观情况。构成劳动法律事实，须具备两个条件：一是该客观情况与劳动法律关系之间具有因果关系，二是必须为劳动法律规范所规定。它包括事件和行为两大类。

7. **答案**：劳动行政法律关系，是指劳动行政主体与劳动行政相对人之间，为实现劳动关系而依据劳动法律规范和有关行政法律规范所形成的权力（权利）和义务关系。我国劳动领域的一部分行政关系由劳动法和行政法共同调整，从而形成了劳动行政法律关系。在对劳动行政关系进行调整时，既适用行政法的各项原则和基本制度，也适用劳动法的基本原则。它由主体、内容与客体三要素构成。

8. **答案**：劳动服务法律关系，是指劳动服务主体与劳动者和用人单位之间，在劳动服务过程中依据劳动法律规范和有关民事法律规范所形成的劳务法律关系。它具有民事劳务法律关系的一般属性，但较之一般民事劳务法律关系又有其特征。它由主体、内容和客体三个要素构成。

简答题

1. **答案**：劳动法律关系，是指劳动者与用人单位之间，依据劳动法律规范所形成的实现劳动过程的权利和义务关系。或者说，是劳动法调整劳动关系所形成的权利和义务关系。事实劳动关系，是指虽然在劳动法调整范围内但不符合法定模式的劳动关系。劳动法律关系和事实劳动关系尽管都在劳动法调整范围内，但二者具有不同的法律属性，主要表现在：

   （1）劳动法律关系是符合法定模式的劳动关系；事实劳动关系则完全或部分不符合法定模式，尤其是缺乏劳动法律关系赖以确立的法律事实的有效要件，如未签订劳动合同或劳动合同无效等。（2）劳动法律关系的内容即权利和义务，是双方当事人所预期和设定的；事实劳动关系的双方当事人之间虽然存在一定的权利义务，但这一般不是双方当事人所预期的，更不是由双方当事人所设定的。（3）劳动法律关系由法律保障其存续；事实劳动关系如果不能依法转化为劳动法律关系，就应当强制其终止，但事实劳动关系中的劳动者利益仍然受劳动法保护。

2. **答案**：劳动法律关系的内容，即劳动者与用人单位之间的相互权利和义务，由劳动法律规范、集体合同和劳动合同围绕着劳动力的所有权与使用权的分离，即劳动力的使用和再生产而具体规定。劳动法律关系的内容，是劳动法律关系构成中主体之间、主体与客体之间的纽带。劳动法律关系内容，有下述主要特征：

   （1）各项权利和义务都与劳动力的使用和再生产紧密联系，或者说，都是实现劳动力的使用和再生产所必要的权利和义务。（2）各项权利和义务所实际体现的劳动者利益，可以高于法定标准但不得低于法定标准。（3）劳动者的权利和义务必须由本人亲自实现，而不得由他人代理。这是由劳动力与劳动者人身的不可分性以及用人单位与劳动者的组织隶属性所决定的。（4）劳动者的权利和义务的实现，受用人单位的劳动管理行为支配。这是同劳动者在劳动过程中所处的被管理者地位相联系的。（5）劳动者的某些权利和义务存续于劳动法律关系终止之后，并且，有的权利还扩及劳动者供养的亲属。

3. **答案**：劳动法律关系的客体，即劳动者和用人单位的权利和义务所共同指向的对象。在劳动法律关系中，客体作为权利与义务的承载体，实际体现双方当事人的利益；同时，客体作为双方当事人所支配的共同对象，是双方当事人相互利益关系的连结点。所以，它是劳动法律关系赖以存续的客观基础。以在劳动法律关系中的地位和作用不同为标准，它可分为基本客体（或称主客体）和辅助客体（或称从客体）两大类。

   劳动法律关系的基本客体是劳动行为，即劳动者为完成用人单位安排的任务而支出劳动力的活动。它在劳动法律关系存续期间连续存在于劳动过程之中，在劳动者和用人单位之间的利益关系中主要承载或体现用人单位的利益。劳动法律关系的辅助客体主要是劳动条件，即劳动者因支出劳动力而有权获得、用人单位因使用劳动力而有义务提供的劳动力的使用和再生产所必需的各种条件。其中，既包括为劳动力使用所必需的生产资料条件，以及为在劳动力使用过程中不损害劳动力再生产所必需的劳动安全卫生条件；又包括为劳动力再生产所必需的工资、福利、保险等劳动力消耗补偿条件，以及休息条件和培训条件等。

4. **答案**：劳动法律关系的续延，是指劳动法律关系的有效期依法延长，即既存的劳动法律关系在原有效期限届满后仍然依法存续一定期限，在该期限内，双方当事人继续享有和承担与原有效期限届满前完全或基本相同的权利和义务。它不同于劳动法律关系再次发生，后者是原劳动法律关系终止后原双方当事人重新确立劳动法律关系。在我国实践中，劳动法律关系续延的主要情形有：

   （1）职工在规定的医疗期、孕期、产假期或哺乳期内，若劳动合同期限已届满，则应顺延到医疗期、孕期、产假期或哺乳期届满时终止。（2）劳动合同所确立的劳动法律关系，在劳动合同依法续订后继续有效。（3）劳动者与用人单位在劳动合同期限届满前依法订立承包合同，如果承包期限超过劳动合同期限，劳动法律关系在劳动合同期限届满后就应当续延到承包期届满才终止。（4）劳动者担任工会特定职务，其劳动合同期限自动延长到任期届满，但任职期间有个人严重过失或达到退休年龄的除外。

5. **答案**：劳动法律事实，是指劳动法所确定的能够引起劳动法律关系发生、续延、变更、暂停或终止的客观情况。构成劳动法律事实，须具备两个条件：一是该客观情况与劳动法律关系之间具有因果关系，二是必须为劳动法律规范所规定。它包括事件和行为两大类。劳动法律事实的主要特征有：

（1）劳动法律事实的构成具有复合性。即劳动法律事实一般由两种以上的客观情况所构成，或者是两种以上行为的结合，或者是某种事件与特定行为的结合。（2）劳动法律事实中含有特定程序。即劳动法律事实中的某种或某几种行为，一般要按照特定程序实施，只有在履行特定程序之后，才能导致劳动法律关系发生、续延、变更、暂停或终止。（3）劳动法律关系运行的各个环节对劳动法律事实的要求不尽相同。引起劳动法律关系发生的，必须是合法行为，并且其中必须有劳动者与用人单位的合意行为。引起劳动法律关系续延和暂停的，既可以是行为也可以是事件和行为的结合，既可以是单方行为也可以是合意行为，但这里的行为都必须是合法行为。引起劳动法律关系变更和终止的，既可以是行为也可以是行为和事件的结合，并且，单方行为和双方行为、合法行为和违法行为均可。

6. **答案**：劳动行政法律关系，是指劳动行政主体与劳动行政相对人之间，为实现劳动关系而依据劳动法律规范和有关行政法律规范所形成的权力（权利）和义务关系。劳动行政法律关系是一种行政法律关系，具有行政法律关系的一般属性。同时，它还具有一般行政法律关系所不具有的特征。主要表现在：

（1）它以实现劳动关系为目的。各种劳动行政法律关系尽管其具体目的不完全一样，但都有一个共同目的，即促使和保障劳动者与用人单位缔结劳动关系并实现相互间权利和义务。（2）它以保障公平兼顾效率为价值取向。在劳动力市场中，市场机制自发地倾向于效率而难以顾及公平，劳动行政法律关系正是要弥补市场机制这一缺陷，保障公平并不断协调公平与效率的关系。（3）它以劳动法律规范为依据。劳动行政法律关系虽然适用行政法的基本原则和基本制度，但其构成和运行规则主要是由劳动法所规定的。（4）它以宏观劳动管理为基本内容。可以说，劳动行政法律关系是表现为行政法律关系形式的宏观劳动管理关系，在其内容中，劳动管理的专业性和技术性较强。

7. **答案**：劳动行政法律关系，是指劳动行政主体与劳动行政相对人之间，为实现劳动关系而依据劳动法律规范和有关行政法律规范所形成的权力（权利）和义务关系。它由主体、内容与客体三个要素构成。

（1）劳动行政法律关系的主体，包括劳动行政主体和劳动行政相对人双方。劳动行政主体是劳动行政法律关系中处于管理者地位的一方当事人，它包括专司劳动行政职能的劳动行政机关和兼有劳动行政职能的其他行政机关，以及经授权具有一定劳动行政职能的机构。劳动行政相对人是劳动行政法律关系中处于被管理者地位的一方当事人，即劳动行政行为所指向的对方当事人。其中，主要是劳动者和用人单位，此外，还包括工会和用人单位团体、劳动服务主体等。（2）劳动行政法律关系的内容，即劳动行政主体与劳动行政相对人之间关于宏观劳动管理的权利和义务。它主要包括劳动力管理、劳动报酬管理、劳动安全卫生管理、社会保险管理等方面的内容。在这里，劳动行政主体依法实施的劳动管理行为对劳动行政相对人具有法律约束力；劳动行政相对人负有服从国家的宏观劳动管理的义务。（3）劳动行政法律关系的客体，即劳动行政主体和劳动行政相对人的权力（权利）和义务所共同指向的对象，主要是劳动行政相对人按照劳动行政主体的管理要求实施的行为及其所支配的物和无形财产。

8. **答案**：劳动法律关系，是指劳动者与用人单位之间，依据劳动法律规范所形成的实现劳动过程的权利和义务关系。或者说，它是劳动法调整劳动关系所形成的权利和义务关系。劳动行政法律关系，是指劳动行政主体与劳动行政相对人之间，为实现劳动关系而依据劳动法律规范和有关行政法律规范所形成的权力（权利）和义务关系。

二者都是经劳动法调整而形成的法律关系，存在着密切的联系：（1）劳动者和用人单位既分别是劳动法律关系的一方当事人，又都是劳动行政法律关系的劳动行政相对人，因而同时享有和承担这两种法律关系中的权利（权力）和义务。（2）劳动法律关系与劳动行政法律关系应当在内容上保持协调。其中，以国家意志为主导的劳动行政法律关系的内容，应当注意反映体现劳动法律关系主体的自主意志；而着重体现劳动者和用人单位自主意志的劳动法律关系的内容，则应当不违反寓于劳动行政法律关系中的国家意志。只有这样，劳动者和用人单位在实现其中一种法律关系的权利和义务时，才不致影响另一种法律关系的权利和义务的实现。（3）劳动行政法律关系附随于劳动法律关系而存在，它的运行应当符合劳动法律关系的本质要求，对劳动法律关系的正常运行和发展起保护、协调和促进的作用。

二者在劳动法中被赋予了不同的法律属性，一为合同法律关系，二为行政法律关系。其区别主要表现在：（1）劳动法律关系是微观领域的法律关系；劳动行政法律关系则是宏观领域的法律关系。（2）劳动法律关系的双方当事人之间，存在着劳动者是用人单位职工的身份从属关系；劳动行政法律关系的双方当事人之间，劳动行政相对人则不属于劳动行政主体的成员，而是独立于劳动行政主体之外的主体。（3）劳动法律关系兼有平等和隶属特征；劳动行政法律关系则是纯粹的隶属型关系。（4）劳动法律关系的主体、内容和客体的确定，在一定程度上是双方当事人双向选择和协商一致的结果，劳动行政法律关系的主体、内容和客体则都是由劳动法规预先确定的，当事人一般无自由选择和协商的余地。

9. **答案**：劳动服务法律关系，是指劳动服务主体与劳动者和用人单位之间，在劳动服务过程中依据劳动法律规范和有关民事法律规范所形成的劳务法律关系。在民法中，劳务法律关系是指当事人之间以劳务为标的的法律关系，亦即当事人一方向另一方提供劳务的权利和义务关系。劳动服务法律关系具有民事劳务法律关系的一般属性，但较之一般民事劳务法律关系又有其特征。主要表现在：

（1）它的双方当事人分别固定为特定的主体。其中，劳务提供方固定为依法取得特定劳动服务资格的社会组织，劳务接受方固定为劳动者和用人单位。（2）它以实现劳动关系为目的。即它的存续是为了在劳动力市场上和劳动过程中给劳动关系正常运行创造条件。（3）它的标的限定为劳动服务行为。这是一种特殊劳务，其服务对象、服务项目和服务规则为劳动法规政策和劳动行政部门所规定。（4）它的内容一般具有非营利性和公益性，其中有的是无偿服务。（5）它的运行大多由政府有关部门或机构组织，并且受到国家较强力度的宏观控制。

💬 论述题

答案：劳动关系是指劳动者与用人单位之间，为实现劳动过程而发生的一方有偿提供劳动力由另一方用于同其生产资料相结合的社会关系。劳动法律关系，是指劳动者与用人单位之间，依据劳动法律规范所形成的实现劳动过程的权利和义务关系。或者说，它是劳动法调整劳动关系所形成的权利和义务关系。劳动法律关系与劳动关系二者既有联系又有区别。

其联系主要体现在两个方面：（1）劳动关系是劳动法律关系产生的现实基础，劳动法律关系是劳动关系在法律上的表现形式。劳动关系的参加者依照法律规范的要求缔结劳动关系，所缔结的劳动关系便具备了法律关系的形式，而法律关系则以劳动关系为实际内容。国家总是依据客观存在的劳动关系，制定劳动法律规范，从而形成劳动法律关系；劳动关系发展变化了，劳动法律关系也会随之变化。（2）劳动关系唯有取得劳动法律关系的形式，其运行与发展才有法律保障。劳动法对劳动关系的调整，是以法律规范对客观存在的劳动关系作出抽象典型的规定，使之上升为法律关系，并在国家强制力的保障下，实现用人单位与劳动者之间法律上的权利和义务关系，从而使劳动关系的运行和发展得到保障。

固然如此，但二者的区别还是很明显的，主要体现在：（1）两者所属的范畴不同。一定的劳动关系最直接地联系着一定的生产关系，劳动关系是生产关系的组成部分，是一种社会物质关系，属于经济基础的范畴；而劳动法律关系则是一种意志关系，属于上层建筑的范畴，它依据国家制定的劳动法律而形成，体现了国家的意志。（2）两者产生的前提不同。劳动关系是在现实社会劳动过程中发生的，有共同劳动存在就会有劳动关系存在，劳动关系的形成以劳动为前提。劳动法律关系则是被劳动法律规范所调整的劳动关系，所以它的形成必须以劳动法律规范的存在为前提。每一种具体的劳动关系之所以成为劳动法律关系，正是因为有规定和调整这种劳动关系的劳动法律规范存在。如果没有相应的劳动法律规范，就不可能形成劳动法律关系。（3）两者的内容不同。劳动关系是以劳动为内容的，如果没有相应的劳动法律规范调整，这种关系因不具有法律上的权利义务关系，也就不具有国家强制力。这时，双方当事人的利益缺少有效的保护与保障。劳动法律关系是以法定的权利和义务为内容的，任何一个劳动法律关系的参加者，都是作为权利的享有者和义务的承担者出现的。如果任何一方当事人不履行自己应尽的义务，侵犯对方的权利或损害对方的利益，另一方可以寻求国家法律的保护。

综上所述，劳动关系与劳动法律关系既有区别又有联系，二者相互影响、相辅相成。

案例分析题

答案：林某与公司之间是事实劳动关系，他有权享受该公司提供给职工的工伤待遇。劳动法律关系，是指劳动者与用人单位之间，依据劳动法律规范所形成的实现劳动过程的权利和义务关系。作为劳动者一方，应该按照劳动合同的规定按时、按质、按量地完成自己所应承担的生产或者工作任务，并享有领取劳动报酬和享受社会保险和福利待遇等权利；用人单位，则有权要求劳动者按时、按质、按量地完成自己所应承担的生产或者工作任务，并且有义务按照劳动数量和质量给付劳动报酬，保障劳动者享受应有的社会保险和福利待遇等权利。劳动法律关系，除了采用行政方式之外，普遍由用人单位与劳动者通过依法订立书面劳动合同建立。如果非依行政方式或通过订立书面劳动合同，而只是通过口头协议约定劳动权利义务，但事实上存在劳动者成为用人单位成员并为用人单位提供劳动，用人单位提供劳动报酬的劳动用工关系的，则属于事实劳动关系。事实劳动关系如果不能依法转化为劳动法律关系，就应当强制其终止，但事实劳动关系中劳动者的利益仍然受劳动法保护。①

本案中，该公司销售部聘用了林某与李某后向人事部作了反映，人事部未作表示，

---

① 需要注意的是，对于用人单位不与劳动者订立书面劳动合同问题，《劳动合同法》作了明确的规定。《劳动合同法》第7条规定："用人单位自用工之日起即与劳动者建立劳动关系。用人单位应当建立职工名册备查。"第10条规定："建立劳动关系，应当订立书面劳动合同。已建立劳动关系，未同时订立书面劳动合同的，应当自用工之日起一个月内订立书面劳动合同。用人单位与劳动者在用工前订立劳动合同的，劳动关系自用工之日起建立。"第14条第3款规定："用人单位自用工之日起满一年不与劳动者订立书面劳动合同的，视为用人单位与劳动者已订立无固定期限劳动合同。"第82条第1款规定："用人单位自用工之日起超过一个月不满一年未与劳动者订立书面劳动合同的，应当向劳动者每月支付二倍的工资。"可见，在用人单位不与劳动者订立书面劳动合同的情形下，《劳动合同法》对劳动者利益的保护更加明确。对于此类问题的解决，应以《劳动合同法》为法律依据。

销售部的用工行为应视为公司的用工行为，林某是公司的一员。林某与该公司没有依法订立书面劳动合同，因此二者之间不是劳动法律关系。但林某身为公司职工为该公司从事销售工作，该公司支付了劳动报酬，林某与该公司之间形成了事实劳动关系。根据原劳动部《关于贯彻执行〈中华人民共和国劳动法〉若干问题的意见》第2条"中国境内的企业、个体经济组织与劳动者之间，只要形成劳动关系，即劳动者事实上已成为企业、个体经济组织的成员，并为其提供有偿劳动，适用劳动法"以及《工伤保险条例》第14条"职工有下列情形之一的，应当认定为工伤：……（五）因工外出期间，由于工作原因受到伤害或者发生事故下落不明的……"之规定，林某在销售过程中遭遇车祸，应认定为工伤，有权依法享受该公司提供给职工的工伤待遇。

第三章 劳动法主体

不定项选择题

1. **答案**：C。劳动权利能力，是指公民依法能够享有劳动权利和承担劳动义务的资格。劳动行为能力，是指公民依法能够以自己的行为行使劳动权利和履行劳动义务的资格。二者同时开始于达到法定最低就业年龄。《劳动法》第15条规定："禁止用人单位招用未满十六周岁的未成年人。文艺、体育和特种工艺单位招用未满十六周岁的未成年人，必须遵守国家有关规定，并保障其接受义务教育的权利。"

2. **答案**：AB。本题考查的是民事行为能力与劳动行为能力的区别。前者的产生以具有辨认自己行为的能力为依据，开始于8周岁（限制民事行为能力），终止于死亡，而后者开始于16周岁，终止于公民完全丧失劳动能力；民事行为能力与民事权利能力在一定条件下可以分离，民事行为能力可以由他人代理，而劳动行为能力和劳动权利能力统一不可分割，一般不允许他人代理；劳动行为能力所受的许多限制（如文化水平、技术水平等），对民事行为能力来说，则不存在。

3. **答案**：ABD。《劳动法》第15条规定："禁止用人单位招用未满十六周岁的未成年人。文艺、体育和特种工艺单位招用未满十六周岁的未成年人，必须遵守国家有关规定，并保障其接受义务教育的权利。"

4. **答案**：ABCD。《劳动法》第7条规定："劳动者有权依法参加和组织工会……"第13条规定："妇女享有与男子平等的就业权利。在录用职工时，除国家规定的不适合妇女的工种或者岗位外，不得以性别为由拒绝录用妇女或者提高对妇女的录用标准。"第15条规定："禁止用人单位招用未满十六周岁的未成年人。文艺、体育和特种工艺单位招用未满十六周岁的未成年人，必须遵守国家有关规定，并保障其接受义务教育的权利。"第29条规定："劳动者有下列情形之一的，用人单位不得依据本法第二十六条、第二十七条的规定解除劳动合同：……（三）女职工在孕期、产期、哺乳期内的……"

5. **答案**：AB。《劳动法》第94条规定："用人单位非法招用未满十六周岁的未成年人的，由劳动行政部门责令改正，处以罚款；情节严重的，由市场监督管理部门吊销营业执照。"

6. **答案**：A。《劳动法》第56条规定："劳动者在劳动过程中必须严格遵守安全操作规程。劳动者对用人单位管理人员违章指挥、强令冒险作业，有权拒绝执行；对危害生命安全和身体健康的行为，有权提出批评、检举和控告。"A项显然错误。

7. **答案**：BCD。本题的考点是我国工会的性质和法律地位。在我国，工会具有唯一性，是我国唯一合法的、联合广大职工和代表广大职工利益的工人阶级群众组织，在全国范围内具有统一的组织体系；工会具有独立性，是一个独立的工人阶级群众组织，有一套独立的组织体系，依法独立开展工作；工会具有法人资格，中华全国总工会、地方总工会、产业工会从成立之日起依法取得社会团体法人资格，基层工会具备民法规定的法人条件的，也可取得社会团体法人资格。

8. **答案**：B。《劳动法》第30条规定："用人单位解除劳动合同，工会认为不适当的，有权提出意见。如果用人单位违反法律、法规或者劳动合同，工会有权要求重新处理；劳动者申请仲裁或者提起诉讼的，工会应当依法给予支持和帮助。"《工会法》第22条规定："企业、事业单位、社会组织处分职工，工会认为不适当的，有权提出意见。用人单位单方面解除职工劳动合同时，应当事先将理由通知工会，工会认为用人单位违反法律、法规和有关合同，要求重新研究处理时，用人单位应当研究工会的意见，并将处理结果书面通知工会。职工认为用人单位侵犯其劳动权益而申请劳动争议仲裁或者向人民法院提起诉讼的，工会应当给予支持和帮助。"①

9. 答案：A。参见《劳动法》第30条及《工会法》第22条。

10. 答案：ACD。《劳动法》第2条规定："在中华人民共和国境内的企业、个体经济组织（以下统称用人单位）和与之形成劳动关系的劳动者，适用本法。国家机关、事业组织、社会团体和与之建立劳动合同关系的劳动者，依照本法执行。"而雇主组织、集体所有制农业生产经营组织、农村承包经营户尚未被纳入用人单位范围内。

11. 答案：ABCD。劳动者同用人单位缔结劳动法律关系后，作为用人单位的职工，依据劳动法律规范、集体合同和劳动合同的规定，享有劳动权利和承担劳动义务。职工的劳动义务一般包括劳动给付义务、忠实义务、派生义务（主要是因违反劳动给付义务和忠实义务所承担的义务）等。A项属于劳动给付义务，B、C项属于忠实义务，D项属于派生义务。

12. 答案：ABCD。根据《工会法》，我国工会的基本职能包括维护职工合法权益、组织职工参与民主管理、动员职工参与经济建设、教育职工提高素质等。（1）维护职能：《工会法》第6条规定，维护职工合法权益、竭诚服务职工群众是工会的基本职责。工会通过平等协商和集体合同制度等，推动健全劳动关系协调机制，维护职工劳动权益，构建和谐劳动关系。（2）参与职能：《工会法》第5条规定，工会组织和教育职工依照宪法和法律的规定行使民主权利，发挥国家主人翁的作用，通过各种途径和形式，参与管理国家事务、管理经济和文化事业、管理社会事务。第20条规定，企业、事业单位违反职工代表大会制度和其他民主管理制度，工会有权要求纠正，保障职工依法行使民主管理的权利。（3）建设职能：《工会法》第7条规定，工会动员和组织职工积极参加经济建设，努力完成生产任务和工作任务。第32条规定，工会会同用人单位教育职工以国家主人翁态度对待劳动，爱护国家和企业的财产，组织职工开展群众性的合理化建议、技术革新活动。（4）教育职能：《工会法》第7条规定，工会教育职工不断提高思想道德、技术业务和科学文化素质，建设有理想、有道德、有文化、有纪律的职工队伍。第32条规定，工会组织职工进行业余文化技术学习和职工培训，组织职工开展文娱、体育活动。

13. 答案：ABCD。劳动服务主体，是为劳动者和用人单位实现劳动力和生产资料的结合以及各自的合法权益提供服务的主体，是劳动法主体的一种。我国现有的劳动服务主体，按其职能不同，可分为劳动就业服务机构、职业培训服务机构、劳动保护服务机构、社会保险服务机构以及其他服务机构等几大类。

14. 答案：ACD。劳动就业服务机构是为帮助劳动者实现就业而提供服务的机构。我国现有的劳动就业服务机构主要是就业登记机构、职业介绍机构、劳动就业服务企业三种。职业（技术）学校属于职业培训服务机构。

15. 答案：ABC。职业培训服务机构是提供职业培训方面的服务，以满足劳动力供求关系双方的职业技能开发和使用需要的机构。它主要包括专门的职业培训机构和职业技能鉴定机构两大类。其中，专门的职业培训机构包括就业训练中心、技工学校、职业中学、职业学校、职工学校等。劳动鉴定机构是依法对患一般疾病或职业病、因工或非因工负伤致残，以及长期病休后复工的职工的劳动能力状况，进行检查、鉴别和评定，并根据

---

① 对于此种情形，《劳动合同法》在第43条也作了规定，即"用人单位单方解除劳动合同，应当事先将理由通知工会。用人单位违反法律、行政法规规定或者劳动合同约定的，工会有权要求用人单位纠正。用人单位应当研究工会的意见，并将处理结果书面通知工会"。二者的规定在表述上略有不同。

鉴定结果决定其应享有何种社会保险待遇、是否可以重新工作的专门机构，是社会保险服务机构的一种。

名词解释

1. **答案**：劳动者有广义、狭义之分，其广义指具有劳动权利能力和劳动行为能力（但并不一定已参与劳动关系）的公民；其狭义仅指职工。职工亦有广义、狭义之分，其广义指具有劳动权利能力和劳动行为能力并且已依法参与劳动关系（但并不一定为劳动法律关系）的公民，此即一般法律意义上的职工；其狭义仅指即由用人单位录用并在用工单位管理之下从事劳动以获取工资收入的法定范围内的劳动者，此即劳动法意义上的职工。公民要成为劳动者，必须具备劳动权利能力与劳动行为能力。

2. **答案**：用人单位，又称用工单位，在许多国家则称为雇主或雇用人，是指具有用人权利能力和用人行为能力，使用一名以上职工并且向职工支付工资的单位。

   在劳动法中，它不仅是与劳动者相对应的劳动法律关系的一方主体，而且是劳动行政法律关系的劳动行政相对人和劳动服务法律关系的劳动服务接受方。用人单位只有具备用人权利能力与用人行为能力，才能成为劳动法主体。

3. **答案**：工会，有些国家一般认为是以职工为主体，以维护和改善劳动条件，提高其经济地位为主要目的而自主组织起来的团体和联合团体。在我国，工会是中国共产党领导的职工自愿结合的工人阶级群众组织，是重要的社会政治团体。

4. **答案**：雇主组织，在我国一般指用人单位一方的代表性社会团体组织，是指用人单位之间依法组成的，旨在维护和增进各用人单位（雇主）在劳动关系中的共同利益的团体。在劳动法中，它被作为与劳动者团体（即工会）相对应的一种劳动法主体。我国雇主组织的代表目前主要体现为全国性的中国企业联合会或者中国企业家协会、中华全国工商业联合会和不同区域、行业的商会、协会等。

5. **答案**：劳动行政部门，又称劳动部门，国外称劳工行政部门或劳工部门，是国家各级劳动行政机关的总称。作为劳动行政法律关系中的劳动行政主体，其法律地位由劳动法和行政法共同确定。我国的劳动行政部门是政府中专门对劳动工作实行统一管理和综合管理的一个部门。

6. **答案**：劳动服务主体，是指为劳动者和用工单位实现劳动力与生产资料的结合以及各自的合法权益提供服务的主体，包括劳动就业服务机构、职业培训服务机构、劳动保护服务机构、社会保险服务机构等。

简答题

1. **答案**：劳动权利能力，是指公民依法能够享有劳动权利和承担劳动义务的资格。它表明公民依法可以成为哪些劳动权利的享有者和哪些劳动义务的承担者。

   劳动权利能力和劳动权是两个不同的概念。劳动权是宪法赋予公民的获得有酬职业劳动的基本权利。它与劳动权利能力的主要区别在于：（1）根据不同。劳动权直接以宪法为根据；劳动权利能力则直接以有关劳动法规为根据。（2）内容不同。我国宪法上的劳动权主要指狭义的劳动权，即劳动机会保障权，其主要内容包括就业权和择业权；劳动权利能力的内容则与公民在劳动力市场上和劳动过程中的各项权利义务相一致。（3）意义不同。劳动权只是意味着公民有以劳动谋生并要求国家和社会为其提供劳动机会的权利；劳动权利能力则是公民具体实现劳动权的必备法律资格的一个方面。

   劳动权利能力与劳动权利也有区别。（1）根据不同。劳动权利能力只直接以有关劳动法规为根据；劳动权利的直接根据除有关劳动法规外，还有劳动合同、集体合同和用人单位内部劳动规则。（2）属性不同。劳动权利能力是劳动者法律资格的一个方面；劳动权利则是劳动法律关系内容的一部分。（3）意义不同。劳动权利能力只是界定公民能够参与哪些劳动法律关系和享有哪些权利、承担哪些义务的范围；劳动权利则主要是公民参与劳动法律关系之后实际享有的各项具体权利。

2. 答案：劳动行为能力，是指公民依法能够以自己的行为行使劳动权利和履行劳动义务的资格。它表明公民依法可以成为哪些劳动权利的行使者和哪些劳动义务的履行者。公民只有在其劳动能力达到符合国家利益和社会利益要求的水平，并且能由自己自由支配的条件下，才会被劳动法确认为有劳动行为能力。因此，劳动行为能力主要取决或受制于下述因素：

（1）年龄。可分为三种：①劳动行为能力起始年龄，亦即最低就业年龄。未满此年龄的公民被规定为无劳动行为能力人。依《劳动法》规定，我国最低就业年龄为16周岁，除文艺、体育和特种工艺单位经县级以上劳动行政部门批准可招用未满16周岁的公民为文艺工作者、运动员和艺徒外，任何单位都不得与未满16周岁的公民发生劳动关系。②完全劳动行为能力起始年龄，即成年人起始年龄。已满此年龄的公民即成年人，才可成为完全劳动行为能力人，未满此年龄而已满最低就业年龄的公民即未成年人则只能成为限制劳动行为能力人。③退休年龄。各国对劳动行为能力的终止年龄一般未作明确规定，而只是规定退休年龄。但退休年龄不能认为是推定劳动行为能力完全丧失的年龄，达到退休年龄的公民，一般只推定为限制劳动行为能力人。（2）健康。这主要包括三个方面的限制：①疾病的限制。各种岗位的职工都不得患有本岗位所禁忌或不宜的特定疾病。②残疾的限制。完全丧失劳动能力的残疾人为无劳动行为能力人；部分丧失劳动能力的残疾人只能从事为其残疾状况所允许的职业。③妇女生理条件的限制。国家禁止招用女职工从事危害妇女生理健康的某些特定职业；女职工在经期、孕期、哺乳期时，不得安排其从事某些特定的作业。（3）智力。劳动法中，要求劳动者必备的智力因素包括：精神健全；相应的文化水平；相应的技术水平。（4）行为自由。有劳动能力的公民，只有具备支配自己劳动能力所必要的行为自由，才能以自己的行为去实现劳动权利和劳动义务。

3. 答案：公民成为劳动者必须具备法定的前提条件，这在法学上统称为劳动者资格（或称主体资格）。它所包括的劳动权利能力和劳动行为能力共同决定着公民参与劳动法律关系的范围和享有并行使劳动权利、承担并履行劳动义务的范围。公民的劳动者资格与民事主体资格相比较，主要区别有：

（1）产生的时间和根据不同。劳动权利能力和劳动行为能力同时开始于达到法定最低就业年龄，以具有一定劳动能力为根据。民事权利能力则开始于公民出生，以其生命之存在为根据；民事行为能力起始年龄小于法定最低就业年龄，仅以具有辨认自己行为的能力为根据。（2）终止的时间和原因不同。劳动权利能力和劳动行为能力均由于公民完全丧失劳动能力而同时终止，认定公民劳动能力是否完全丧失应以国家规定的标准为依据。民事权利能力因公民死亡而终止，民事行为能力因公民丧失辨认自己行为的能力而终止，但公民完全丧失劳动能力时其民事行为能力则不一定终止。（3）权利能力与行为能力的相互关系不同。劳动权利能力与劳动行为能力统一而不可分割，一般都只能由本人实现，不允许他人代理。民事权利能力与民事行为能力在一定条件下可以分别存在。（4）权利能力和行为能力的制约因素不同。劳动权利能力和劳动行为能力所受到的许多限制，对于民事权利能力和民事行为能力来说，并不存在。

4. 答案：中国工会是中国共产党领导的职工自愿结合的工人阶级群众组织。其法律地位体现在：

（1）工会具有唯一性和独立性。工会的唯一性是指工会在我国是唯一合法的、联合广大职工和代表广大职工利益的工人阶级群众组织，在全国范围内具有统一的组织体系。任何单位和个人都不得在职工群众中另行建立独立于工会组织体系之外的同一类型组织，也不得从事任何分裂工会组织的活动。工会的独立性是指工会是一个独立的工人阶级群众组织，有一套独立的组织体系，在宪法和法律的范围内依据《中国工会章程》独立自主地开展工作。工会不是党和政府的一个部门或附属机构，基层工会和单位行政在法律上处于平等地位。（2）工会具有法人资格。《工会法》规定，中华全国总工会、地方总工会、产业工会具有社团法人资格，基层工会具备民法规定的法人条件的，依法取得社团法人资格。按民法关于法人成立的规定，各级工会组织从成立之日起，不需进行法人登记就具有法人资格。

5. 答案：用人单位资格，又称用人主体资格，是指成为用人单位所必须具备的法定前提条件。其内容包括用人权利能力和用人行为能力两个方面。

　　用人单位资格与民事主体资格的联系，主要有：（1）用人单位资格与民事主体资格在内容上有一定交叉。例如，用人单位资格和法人资格以及非法人组织民事主体资格，都以一定的财产条件作为其必要内容。（2）用人单位资格一般依存于一定民事主体资格。例如，用人单位资格的取得，往往以取得一定民事主体资格为前提；随着民事主体资格的消灭，相应的用人单位资格也必然消灭。

　　用人单位资格与民事主体资格的区别，主要表现在：（1）法律设定用人单位资格的主要目的，在于确保用人单位有可靠的能力实现劳动者合法权益；法律设定民事主体资格的主要目的，在于维护市场准入的秩序，保障市场交易的平等、自由和安全。（2）用人单位资格主要是对用人单位使用劳动力和保障劳动力再生产的必备条件提出基本要求；民事主体资格主要是对民事主体实现商品交换（或者说债权债务）的必备条件提出基本要求。（3）用人单位资格受国家控制的程度相对较大；民事主体资格受国家控制的程度相对较小。这是由劳动力市场的特殊性和用人行为的社会性所决定的。（4）法人资格和非法人组织民事主体资格在本组织依法成立时开始存在；用人单位资格则必须经有关国家机关专门确认才开始存在。也就是说，任何一个组织都并不因为取得民事主体资格而当然取得用人单位资格。

第四章 法律责任

不定项选择题

1. 答案：ABC。劳动法中的法律责任，即违反劳动法的法律责任，是指用人单位和劳动者等各种劳动法主体因违反劳动法而依法应当承担的法律后果。它主要包括行政责任、民事责任、刑事责任三种形式。当前我国劳动法尚不存在独立于该三种责任形式之外的所谓劳动责任。

2. 答案：BCD。劳动者法律责任，即劳动者因违反劳动法所应承担的法律责任。其特征主要表现在：以约定责任为主；违纪责任寓于违约责任之中；集体合同违约责任通过承担劳动合同违约责任实现；实行过错责任原则，劳动者因违反劳动法而承担法律责任，必须以主观上有过错为要件。

3. 答案：A。违反劳动法的行政处罚，大多由劳动行政部门实施，包括警告、通报批评、责令改正、责令停止、查封、吊销许可证、罚款等，有的则由其他特定行政部门或政府实施。其中，吊销营业执照由市场监管部门决定，治安处罚（拘留、罚款等）由公安部门决定。《劳动法》第92条规定："用人单位的劳动安全设施和劳动卫生条件不符合国家规定或者未向劳动者提供必要的劳动防护用品和劳动保护设施的，由劳动行政部门或者有关部门责令改正，可以处以罚款；情节严重的，提请县级以上人民政府决定责令停产整顿。"因此，严格意义上停产整顿的处罚则应该由政府决定。

名词解释

1. 答案：劳动法中的法律责任，即违反劳动法的法律责任，是指用人单位和劳动者等各种劳动法主体因违反劳动法而依法应当承担的法律后果。理解此概念，须明确下述要点：（1）法律责任的发生原因是违反劳动法的行为。（2）法律责任的主体是实施违反劳动法行为的单位和个人，即违法行为人。其中，作为违法行为人的单位，除了用人单位以外，还包括工会组织、用人单位团体和作为劳动管理主体或劳动服务主体的机关（机构）、事业单位和企业等组织。（3）法律责任的性质是违法行为人承担基于原义务的派生义务。（4）法律责任的内容是违法行为人必须向违法行为相对人或国家给付一定财物和其他利益或者接受一定警戒和谴责。（5）法律责任的实现方式是法律所要求或允许的追究或履行法律责任的一定方式。它主要包括行政责任、民事责任、刑事责任三种形式。

2. 答案：违反劳动法的纪律处分，可分为两大类：（1）有关行政机关作为行政管理主体对其公务人员的行政处分，和对在其人事管理权限内的用人单位或劳动服务单位领导人员或其他管理人员的行政处分，包括警告、记过、记大过、降级、撤职、留用察看和开除。（2）用人单位对其职工的纪律处分，除上述各种行政处分外，还包括除名、强制辞退（解除劳动合同），以及罚款、扣发或停发工资（奖金）等经济处罚。

简答题

1. 答案：劳动法中的民事责任，是违法行为人依法应当承担的，向违法行为相对人以给付一定财产、做出一定行为等履行债务的方式恢复其特定权益的法律责任。表现为赔偿损失、经济补偿、补发工资等劳动待遇、补缴保险费、强制继续履行合同、停止侵权行为、提供安全卫生条件等多种形式。较之一般民事责任，它具有以下特点：

（1）以法定责任为主、约定责任为辅。违法行为人应当承担的民事责任，大多由有关法规直接规定其具体形式和标准，当事人之间关于民事责任的约定必须与法定的形式和标准相符。（2）劳动者和用人单位承担责任的原则不尽相同。劳动者承担民事责任一般适用过错责任原则、合理赔偿原则，用人单位承担民事责任在许多场合适用无过错责任原则。（3）以责令支付作为实现民事责任的主要方式。根据《劳动法》和有关法规的规定，补发工资、支付经济补偿、赔偿损失等民事责任形式，都可由劳动行政部门以责令支付的方式来实现。这就使民事责任兼有行政责任实现方式的特色。（4）要求采用某些特殊的民事责任形式。即某些民事责任形式为劳动法所特有，如向劳动者支付经济补偿金，为劳动者或其亲属提供物质帮助，等等。

2. **答案**：用人单位法律责任，就广义而言，是指用人单位违反劳动法而依法应当由用人单位及其责任人员承担的法律责任；就狭义而言，仅指其中应当由用人单位承担的法律责任。这里取其广义。它的主要特征有：

（1）用人单位法律责任在劳动法的法律责任体系中居首要地位。劳动法对劳动者是权利本位，对用人单位则是义务本位，因而，追究用人单位违反劳动法的法律责任，对保障劳动法的实施至为关键。在我国，《劳动法》的法律责任专章中，绝大部分条文是关于用人单位法律责任的规定。（2）用人单位法律责任以单位责任为主，责任人员个人责任为辅。用人单位违反劳动法的行为，都是由作为单位行政组成部分的管理人员具体实施的。当用人单位违反劳动法时，除了对用人单位追究法律责任以外，还有必要在一定场合追究责任人员个人的法律责任。（3）用人单位法律责任大多由立法直接规定。除违约责任可由劳动合同和集体合同约定外，用人单位的其他法律责任都由有关法规具体规定；即使是违约责任的约定，也须符合法定标准。至于在哪些场合应当追究责任人员个人的法律责任，一般由立法规定，内部劳动规则关于这方面的规定是对立法规定的具体化。

3. **答案**：劳动者法律责任，即劳动者因违反劳动法所应承担的法律责任。其特征主要表现在：（1）以约定责任为主。劳动法偏重于保护劳动者，对劳动者是权利本位法，因而，它对劳动者法律责任的规定大大少于用人单位法律责任。于是，劳动者法律责任主要由劳动合同和作为其附件的内部劳动规则以及集体合同规定。（2）违纪责任寓于违约责任之中。劳动法赋予劳动者的义务主要是履行劳动合同和集体合同，遵守劳动纪律，由此决定了劳动者的法律责任主要表现为违约责任和违纪责任。其中，违纪责任属于违约责任的组成部分。这是因为，内部劳动规则之中，违反劳动纪律亦即违反劳动合同，因而违纪责任属于违约责任。（3）集体合同违约责任通过承担劳动合同违约责任实现。集体合同条款依法可以取代和补充劳动合同内容，当单个劳动者因违反集体合同而应当向用人单位承担违约责任时，就应当按照违反劳动合同一样承担违约责任。（4）实行过错责任原则，劳动者因违反劳动法而承担法律责任，必须以主观上有过错为要件。

劳动关系协调篇

第五章 劳动合同

☑ **单项选择题**

1. 答案：B。《劳动合同法》第10条规定："建立劳动关系，应当订立书面劳动合同。已建立劳动关系，未同时订立书面劳动合同的，应当自用工之日起一个月内订立书面劳动合同……"

2. 答案：C。《劳动合同法》第14条第2、3款规定："用人单位与劳动者协商一致，可以订立无固定期限劳动合同。有下列情形之一，劳动者提出或者同意续订、订立劳动合同的，除劳动者提出订立固定期限劳动合同外，应当订立无固定期限劳动合同：（一）劳动者在该用人单位连续工作满十年的；（二）用人单位初次实行劳动合同制度或者国有企业改制重新订立劳动合同时，劳动者在该用人单位连续工作满十年且距法定退休年龄不足十年的；（三）连续订立二次固定期限劳动合同，且劳动者没有本法第三十九条和第四十条第一项、第二项规定的情形，续订劳动合同的。用人单位自用工之日起满一年不与劳动者订立书面劳动合同的，视为用人单位与劳动者已订立无固定期限劳动合同。"

3. 答案：D。《劳动合同法》第19条规定："劳动合同期限三个月以上不满一年的，试用期不得超过一个月；劳动合同期限一年以上不满三年的，试用期不得超过二个月；三年以上固定期限和无固定期限的劳动合同，试用期不得超过六个月。同一用人单位与同一劳动者只能约定一次试用期。以完成一定工作任务为期限的劳动合同或者劳动合同期限不满三个月的，不得约定试用期。试用期包含在劳动合同期限内。劳动合同仅约定试用期的，试用期不成立，该期限为劳动合同期限。"

4. 答案：B。《劳动合同法》第23条规定："用人单位与劳动者可以在劳动合同中约定保守用人单位的商业秘密和与知识产权相关的保密事项。对负有保密义务的劳动者，用人单位可以在劳动合同或者保密协议中与劳动者约定竞业限制条款，并约定在解除或者终止劳动合同后，在竞业限制期限内按月给予劳动者经济补偿。劳动者违反竞业限制约定的，应当按照约定向用人单位支付违约金。"第24条规定："竞业限制的人员限于用人单位的高级管理人员、高级技术人员和其他负有保密义务的人员。竞业限制的范围、地域、期限由用人单位与劳动者约定，竞业限制的约定不得违反法律、法规的规定。在解除或者终止劳动合同后，前款规定的人员到与本单位生产或者经营同类产品、从事同类业务的有竞争关系的其他用人单位，或者自己开业生产或者经营同类产品、从事同类业务的竞业限制期限，不得超过二年。"

5. 答案：D。《劳动合同法》第22条规定："用人单位为劳动者提供专项培训费用，对其进行专业技术培训的，可以与该劳动者订立协议，约定服务期。劳动者违反服务期约定的，应当按照约定向用人单位支付违约金。违约金的数额不得超过用人单位提供的培训费用。用人单位要求劳动者支付的违约金不得超过服务期尚未履行部分所应分摊的培训费用。用人单位与劳动者约定服务期的，不影响按照正常的工资调整机制提高劳动者在服务期期间的劳动报酬。"依此，该公司可以与王某约定服务期及违约金条款，但违约金数额超过了为王某提供的培训费用15000元，超过的5000元无效。王某违反服务期（3年）约定，该公司可以要求其支付违约金，但违约金的数额不得超过尚未履行的 1 年服务期应分摊的专业技术培训费用，即 5000 元。"

6. **答案**：B。《劳动合同法》第 16 条规定："劳动合同由用人单位与劳动者协商一致，并经用人单位与劳动者在劳动合同文本上签字或者盖章生效。劳动合同文本由用人单位和劳动者各执一份。"当然，如果当事人在劳动合同中约定合同生效时间的，则只有所附条件实现时，劳动合同才告生效。此外，还要注意的是，《劳动合同法》第 69 条规定："非全日制用工双方当事人可以订立口头协议……"可见，非全日制用工不适用本条规定。此种用工形式下，只要当事人双方协商一致且合法即可生效。

7. **答案**：B。《劳动合同法》第 26 条规定："下列劳动合同无效或者部分无效：（一）以欺诈、胁迫的手段或者乘人之危，使对方在违背真实意思的情况下订立或者变更劳动合同的；（二）用人单位免除自己的法定责任、排除劳动者权利的；（三）违反法律、行政法规强制性规定……"本案中，某甲与该公司所签的劳动合同约定，某甲的主要任务为伪造实验数据，显然违法，故该劳动合同无效，自然也不应当作为当事人行使权利和履行义务的依据。

8. **答案**：D。《劳动合同法》第 86 条规定："劳动合同依本法第二十六条规定被确认无效，给对方造成损害的，有过错的一方应当承担赔偿责任。"

9. **答案**：A。《劳动合同法》第 84 条规定："用人单位违反本法规定，扣押劳动者居民身份证等证件的，由劳动行政部门责令限期退还劳动者本人，并依照有关法律规定给予处罚。用人单位违反本法规定，以担保或者其他名义向劳动者收取财物的，由劳动行政部门责令限期退还劳动者本人，并以每人五百元以上二千元以下的标准处以罚款；给劳动者造成损害的，应当承担赔偿责任……"

10. **答案**：B。《劳动合同法》第 85 条规定："用人单位有下列情形之一的，由劳动行政部门责令限期支付劳动报酬、加班费或者经济补偿；劳动报酬低于当地最低工资标准的，应当支付其差额部分；逾期不支付的，责令用人单位按应付金额百分之五十以上百分之一百以下的标准向劳动者加付赔偿金：（一）未按照劳动合同的约定或者国家规定及时足额支付劳动者劳动报酬的；（二）低于当地最低工资标准支付劳动者工资的；（三）安排加班不支付加班费的；（四）解除或者终止劳动合同，未依照本法规定向劳动者支付经济补偿的。"

11. **答案**：B。《劳动合同法》第 34 条规定："用人单位发生合并或者分立等情况，原劳动合同继续有效，劳动合同由承继其权利和义务的用人单位继续履行。"

12. **答案**：C。依据《劳动合同法》的规定，劳动合同变更的方式主要有两种：第一种是协商一致变更的主要和直接方式。《劳动合同法》第 35 条规定："用人单位与劳动者协商一致，可以变更劳动合同约定的内容。变更劳动合同，应当采用书面形式。变更后的劳动合同文本由用人单位和劳动者各执一份。"第二种是间接方式即劳动合同的情势变更方式。主要体现在《劳动合同法》第 40 条规定的患病或非因工负伤、不能胜任工作、"客观情况发生重大变化"三种情形。第 40 条规定，"有下列情形之一的，用人单位提前三十日以书面形式通知劳动者本人或者额外支付劳动者一个月工资后，可以解除劳动合同：（一）劳动者患病或者非因工负伤，在规定的医疗期满后不能从事原工作，也不能从事由用人单位另行安排的工作的；（二）劳动者不能胜任工作，经过培训或者调整工作岗位，仍不能胜任工作的；（三）劳动合同订立时所依据的客观情况发生重大变化，致使劳动合同无法履行，经用人单位与劳动者协商，未能就变更劳动合同内容达成协议的"。而 C 选项劳动者申请调离单位，可以引起劳动合同的解除。

13. **答案**：B。《劳动合同法》第 37 条规定："劳动者提前三十日以书面形式通知用人单位，可以解除劳动合同。劳动者在试用期内提前三日通知用人单位，可以解除劳动合同。"

14. 答案：A。劳动合同的解除，是指劳动合同依法生效，尚未履行或履行完毕之前，当事人依法提前终止劳动合同的法律效力。它是劳动合同的提前终止，是在具备法定或约定事由情形下因当事人依法作出提前终止合同的意思表示而终止。

15. 答案：C。《劳动合同法》第38条第1款规定："用人单位有下列情形之一的，劳动者可以解除劳动合同：……（三）未依法为劳动者缴纳社会保险费的……"

16. 答案：D。《劳动合同法》第39条规定："劳动者有下列情形之一的，用人单位可以解除劳动合同：（一）在试用期间被证明不符合录用条件的……"此种情形属无须预告的劳动合同解除。

17. 答案：D。本题考查的是用人单位招用未解除劳动合同的劳动者所应承担的责任。《劳动合同法》第91条规定："用人单位招用与其他用人单位尚未解除或者终止劳动合同的劳动者，给其他用人单位造成损失的，应当承担连带赔偿责任。"依此，A公司应与刘某就B公司的经济损失承担连带赔偿责任。

18. 答案：C。《劳动合同法》第41条第1款规定："有下列情形之一，需要裁减人员二十人以上或者裁减不足二十人但占企业职工总数百分之十以上的，用人单位提前三十日向工会或者全体职工说明情况，听取工会或者职工的意见后，裁减人员方案经向劳动行政部门报告，可以裁减人员：……"

19. 答案：C。《劳动合同法》第41条第3款规定："用人单位依照本条第一款规定裁减人员，在六个月内重新招用人员的，应当通知被裁减的人员，并在同等条件下优先招用被裁减的人员"。

20. 答案：A。《劳动合同法》第39条规定："劳动者有下列情形之一的，用人单位可以解除劳动合同：（一）在试用期间被证明不符合录用条件的……"第42条规定："劳动者有下列情形之一的，用人单位不得依照本法第四十条、第四十一条的规定解除劳动合同：（一）从事接触职业病危害作业的劳动者未进行离岗前职业健康检查，或者疑似职业病病人在诊断或者医学观察期间的；（二）在本单位患职业病或者因工负伤并被确认丧失或者部分丧失劳动能力的；（三）患病或者非因工负伤，在规定的医疗期内的；（四）女职工在孕期、产期、哺乳期的；（五）在本单位连续工作满十五年，且距法定退休年龄不足五年的；（六）法律、行政法规规定的其他情形。"

21. 答案：D。根据《劳动合同法》第42条规定，女职工在哺乳期内，用人单位不能依据《劳动合同法》第40条（预告辞退）、第41条（裁员）规定解除劳动合同，但可以依据第39条"劳动者有下列情形之一的，用人单位可以解除劳动合同：（一）在试用期间被证明不符合录用条件的；（二）严重违反用人单位的规章制度的；（三）严重失职，营私舞弊，给用人单位造成重大损害的；（四）劳动者同时与其他用人单位建立劳动关系，对完成本单位的工作任务造成严重影响，或者经用人单位提出，拒不改正的；（五）因本法第二十六条第一款第一项规定的情形致使劳动合同无效的；（六）被依法追究刑事责任的"之规定，解除与女职工之间的劳动合同。

22. 答案：B。本题中，乙受伤并致残，是在工作中导致的，属因工负伤，应由机械厂承担责任。根据《劳动合同法》第42条"劳动者有下列情形之一的，用人单位不得依照本法第四十条、第四十一条的规定解除劳动合同：……（二）在本单位患职业病或者因工负伤并被确认丧失或者部分丧失劳动能力的……"之规定，A、D错误。《劳动合同法》第43条规定："用人单位单方解除劳动合同，应当事先将理由通知工会。用人单位违反法律、行政法规规定或者劳动合同约定的，工会有权要求用人单位纠正。用人单位应当研究工会的意见，并将处理结果书面通知工会。"由此可知，C项错误。

23. 答案：C。根据《劳动合同法》第57条规定，经营劳务派遣业务，注册资本不得少于200万元。

24. 答案：B。《劳动合同法》第47条规定：

"经济补偿按劳动者在本单位工作的年限，每满一年支付一个月工资的标准向劳动者支付。六个月以上不满一年的，按一年计算；不满六个月的，向劳动者支付半个月工资的经济补偿……"

25. 答案：C。A、D 项显然错误；法院不能代替用人单位行使职工管理权，故 B 项错误。

26. 答案：A。本题考查了劳动者对用人单位造成经济损失的赔偿标准。依照《工资支付暂行规定》第 16 条规定，因劳动者本人原因给用人单位造成经济损失的，用人单位可以按照劳动合同的约定要求劳动者赔偿其经济损失。经济损失的赔偿，可从劳动者本人的工资中扣除，但每月扣除金额不得超过劳动者月工资的 20%，若扣除后的余额低于当地月最低工资标准的，应按最低工资标准支付。本案中张某月工资 4000 元，每月扣除 20% 是 800 元，扣除后张某实得工资为 3200 元，超过了最低工资标准，所以每月扣除 800 元即可。因此本题的正确选项是 A 项。

27. 答案：C。《劳动合同法》第 69 条第 2 款规定，从事非全日制用工的劳动者可以与一个或者一个以上用人单位订立劳动合同；但是，后订立的劳动合同不得影响先订立的劳动合同的履行。A 项符合规定。《劳动合同法》第 70 条规定，非全日制用工双方当事人不得约定试用期。B 项正确。C 项不符合《劳动合同法》规定。《劳动合同法》第 72 条第 2 款规定，非全日制用工劳动报酬结算支付周期最长不得超过 15 日。D 项正确。答案为 C。

28. 答案：D。根据《劳动合同法》第 14 条的规定，用人单位自用工之日起满一年不与劳动者订立书面劳动合同的，视为用人单位与劳动者已订立无固定期限劳动合同。由于王某用工时间不满一年，故 A 项说法错误。根据《劳动合同法》第 19 条第 4 款的规定，试用期包含在劳动合同期限内。劳动合同仅约定试用期的，试用期不成立，该期限为劳动合同期限。故 B 项说法错误，劳动合同期限自 2024 年 2 月 1 日起算。由于是劳动者主动辞职，且单位不存在过错，该公司不需要支付经济补偿金，故 C 项说法错误。根据《劳动合同法》第 40 条的规定，劳动者不能胜任工作，经过培训或者调整工作岗位，仍不能胜任工作的，用人单位提前 30 日以书面形式通知劳动者本人或者额外支付劳动者一个月工资后，可以解除劳动合同。故 D 项说法正确。

29. 答案：C。A、B、D 选项符合《劳动合同法》的规定；C 选项错误，只有逾期不支付的，才责令用人单位按应付金额 50% 以上 100% 以下的标准向劳动者加付赔偿金。

30. 答案：B。根据《劳动合同法》第 42 条第 3 项规定，劳动者患病或者非因工负伤，在规定的医疗期内，用人单位不得依照本法第 40 条、第 41 条的规定解除劳动合同。因此，甲公司与乙的劳动合同解除应在医疗期满后，即 2021 年 3 月 8 日结束。ACD 项错误。

31. 答案：D。张三与甲律所签订的服务期协议系双方意思自治的体现，服务期协议约定有效。张三提出辞职是因为甲律所并未按照约定涨薪，甲律所存在违约行为，甲律所无权要求张三支付违约金 15 万元，A 选项错误。甲律所不按照约定涨薪在先，张三提出辞职在后。因此，甲律所不得以张三不忠为由拒绝涨薪，B 选项错误。张三让甲律所主任不快不属于《劳动合同法》第 39 条和第 40 条规定的用人单位可以主动解除合同的情形，因此，甲律所不可以此为由解除劳动合同，C 选项错误。张三提出辞职是因为甲律所不按约定涨薪，因此，无须支付服务期约定的违约金，D 选项正确。综上所述，本题正确答案为 D 选项。

32. 答案：B。《民法典》第 448 条规定："债权人留置的动产，应当与债权属于同一法律关系，但是企业之间留置的除外。"本案中，张某与飞信科技有限公司虽未签订书面劳动合同，但一直存在实际的用工，已经建立起劳动关系。劳动关系主体双方在履行劳动合同过程中存在管理与被管理的不平等关系。劳动者以用人单位拖欠劳动报酬为由，主张对用人单位供其使用的工具、物品等动产行使留置权，因此类动产不是劳动合同关系的标的物，与劳动债权不属于同一法律关系，因此，劳动者并不享有留置权。故本题中张某无权留置该车辆。A 选项错误，B 选项正确。《劳动合同法》第 82 条第 1 款规定："用人单位自用工之日起超过一个月不满一年未与劳动者订立书面劳动合同的，应当向劳动者每月支付二倍的工资。"用人单位支付双倍工资的时间为自用工之日起满一个月的次日至满一年的前一日，具体时间为 2023 年的 2 月 1 日至 2023 年 12 月 31 日期间，飞信科技有限公司需要向张某支付两倍的工资，而非至员工离职之日。故 C 选项错误。劳动争议的解决实行仲裁前置的程序，对于飞信科技有限公司拖欠张某工资一事，应当先经劳动争议仲裁机关裁决，劳动者与单位双方对仲裁结果不服的，才能向法院提起诉讼，不可以直接向法院主张要求公司支付双倍工资。故 D 选项错误。

33. **答案**：C。《劳动合同法》第 22 条第 1 款规定："用人单位为劳动者提供专项培训费用，对其进行专业技术培训的，可以与该劳动者订立协议，约定服务期。"因此，虽该补充协议确实限制劳动权，但有其合法基础。A 项错误。《劳动合同法实施条例》第 17 条规定："劳动合同期满，但是用人单位与劳动者依照劳动合同法第二十二条的规定约定的服务期尚未到期的，劳动合同应当续延至服务期满；双方另有约定的，从其约定。"因此，劳动合同应续延至补充协议约定的服务期满，不存在逾期无效问题。B 项错误。《劳动合同法》第 39 条规定："劳动者有下列情形之一的，用人单位可以解除劳动合同……（四）劳动者同时与其他用人单位建立劳动关系，对完成本单位的工作任务造成严重影响，或者经用人单位提出，拒不改正的……"C 项正确。《劳动合同法》第 91 条规定："用人单位招用与其他用人单位尚未解除或者终止劳动合同的劳动者，给其他用人单位造成损失的，应当承担连带赔偿责任。"D 项错误。

多项选择题

1. **答案**：CD。劳动合同具有特定的法律属性，表现在它是诺成性合同、附和性合同、双务性合同、从属性合同、有偿性合同、最大诚信合同、继续性合同。诺成性合同是相对于实践性合同而言，附和性合同则与议商合同相对应。

2. **答案**：ABCD。具体解析参见简答题第 2 题。

3. **答案**：ABD。《劳动合同法》第 12 条规定："劳动合同分为固定期限劳动合同、无固定期限劳动合同和以完成一定工作任务为期限的劳动合同。"

4. **答案**：ABCD。《劳动合同法》第 2 条规定："中华人民共和国境内的企业、个体经济组织、民办非企业单位等组织（以下称用人单位）与劳动者建立劳动关系，订立、履行、变更、解除或者终止劳动合同，适用本法。国家机关、事业单位、社会团体和与其建立劳动关系的劳动者，订立、履行、变更、解除或者终止劳动合同，依照本法执行。"

5. **答案**：ABCD。《劳动合同法》第 3 条第 1 款规定："订立劳动合同，应当遵循合法、公平、平等自愿、协商一致、诚实信用的原则。"

6. **答案**：ABD。根据《劳动合同法》第 26 条规定，下列劳动合同无效或者部分无效：（1）以欺诈、胁迫的手段或者乘人之危，使对方在违背真实意思的情况下订立或者变更劳动合同的；（2）用人单位免除自己的法定责任、排除劳动者权利的；（3）违反法律、行政法规强制性规定的。A 项违法属于第三种情形；B 项欺诈属于第一种情形；D 项免除用人单位法定责任、排除劳动者权利属于第二种情形。

需要注意的是，C 项具有理论难度。考查难点在于《劳动合同法》第 17 条劳动合同必备条款的规定是否属于《劳动合同法》第 26 条第 1 款第 3 项规定的"法律、行政法规的强制性规定"。虽然 2023 年 12 月 5 日施行的《最高人民法院关于适用〈中华人民共和国民法典〉合同编通则若干问题的解释》第 16 条不再将"强制性规定"进一步区分为效力性强制性规定和管理性强制性规定，但这只是从便利司法实践的角度调整的。从学理上，强制性规定包括管理性强制性规定和效力性强制性规定。综观《劳动合同法》的规定，依据文义解释、目的解释、体系解释等法律解释方法，《劳动合同法》规定的劳动合同的必备条款属于管理性强制性规定，而非效力性强制性规定。虽然劳动保护条件属于劳动合同必备条款，但缺少必备条款意味着劳动合同形式内容并不完备，其法律后果应是用人单位与劳动者进一步完善劳动合同内容和形式，并不意味劳动合同无效或部分无效。

7. 答案：BC。根据《劳动合同法》第26条第2款的规定，对劳动合同的无效或者部分无效有争议的，由劳动争议仲裁机构或者人民法院确认。

8. 答案：ABCD。《劳动合同法》第38条规定："用人单位有下列情形之一的，劳动者可以解除劳动合同：（一）未按照劳动合同约定提供劳动保护或者劳动条件的；（二）未及时足额支付劳动报酬的；（三）未依法为劳动者缴纳社会保险费的；（四）用人单位的规章制度违反法律、法规的规定，损害劳动者权益的；（五）因本法第二十六条第一款规定的情形致使劳动合同无效的；（六）法律、行政法规规定劳动者可以解除劳动合同的其他情形。用人单位以暴力、威胁或者非法限制人身自由的手段强迫劳动者劳动的，或者用人单位违章指挥、强令冒险作业危及劳动者人身安全的，劳动者可以立即解除劳动合同，不需事先告知用人单位。"

9. 答案：AB。《劳动合同法》第38条规定："用人单位有下列情形之一的，劳动者可以解除劳动合同：（一）未按照劳动合同约定提供劳动保护或者劳动条件的；（二）未及时足额支付劳动报酬的；（三）未依法为劳动者缴纳社会保险费的；（四）用人单位的规章制度违反法律、法规的规定，损害劳动者权益的；（五）因本法第二十六条第一款规定的情形致使劳动合同无效的；（六）法律、行政法规规定劳动者可以解除劳动合同的其他情形。用人单位以暴力、威胁或者非法限制人身自由的手段强迫劳动者劳动的，或者用人单位违章指挥、强令冒险作业危及劳动者人身安全的，劳动者可以立即解除劳动合同，不需事先告知用人单位。"据此，A、B项符合第2款限制自由强迫劳动，C项符合第1款第2项，D项符合第1款第1项和第4项。而《劳动合同法》第37条规定："劳动者提前三十日以书面形式通知用人单位，可以解除劳动合同。劳动者在试用期内提前三日通知用人单位，可以解除劳动合同。"因此，A、B项情形中劳动者可以随时单方解除劳动合同，而C、D项情形中劳动者一般需提前30天通知用人单位。

10. 答案：ABCD。《劳动合同法》第39条规定："劳动者有下列情形之一的，用人单位可以解除劳动合同：（一）在试用期间被证明不符合录用条件的；（二）严重违反用人单位的规章制度的；（三）严重失职，营私舞弊，给用人单位造成重大损害的；（四）劳动者同时与其他用人单位建立劳动关系，对完成本单位的工作任务造成严重影响，或者经用人单位提出，拒不改正的；（五）因本法第二十六条第一款第一项规定的情形致使劳动合同无效的；（六）被依法追究刑事责任的。"

11. 答案：ABC。《劳动合同法》第40条规定："有下列情形之一的，用人单位提前三十日以书面形式通知劳动者本人或者额外支付劳动者一个月工资后，可以解除劳动合同：（一）劳动者患病或者非因工负伤，在规定的医疗期满后不能从事原工作，也不能从事由用人单位另行安排的工作的；（二）劳动者不能胜任工作，经过培训或者调整工作岗位，仍不能胜任工作的；（三）劳动合同订立时所依据的客观情况发生重大变化，致使劳动合同无法履行，经用人单位与劳动者协商，未能就变更劳动合同内容达成协议的。"

12. 答案：ABC。本题考查的知识点是劳动者违法解除劳动合同的法律责任。《劳动法》第102条规定："劳动者违反本法规定的条件解除劳动合同或者违反劳动合同中约定的保密事项，对用人单位造成经济损失的，应当依法承担赔偿责任。"至于具体的赔偿范围，则根据原劳动部《违反〈劳动法〉有关劳动合同规定的赔偿办法》第4条来确定："劳动者违反规定或劳动合同的约定解除劳动合同，对用人单位造成损失的，劳动者应赔偿用人单位下列损失：（一）用人单位招收录用其所支付的费用；（二）用人单位为其支付的培训费用，双方另有约定的按约定办理；（三）对生产、经营和工作造成的直接经济损失；（四）劳动合同约定的其他赔偿费用。"故选项A、B、C项正确。

13. **答案**：ABC。《劳动合同法》第41条第2款规定："裁减人员时，应当优先留用下列人员：（一）与本单位订立较长期限的固定期限劳动合同的；（二）与本单位订立无固定期限劳动合同的；（三）家庭无其他就业人员，有需要扶养的老人或者未成年人的。"

14. **答案**：AC。本题是对用人单位解除劳动合同的综合考查。《劳动合同法》第40条规定："有下列情形之一的，用人单位提前三十日以书面形式通知劳动者本人或者额外支付劳动者一个月工资后，可以解除劳动合同：……（二）劳动者不能胜任工作，经过培训或者调整工作岗位，仍不能胜任工作的……"第41条第1款规定："有下列情形之一，需要裁减人员二十人以上或者裁减不足二十人但占企业职工总数百分之十以上的，用人单位提前三十日向工会或者全体职工说明情况，听取工会或者职工的意见后，裁减人员方案经向劳动行政部门报告，可以裁减人员：……（二）生产经营发生严重困难的……"第42条规定："劳动者有下列情形之一的，用人单位不得依照本法第四十条、第四十一条的规定解除劳动合同：……（三）患病或非因工负伤，在规定的医疗期内的……"《劳动法》第26条规定："有下列情形之一的，用人单位可以解除劳动合同，但是应当提前三十日以书面形式通知劳动者本人：……（二）劳动者不能胜任工作，经过培训或者调整工作岗位，仍不能胜任工作的……"第27条第1款规定："用人单位濒临破产进行法定整顿期间或者生产经

营状况发生严重困难，确需裁减人员的，应当提前三十日向工会或者全体职工说明情况，听取工会或者职工的意见，经向劳动行政部门报告后，可以裁减人员……"第29条规定："劳动者有下列情形之一的，用人单位不得依据本法第二十六条、第二十七条的规定解除劳动合同：……（二）患病或者负伤，在规定的医疗期内的……"故A、C正确，D错误。至于B项，公司关于职工结婚的规定与劳动纪律无关，而且本身也不合法，所以不在考虑范围之内。

15. **答案**：ABCD。《劳动合同法》第44条规定："有下列情形之一的，劳动合同终止：（一）劳动合同期满的；（二）劳动者开始依法享受基本养老保险待遇的；（三）劳动者死亡，或者被人民法院宣告死亡或者宣告失踪的；（四）用人单位被依法宣告破产的；（五）用人单位被吊销营业执照、责令关闭、撤销或者用人单位决定提前解散的；（六）法律、行政法规规定的其他情形。"

16. **答案**：ABCD。《劳动合同法》第46条规定："有下列情形之一的，用人单位应当向劳动者支付经济补偿：（一）劳动者依照本法第三十八条规定解除劳动合同的；（二）用人单位依照本法第三十六条规定向劳动者提出解除劳动合同并与劳动者协商一致解除劳动合同的；（三）用人单位依照本法第四十条规定解除劳动合同的；（四）用人单位依照本法第四十一条第一款规定解除劳动合同的；（五）除用人单位维持或者提高劳动合同约定条件续订劳动合同，劳动者不同意续订的情形外，依照本法第四十四条第一项规定终止固定期限劳动合同的；（六）依照本法第四十四条第四项、第五项规定终止劳动合同的；（七）法律、行政法规规定的其他情形。"

17. **答案**：ABD。《劳动合同法》第47条规定："经济补偿按劳动者在本单位工作的年限，每满一年支付一个月工资的标准向劳动者支付。六个月以上不满一年的，按一年计算；不满六个月的，向劳动者支付半个月工资的经济补偿。劳动者月工资高于用人单位所在

直辖市、设区的市级人民政府公布的本地区上年度职工月平均工资三倍的，向其支付经济补偿的标准按职工月平均工资三倍的数额支付，向其支付经济补偿的年限最高不超过十二年。本条所称月工资是指劳动者在劳动合同解除或者终止前十二个月的平均工资。"

18. **答案**：BCD。本题考查有关无固定期限劳动合同的规定。《劳动合同法》第14条规定，无固定期限劳动合同，是指用人单位与劳动者约定无确定终止时间的劳动合同。用人单位与劳动者协商一致，可以订立无固定期限劳动合同。有下列情形之一，劳动者提出或者同意续订、订立劳动合同的，除劳动者提出订立固定期限劳动合同外，应当订立无固定期限劳动合同：（1）劳动者在该用人单位连续工作满10年的；（2）用人单位初次实行劳动合同制度或者国有企业改制重新订立劳动合同时，劳动者在该用人单位连续工作满10年且距法定退休年龄不足10年的；（3）连续订立二次固定期限劳动合同，且劳动者没有本法第39条和第40条第1项、第2项规定的情形，续订劳动合同的。用人单位自用工之日起满1年不与劳动者订立书面劳动合同的，视为用人单位与劳动者已订立无固定期限劳动合同。据此，A项错误，B项正确。C项正确，符合《劳动合同法》第14条第2款第3项的规定。D项正确，属于用人单位与劳动者协商一致的情况。

19. **答案**：ABD。《劳动合同法》第14条规定："无固定期限劳动合同，是指用人单位与劳动者约定无确定终止时间的劳动合同。用人单位与劳动者协商一致，可以订立无固定期限劳动合同。有下列情形之一，劳动者提出或者同意续订、订立劳动合同的，除劳动者提出订立固定期限劳动合同外，应当订立无固定期限劳动合同：（一）劳动者在该用人单位连续工作满十年的；（二）用人单位初次实行劳动合同制度或者国有企业改制重新订立劳动合同时，劳动者在该用人单位连续工作满十年且距法定退休年龄不足十年的；（三）连续订立二次固定期限劳动合同，且劳动者没有本法第三十九条和第四十条第一项、第二项规定的情形，续订劳动合同的。用人单位自用工之日起满一年不与劳动者订立书面劳动合同的，视为用人单位与劳动者已订立无固定期限劳动合同。"因此A、B、D项正确，C项错误。

20. **答案**：ACD。根据《劳动合同法》第7条规定，用人单位自用工之日起即与劳动者建立劳动关系。本案中尽管公司与赵某并未订立书面劳动合同，但由于赵某已经在该公司工作，因此他与公司之间形成了事实劳动关系。所以A项错误，B项正确。赵某与公司之间存在事实劳动关系，因此赵某享受法律赋予的劳动者应享有的权利，有权要求公司支付医疗费，享受工伤待遇。所以C项错误。《劳动合同法》第82条规定，用人单位自用工之日起超过1个月不满1年未与劳动者订立书面劳动合同的，应当向劳动者每月支付2倍的工资。《劳动合同法实施条例》第6条第2款规定，前款规定的用人单位向劳动者每月支付两倍工资的起算时间为用工之日起满1个月的次日，截止时间为补订书面劳动合同的前一日。因此，公司应从2024年5月2日起向赵某每月支付2倍的工资。所以D项错误。

21. **答案**：BC。《劳动合同法》第9条规定，用人单位招用劳动者，不得扣押劳动者的居民身份证和其他证件，不得要求劳动者提供担保或者以其他名义向劳动者收取财物。因此A项错误，B项正确。《劳动合同法》第84条第2款规定，用人单位违反本法规定，以担保或者其他名义向劳动者收取财物的，由劳动行政部门责令限期退还劳动者本人，并以每人500元以上2000元以下的标准处以罚款；给劳动者造成损害的，应当承担赔偿责任。因此C项正确，D项错误。

22. **答案**：ABCD。《劳动法》第15条规定，禁止用人单位招用未满16周岁的未成年人。文艺、体育和特种工艺单位招用未满16周岁的未成年人，必须依照国家有关规定，并保障其接受义务教育的权利。A说法过于绝对，违反劳动法的规定。《劳动法》第38条规定，用人单位应当保证劳动者每周至少休息1日。故双方当事人可以约定周六加班。B错误。《劳动合同法》第19条第1款规定,劳动合同期限3个月以上不满1年的,试用期不得超过1个月;劳动合同期限1年以上不满3年的,试用期不得超过2个月;3年以上固定期限和无固定期限的劳动合同,试用期不得超过6个月。可见,劳动合同期限约定为2年的,试用期不得超过2个月,C错误。《劳动合同法》第25条规定,除本法第22条和第23条规定的情形外,用人单位不得与劳动者约定由劳动者承担违约金,第22条规定了服务期条款,第23条规定了保密义务和竞业限制条款。因此D错误。

23. 答案:ABD。本题主要考查经济性裁员。根据《劳动合同法》第41条第1款的规定,有下列情形之一,需要裁减人员20人以上或者裁减不足20人但占企业职工总数10%以上的,用人单位提前30日向工会或者全体职工说明情况,听取工会或者职工的意见后,裁减人员方案经向劳动行政部门报告,可以裁减人员:(1)依照企业破产法规定进行重整的;(2)生产经营发生严重困难的;(3)企业转产、重大技术革新或者经营方式调整,经变更劳动合同后,仍需裁减人员的;(4)其他因劳动合同订立时所依据的客观经济情况发生重大变化,致使劳动合同无法履行的。A项说法错误,并不需要职工代表大会批准,只需要提前向工会或者全体职工说明。B项说法错误,进入破产程序并不是经济性裁员的唯一情形。C项说法正确,职工丙属于优先留用的人员。根据《劳动合同法》第41条第2款的规定,裁减人员时,应当优先留用下列人员:(1)与本单位订立较长期限的固定期限劳动合同的;(2)与本单位订立无固定期限劳动合同的;(3)家庭无其他就业人员,有需要扶养的老人或者未成年人的。D项说法错误,职工丁虽被评为优秀但不是法定不能予以裁减的理由。

24. 答案:BC。根据《劳动合同法》第23条的规定,用人单位与劳动者可以在劳动合同中约定保守用人单位的商业秘密和与知识产权相关的保密事项。对负有保密义务的劳动者,用人单位可以在劳动合同或者保密协议中与劳动者约定竞业限制条款,并约定在解除或者终止劳动合同后,在竞业限制期限内按月给予劳动者经济补偿。劳动者违反竞业限制约定的,应当按照约定向用人单位支付违约金。故单纯的保密义务本身并不需要支付保密费用,只有在约定了竞业限制的情况下才需要支付补偿,而竞业限制的义务只有在双方约定的情况下才存在。故A项说法错误,B项说法正确。C项说法正确,江某违反保密协议披露的行为构成侵犯商业秘密。根据《反不正当竞争法》(2025修订)第10条的规定,就算乙厂没有采取利诱等手段从江某处获取保密技术,只要它明知或者应知江某披露行为违法,仍获取、使用了该商业秘密,也视为侵犯商业秘密。故D项说法错误。

25. 答案:ABC。根据《劳动合同法》第43条的规定,用人单位单方解除劳动合同,应当事先将理由通知工会。故A项说法正确。根据《劳动合同法》第39条的规定,劳动者严重违反用人单位的规章制度的,用人单位可以解除劳动合同。田某未请假就连续旷工确实属于严重违反单位规章制度的行为。故B项说法正确。《劳动合同法》第39条、第42条规定,存在用人单位单方面解除劳动合同情形的,不能以《劳动合同法》第42条的规定进行抗辩,即"患病或者非因工负伤,在规定的医疗期内的"不适用于劳动者发生重大过错导致被解除劳动合同的情形。此外,《劳动合同法》第46条规定的应当支付经济补偿金的情形也不适用于《劳动合同法》第39条的规定,故C项说法正确。《劳动合同法》第48条规定:"用人单位违反本法规定解除或者终止劳动合同,劳动者要求继续履行劳动合同的,用人单位应当继续履行;劳动者不要求继续履行劳动合同或者劳动合同已经不能继续履行的,用人单位应当依照本法第八十七条规定支付赔偿金。"可见,继续履行与支付赔偿金不能并行。故D项说法错误。

26. 答案：ABD。根据《劳动合同法》第 7 条的规定，用人单位自用工之日起即与劳动者建立劳动关系。用人单位应当建立职工名册备查。故 A 项说法正确。根据《劳动合同法》第 82 条第 1 款的规定，用人单位自用工之日起超过 1 个月不满 1 年未与劳动者订立书面劳动合同的，应当向劳动者每月支付 2 倍的工资。根据《劳动合同法实施条例》第 6 条第 2 款规定，用人单位向劳动者每月支付两倍工资的起算时间为用工之日起满 1 个月的次日，截止时间为补订书面劳动合同的前一日。故 B 项说法正确。C 项说法错误，根据《劳动合同法》的规定，为劳动者缴纳社会保险是用人单位的基本义务，用人单位不履行该义务时，劳动者可以主张解除劳动合同。《劳动合同法》第 74 条规定："县级以上地方人民政府劳动行政部门依法对下列实施劳动合同制度的情况进行监督检查：……（六）用人单位参加各项社会保险和缴纳社会保险费的情况……"另根据《社会保险法》第 83 条第 3 款的规定，个人与所在用人单位发生社会保险争议的，可以依法申请调解、仲裁，提起诉讼。用人单位侵害个人社会保险权益的，个人也可以要求社会保险行政部门或者社会保险费征收机构依法处理。因而社保行政部门或社保费征收机构都具有处理养老保险纠纷的权力。故 D 项说法正确。

27. 答案：BD。《劳动合同法》第 46 条规定："有下列情形之一的，用人单位应当向劳动者支付经济补偿：……（四）用人单位依照本法第四十一条第一款规定解除劳动合同的……"故 A 错误。《劳动合同法》第 41 条第 2、3 款规定："裁减人员时，应当优先留用下列人员：（一）与本单位订立较长期限的固定期限劳动合同的；（二）与本单位订立无固定期限劳动合同的；（三）家庭无其他就业人员，有需要扶养的老人或者未成年人的。用人单位依照本条第一款规定裁减人员，在六个月内重新招用人员的，应当通知被裁减的人员，并在同等条件下优先招用被裁减的人员。"第 42 条规定："劳动者有下列情形之一的，用人单位不得依照本法第四十条、第四十一条的规定解除劳动合同：（一）从事接触职业病危害作业的劳动者未进行离岗前职业健康检查，或者疑似职业病病人在诊断或者医学观察期间的；（二）在本单位患职业病或者因工负伤并被确认丧失或者部分丧失劳动能力的；（三）患病或者非因工负伤，在规定的医疗期内的；（四）女职工在孕期、产期、哺乳期的；（五）在本单位连续工作满十五年，且距法定退休年龄不足五年的；（六）法律、行政法规规定的其他情形。"故 B、D 正确，C 项并未说明该女职工距离退休的年龄，说法错误。

28. 答案：ACD。《劳动合同法》第 58 条第 1 款规定："劳务派遣单位是本法所称用人单位，应当履行用人单位对劳动者的义务……"故张某与乙劳务派遣公司之间形成劳动关系，张某与甲公司之间形成劳务关系。本题中乙劳务派遣公司为用人单位，应当履行为劳动者缴纳社会保险费的义务，故 A 选项错误，B 选项正确，C 选项错误。《民法典》第 1191 条第 2 款规定："劳务派遣期间，被派遣的工作人员因执行工作任务造成他人损害的，由接受劳务派遣的用工单位承担侵权责任；劳务派遣单位有过错的，承担相应的责任。"本题中，张某在工作中造成他人受伤，应当由用工单位甲公司承担侵权责任，劳务派遣单位乙公司有过错的，承担过错范围内的责任，而不是连带责任。故 D 选项错误。综上所述，本题答案为 ACD。

29. 答案：（1）ABD。根据《反不正当竞争法》的规定，商业秘密是指不为公众所知悉、具有商业价值并经权利人采取相应保密措施的技术信息和经营信息。本案中 Y 公司使用了 K 公司研发的配方，Y 公司明知或应知邓某提供的是 K 公司的商业秘密仍予以使用，存在故意或重大过失，构成侵犯商业秘密的侵权行为，故 A 选项正确。邓某作为 K 公司技术主管，掌握公司商业秘密，其将 K 公司研发的配方提供给 Y 公司，违反了对 K 公司的保密义务，根据《反不正当竞争法》

的相关规定，其行为属于侵犯商业秘密的情形，故 B 选项正确。竞业禁止义务是基于劳动者与用人单位的约定或法律规定，限制劳动者在一定期限内到与原单位有竞争关系的单位工作等通常由劳动者承担的义务。Y 公司不是竞业禁止义务的主体，不存在违反竞业禁止义务一说，故 C 选项错误。邓某与 K 公司虽未明确签订书面竞业禁止协议，但邓某承诺 5 年内不以任何直接或间接方式在任何一家制药公司任职或提供服务，该承诺构成竞业禁止约定，但《劳动合同法》第 24 条规定竞业限制的最长年限不超过 2 年，5 年的承诺也只有在 2 年之内存在强制效力。邓某 2020 年担任 Y 公司副总经理并持股，与 K 公司劳动合同解除的时间间隔不超过 2 年，违反了其与 K 公司的竞业禁止承诺且不超过《劳动合同法》规定的竞业限制最长年限，故 D 选项正确。

（2）AB。侵犯商业秘密是侵犯了权利人对商业秘密的专有权利，根据《反不正当竞争法》等的规定，属于侵权行为。违反竞业禁止是因为劳动者违反了与用人单位关于竞业限制的约定，本质上属于违约行为，故 A 选项正确。本案中，邓某的行为既构成对 K 公司商业秘密的侵权，又构成对竞业禁止约定的违约，存在法律关系竞合。根据相关法律规定及司法实践，K 公司可以选择以侵权为由提起民事诉讼，也可以选择以违反竞业限制为由申请劳动仲裁，故 B 选项正确。劳动关系和商事关系是不同类型的法律关系，不存在绝对的优先顺序，应根据具体情况和法律规定来确定适用何种法律关系进行处理，故 C 选项错误。虽然本案纠纷与邓某和 K 公司的劳动关系有关，但 K 公司选择以侵犯商业秘密为由向法院提起诉讼，符合法律规定。侵犯商业秘密纠纷属于民事侵权纠纷，可通过民事诉讼解决，并非必须先经过劳动仲裁程序，所以邓某的主张不应予以支持，故 D 选项错误。

30. **答案**：ABD。需要注意的是，本题是甲公司与派遣职工严某之间的劳务派遣合同到期而非劳动合同到期。

31. **答案**：CD。根据《劳动法》规定，每月加班不得超过 36 小时，选项中加班 48 小时，违反了劳动法规定，A 项错误；新入职的员工自动享受集体合同待遇，无须告知，B 项错误；用人单位与劳动者订立的劳动合同中劳动报酬和劳动条件等标准不得低于集体合同规定的标准，C 项正确；履行集体合同发生争议，协商解决不成的，工会有权依法申请仲裁、提起诉讼，D 项正确。综上所述，本题应选 C、D 项。

32. **答案**：AD。《劳动合同法》第 72 条第 2 款规定："非全日制用工劳动报酬结算支付周期最长不得超过十五日。"非全日制用工一般采用小时计酬并即时结算，最长支付周期不超过 15 日，故甲公司将支付周期改为 15 日是合法的，A 项正确。

《劳动合同法》第 68 条规定："非全日制用工，是指以小时计酬为主，劳动者在同一用人单位一般平均每日工作时间不超过四小时，每周工作时间累计不超过二十四小时的用工形式。"若甲公司将工作时间改为每天 4 小时，而每周工作 7 天，每周工作时间超过法定的 24 小时，是违法的，B 项错误。

《劳动合同法》第 70 条规定："非全日制用工双方当事人不得约定试用期。"非全日制用工的用工方式灵活且不稳定，不得约定试用期，C 主张是违法的，错误。

《劳动合同法》第 69 条第 2 款规定："从事非全日制用工的劳动者可以与一个或者一个以上用人单位订立劳动合同；但是，后订立的劳动合同不得影响先订立的劳动合同的履行。"故甲公司允许张三同时在其他公司上班是合法的，D 项正确。

综上所述，本题正确答案为 A、D 项。

33. **答案**：ACD。《劳动合同法》第 58 条第 1 款规定，劳务派遣单位是本法所称用人单位，应当履行用人单位对劳动者的义务。因此，关某系友人派遣公司员工，与友人派遣公司具有劳动关系。友人派遣公司作为用人单位应该依法为其员工关某缴纳社会保险，A、C 选项错误，B 选项正确。

《民法典》第 1191 条第 2 款规定，劳务派遣期间，被派遣的工作人员因执行工作任务造成他人损害的，由接受劳务派遣的用工单位承担侵权责任；劳务派遣单位有过错的，承担相应的责任。因此，关某在谷德有限公司工作期间致人受伤，应当由用工单位谷德有限公司担责；友人派遣公司若有过错，在过错范围内担责，本题并未交代友人派遣公司过错，故其不承担责任，D 选项错误。

综上所述，本题的正确答案为 A、C、D 项。

34. 答案：ABD。《劳动合同法》第 38 条规定："用人单位有下列情形之一的，劳动者可以解除劳动合同：（一）未按照劳动合同约定提供劳动保护或者劳动条件的；（二）未及时足额支付劳动报酬的；（三）未依法为劳动者缴纳社会保险费的……"因此 A、B 项正确。《劳动合同法》第 39 条规定："劳动者有下列情形之一的，用人单位可以解除劳动合同：（一）在试用期间被证明不符合录用条件的；（二）严重违反用人单位的规章制度的；（三）严重失职，营私舞弊，给用人单位造成重大损害的；（四）劳动者同时与其他用人单位建立劳动关系，对完成本单位的工作任务造成严重影响，或者经用人单位提出，拒不改正的；（五）因本法第二十六条第一款第一项规定的情形致使劳动合同无效的；（六）被依法追究刑事责任的。"因此，C 项错误，D 项正确。

35. 答案：AC。《劳动合同法》第 14 条第 3 款规定："用人单位自用工之日起满一年不与劳动者订立书面劳动合同的，视为用人单位与劳动者已订立无固定期限劳动合同。"本案中，刘某于 2023 年 1 月 1 日与奔图公司建立劳动关系直到 2024 年 6 月 1 日离职，自用工之日起超过一年奔图公司未与刘某签订书面劳动合同，自满一年当天应视为双方建立了无固定期限劳动合同关系，A 项正确。《人力资源社会保障部、最高人民法院关于劳动人事争议仲裁与诉讼衔接有关问题的意见（一）》第 20 条规定："用人单位自用工之日起满一年未与劳动者订立书面劳动合同，视为自用工之日起满一年的当日已经与劳动者订立无固定期限劳动合同。存在前款情形，劳动者以用人单位未订立书面劳动合同为由要求用人单位支付自用工之日起满一年之后的第二倍工资的，劳动人事争议仲裁委员会、人民法院不予支持。"因此，用人单位因为未按时签订书面劳动合同而需承担两倍工资的周期最长为自用工满一个月的第二天至满一年的前一天共计 11 个月的时间，而非 B 项中的 17 个月，B 项错误。《劳动争议调解仲裁法》第 27 条第 4 款规定："劳动关系存续期间因拖欠劳动报酬发生争议的，劳动者申请仲裁不受本条第一款规定的仲裁时效期间的限制；但是，劳动关系终止的，应当自劳动关系终止之日起一年内提出。"本案中，刘某与奔图公司之间因欠薪提起仲裁，仲裁时效应自劳动关系终止即 2024 年 6 月 1 日起一年内，所以刘某于 2024 年 7 月 1 日提起仲裁未超过时效，C 项正确。《劳动合同法》第 47 条第 1 款规定："经济补偿按劳动者在本单位工作的年限，每满一年支付一个月工资的标准向劳动者支付。六个月以上不满一年的，按一年计算；不满六个月的，向劳动者支付半个月工资的经济补偿。"本案中，因为用人单位未按时支付工资，劳动者有权单方解除劳动合同并主张经济补偿金。刘某在奔图公司的工作年限为 1 年 5 个月，所以奔图公司应支付 1.5 个月工资作为补偿金，并非 2 个月，D 项错误。

36. 答案：AB。本题有理论难度。本案中李某违反与甲公司的保密约定，违法泄露其掌握的甲公司的商业秘密给乙公司，乙公司作为李某出资设立的公司，对李某的泄密行为应认定为知情，所以李某和乙公司均应认定为侵犯了甲公司的商业秘密，甲公司可以向二者主张赔偿责任，A、B 项正确；《劳动合同法》第 25 条规定："除本法第二十二条和第二十三条规定的情形外，用人单位不得与劳动者约定由劳动者承担违约金。"劳动合同中或劳动关系履行中的违约金问题属于重大理论难题，现实中也存在诸多分歧，尤其是保密合同的法律性质和法律适用。本选项有两种解题思路：第一种思路是，如果严格认定保密合同属于劳动合同的范畴，那么应严格依据《劳动合同法》第25条的规定，除了服务期及竞业限制条款用人单位可以与劳动者约定违约金外，其余情形下用人单位不得与劳动者约定违约金。本案中只表明甲公司与李某约定了保密义务，并没有约定竞业限制的义务及相应的经济补偿，所以单独依保密义务约定的违约金条款应因违反劳动合同法的强制性规定而无效。然而，需要注意的是，虽然劳动合同中或劳动关系履行中单独因保密义务约定的违约金条款无效，但并不意味着劳动者违反保密义务不需要承担法律责任。《劳动合同法》第90条规定，劳动者违反本法规定解除劳动合同，或者违反劳动合同中约定的保密义务或者竞业限制，给用人单位造成损失的，应当承担赔偿责任。因此，李某如果因泄露商业秘密给甲公司造成损失的，应当承担赔偿责任，具体赔偿金额大小要根据实际造成的损失确定，而非违约金条款设定的20万元。

第二种思路是，如果认定保密合同可以作为独立的民事合同（因为保守秘密事项并非《劳动合同法》第17条规定的劳动合同必备条款），不严格依据《劳动合同法》第25条对违约金情形的限制，认定李某和甲公司之间约定的保密义务的违约金条款有效，那么根据合同的相对性原理，甲公司应主要向李某本人主张违约金20万元的违约责任。甲公司和乙公司之间没有任何约定，因此如果依据违约条款主张违约金并无法律依据。另外，需要注意的还有两点：第一，如果认为李某与乙公司之间需要对违约责任承担连带责任，在《民法典》上无法得到支持。连带责任可能基于合同产生，也可能基于侵权等产生。连带责任的意义在于通过增加责任主体的数量，加强对受损人的保护。《民法典》除对连带责任的基本特征（连带责任及连带债务份额确定与追偿、连带债务涉他效力）进行规定外，还明确规定了多种连带责任。在最高人民法院（2022）最高法民再91号裁判意见中，法院认为：连带责任是一种法定责任，由法律规定或者当事人约定产生。连带责任对责任人苛以较为严格的共同责任，使得责任人处于较为不利地位。因此，对连带责任的适用应当遵循严格的法定原则，即不能通过自由裁量权任意将多人责任关系认定为连带责任，而必须依据明确的法律规定或合同约定，才能适用连带责任。本题中，乙公司既未在保密合同中出现，也未在《民法典》规定的承担连带责任的特定情形之中，因此不可主张承担李某违约金的连带责任。第二，甲公司虽然对乙公司主张法律责任缺乏违约责任请求权基础，但仍存在损害赔偿请求权基础。乙公司根据《反不正当竞争法》需要承担侵害商业秘密的法律责任。《反不正当竞争法》第10条规定："经营者不得实施下列侵犯商业秘密的行为：（一）以盗窃、贿赂、欺诈、胁迫、电子侵入或者其他不正当手段获取权利人的商业秘密；（二）披露、使用或者允许他人使用以前项手段获取的权利人的商业秘密；（三）违反保密义务或者违反权利人有关保守商业秘密的要求，披露、使用或者允许他人使用其所掌握的商业秘密；（四）教唆、引诱、帮助他人违反保密义务或者违反权利人有关保守商业秘密的要求，获取、披露、使用或者允许他人使用权利人的商业秘密。经营者以外的其他自然人、法人和非法人组织实施前款所列违法行为的，视为侵犯商业秘密。第三人明知或者应知商业秘密权利人的员工、前员工或者其他单位、个人实施本条第一款所列违法行为，仍获取、披露、使用或者允许他人使用该商业秘密的，视为侵犯商业秘密。"第22条规定："经营者违反本法规定，给他人造成损害的，应当依法承担民事责任。经营者的合法权益受到不正当竞争行为损害的，可以向人民法院提起诉讼。因不正当竞争行为受到损害的经营者的赔偿数额，按照其因被侵权所受到的实际损失确定；实际损失难以计算的，按照侵权人因侵权所获得的利益确定。经营者恶意实施侵犯商业秘密行为，情节严重的，可以在按照上述方法确定数额的一倍以上五倍以下确定赔偿数额。赔偿数额还应当包括经营者为制止侵权行为所支付的合理开支。经营者违反本法第六条、第九条规定，权利人因被侵权所受到的实际损失、侵权人因侵权所获得的利益难以确定的，由人民法院根据侵权行为的情节判决给予权利人五百万元以下的赔偿。"因此，乙公司所需承担的损害赔偿责任需依据实际造成的损害以及严重程度进行综合判断，不应单独依据违约金判定。因此 C 项从两种解释路径看均错误。《公司法》第 265 条第 1 项规定："高级管理人员，是指公司的经理、副经理、财务负责人，上市公司董事会秘书和公司章程规定的其他人员。"公司章程可以自行约定本公司的高级管理人员范围，所以甲公司章程约定技术总监为高级管理人员合法有效，D 项错误。

37. **答案**：BC。A 选项错误，C 选项正确，买家与商家构成对盥洗池的买卖合同关系，同时提供安装服务，该服务包括在买卖合同关系内。在安装过程中由于工人的失误打碎了买家的杯子，基于合同相对性原理，买家可以向商家主张赔偿损失 60 元。B 选项正确，D 选项错误，买家与工人之间构成对拆除盥洗池工作的合同关系，由此产生的损失应由工人承担，故买家有权向工人索赔墙面的损失费用 40 元。

38. **答案**：ABD。《反不正当竞争法》第 10 条规定："经营者不得实施下列侵犯商业秘密的行为：（一）以盗窃、贿赂、欺诈、胁迫、电子侵入或者其他不正当手段获取权利人的商业秘密；（二）披露、使用或者允许他人使用以前项手段获取的权利人的商业秘密；（三）违反保密义务或者违反权利人有关保守商业秘密的要求，披露、使用或者允许他人使用其所掌握的商业秘密；（四）教唆、引诱、帮助他人违反保密义务或者违反权利人有关保守商业秘密的要求，获取、披露、使用或者允许他人使用权利人的商业秘密。经营者以外的其他自然人、法人和非法人组织实施前款所列违法行为的，视为侵犯商业秘密。第三人明知或应知商业秘密权利人的员工、前员工或者其他单位、个人实施本条第一款所列违法行为，仍获取、披露、使用或者允许他人使用该商业秘密的，视为侵犯商业秘密。本法所称的商业秘密，是指不为公众所知悉、具有商业价值并经权利人采取相应保密措施的技术信息、经营信息等商业信息。"本案中，乙公司与甲公司为同业竞争关系。乙公司高薪聘请甲公司的高级工程师，且获取其提供的技术资料，应认定其对张某非法泄密具有"应知或明知"的过错，且依旧使用了该信息，属于侵犯甲公司商业秘密的不正当竞争行为，A、B 项错误，C 项正确。《反不正当竞争法》第 26 条规定："经营者以及其他自然人、法人和非法人组织违反本法第十条规定侵犯商业秘密的，由监督检查部门责令停止违法行为，没收违法所得，处十万元以上一百万元以下的罚款；情节严重的，处一百万元以上五百万元以下的罚款。"侵犯商业秘密，并没有吊销营业执照的罚则，D 项错误。

39. **答案**：ABC。《最高人民法院关于审理劳动争议案件适用法律问题的解释（二）》第 13 条规定："劳动者未知悉、接触用人单位的商业秘密和与知识产权相关的保密事项，劳动者请求确认竞业限制条款不生效的，人民法院依法予以支持。竞业限制条款约定的竞业限制范围、地域、期限等内容与劳动者知悉、接触的商业秘密和与知识产权相关的保密事项不相适应，劳动者请求确认竞业限制条款超过合理比例部分无效的，人民法院依法予以支持。"因此，A 项、B 项正确。《最高人民法院关于审理劳动争议案件适用法律问题的解释（二）》第 14 条规定："用人单位与高级管理人员、高级技术人员和其他负有保密义务的人员约定在职期间竞业限制条款，劳动者以不得约定在职期间竞业限制、未支付经济补偿为由请求确认竞业限制条款无效的，人民法院不予支持。"因此，D 项错误。《最高人民法院关于审理劳动争议案件适用法律问题的解释（一）》第 36 条规定："当事人在劳动合同或者保密协议中约定了竞业限制，但未约定解除或者终止劳动合同后给予劳动者经济补偿,劳动者履行了竞业限制义务,要求用人单位按照劳动者在劳动合同解除或者终止前十二个月平均工资的30%按月支付经济补偿的,人民法院应予支持。前款规定的月平均工资的30%低于劳动合同履行地最低工资标准的,按照劳动合同履行地最低工资标准支付。"因此,C项正确。

不定项选择题

1. 答案:ABD。劳务合同属民事合同范畴;在企业法中,承包合同有企业外部承包合同和企业内部承包合同之分,二者与劳动合同既有相似之处,也有区别,不能相混淆;聘用合同是指以招聘或聘请在职和非在职劳动者中有特定技术业务专长者为专职或兼职的技术专业人员或管理人员为目的,由用人单位与被聘用者依法签订的,缔结劳动关系并约定聘用期间劳动权利和劳动义务的合同,它是劳动合同的一种;个人雇工合同尚未被纳入《劳动法》与《劳动合同法》的调整范围,仍不属劳动合同,而属于民事合同。

2. 答案:C。《劳动合同法》第10条规定:"建立劳动关系,应当订立书面劳动合同……"第69条规定:"非全日制用工双方当事人可以订立口头协议……"

3. 答案:AD。本题着重考查《劳动合同法》关于订立书面劳动合同的立法目的、视为订立无固定期限劳动合同法律责任的限度,具有较大难度,需对《劳动合同法》的条文有整体性理解和掌握。本题涉及的《劳动合同法》的规定主要有两处:(1)第14条第3款规定,用人单位自用工之日起满一年不与劳动者订立书面劳动合同的,视为用人单位与劳动者已订立无固定期限劳动合同。(2)第82条规定,用人单位自用工之日起超过一个月不满一年未与劳动者订立书面劳动合同的,应当向劳动者每月支付二倍的工资。用人单位违反本法规定不与劳动者订立无固定期限劳动合同的,自应当订立无固定期限劳动合同之日起向劳动者每月支付二倍的工资。

本题中,对"用人单位自用工之日起满一年未与劳动者订立书面劳动合同的"所产生的法律后果需全面考虑。不能片面理解《劳动合同法》对订立书面劳动合同形式规范的立法意图,不能曲解《劳动合同法》对用人单位与劳动者之间订立无固定期限劳动合同的立法干预限度。需结合文义解释、目的解释、体系解释、历史解释等多种法律解释方法,正确理解和适用未订立书面劳动合同的法律责任的相关规定。本题首先需要肯定的是事实劳动关系的有效性,但是在未订立书面劳动合同的法律责任方面有两种去向:一是根据《劳动合同法》第14条第3款规定,用人单位承认与劳动者之间视为订立无固定期限劳动合同,同时《劳动合同法》不强制用人单位履行订立书面劳动合同的强制性义务,相应地,一般来说也无需承担因未订立书面劳动合同而要承担的每个月多支付一倍工资的法律责任。二是根据《劳动合同法》第82条规定,用人单位不承认与劳动者订立无固定期限劳动合同的,须承担自用工之日起每个月多支付一倍工资的法律责任。因此,AD均正确。需要着重说明的是,《劳动合同法》对用人单位设定订立书面劳动合同的形式规范的立法目的是规范劳动用工行为,为处于弱势地位的劳动者保障自身合法权益提供文本依据,否则需要承担视为无固定期限劳动合同或自用工之日起每个月多支付一倍工资的法律责任。这里,《劳动合同法》并不强迫用人单位选择与劳动者订立无固定期限劳动合同的合同类型和此种法律责任承担方式,尤其是在未订立书面劳动合同的情形之下,否则便曲解了《劳动合同法》对书面劳动合同形式规范的立法目的和无固定期限劳动合同制度的功能目标。我国《劳动合同法》关于无固定期限劳动合同制度的设立有其时代背景,该制度属于《劳动合同法》中的重点难点。

4. 答案:BD。依《劳动法》第21、32条规定,试用期最长不得超过6个月,试用期内劳动者可以随时通知用人单位解除劳动合同。《劳动合同法》第19条规定:"劳动合同期限三个月以上不满一年的，试用期不得超过一个月；劳动合同期限一年以上不满三年的，试用期不得超过二个月；三年以上固定期限和无固定期限的劳动合同，试用期不得超过六个月。同一用人单位与同一劳动者只能约定一次试用期。以完成一定工作任务为期限的劳动合同或者劳动合同期限不满三个月的，不得约定试用期……"第37条规定："劳动者提前三十日以书面形式通知用人单位，可以解除劳动合同。劳动者在试用期内提前三日通知用人单位，可以解除劳动合同。"因此，B、D两项表述错误。

5. 答案：ABCD。《劳动合同法》第24条第1款规定："竞业限制的人员限于用人单位的高级管理人员、高级技术人员和其他负有保密义务的人员。竞业限制的范围、地域、期限由用人单位与劳动者约定，竞业限制的约定不得违反法律、法规的规定。"

6. 答案：ACD。本题考查的是劳动合同履行过程中的有关问题。《劳动合同法》第30条规定："用人单位应当按照劳动合同约定和国家规定，向劳动者及时足额支付劳动报酬。用人单位拖欠或者未足额支付劳动报酬的，劳动者可以依法向当地人民法院申请支付令，人民法院应当依法发出支付令。"第31条规定："用人单位应当严格执行劳动定额标准，不得强迫或者变相强迫劳动者加班。用人单位安排加班的，应当按照国家有关规定向劳动者支付加班费。"第32条规定："劳动者拒绝用人单位管理人员违章指挥、强令冒险作业的，不视为违反劳动合同。劳动者对危害生命安全和身体健康的劳动条件，有权对用人单位提出批评、检举和控告。"第33条规定："用人单位变更名称、法定代表人、主要负责人或者投资人等事项，不影响劳动合同的履行。"

7. 答案：AD。《劳动合同法》第40条规定："有下列情形之一，用人单位提前三十日以书面形式通知劳动者本人或者额外支付劳动者一个月工资后，可以解除劳动合同：（一）劳动者患病或者非因工负伤，在规定的医疗期满后不能从事原工作，也不能从事由用人单位另行安排的工作的；（二）劳动者不能胜任工作，经过培训或者调整工作岗位，仍不能胜任工作的；（三）劳动合同订立时所依据的客观情况发生重大变化，致使劳动合同无法履行，经用人单位与劳动者协商，未能就变更劳动合同内容达成协议的。"

8. 答案：A。劳动法保障劳动者的择业自由权，劳动者享有辞职的权利，但需要满足程序性要求。《劳动合同法》第37条规定："劳动者提前三十日以书面形式通知用人单位，可以解除劳动合同。劳动者在试用期内提前三日通知用人单位，可以解除劳动合同。"第38条规定："用人单位有下列情形之一的，劳动者可以解除劳动合同：（一）未按照劳动合同约定提供劳动保护或者劳动条件的；（二）未及时足额支付劳动报酬的；（三）未依法为劳动者缴纳社会保险费的；（四）用人单位的规章制度违反法律、法规的规定，损害劳动者权益的；（五）因本法第二十六条第一款规定的情形致使劳动合同无效的；（六）法律、行政法规规定劳动者可以解除劳动合同的其他情形。用人单位以暴力、威胁或者非法限制人身自由的手段强迫劳动者劳动的，或者用人单位违章指挥、强令冒险作业危及劳动者人身安全的，劳动者可以立即解除劳动合同，不需事先告知用人单位。"因此，A项正确，BCD均非可以随时解除，需要满足提前通知的程序要求。

9. 答案：C。本案中，李某已满16周岁，具备劳动者主体资格，劳动合同依法订立并生效；在试用期内，李某上述做法显然证明其品质道德上有严重问题，可以推定他不符合录用条件；此外，此种情形也足以构成严重违反用人单位规章制度。因此，根据《劳动合同法》第39条之规定，甲公司可以即时解除与李某之间的劳动合同。

10. 答案：AB。《劳动合同法》第41条第1款规定："有下列情形之一，需要裁减人员二十人以上或者裁减不足二十人但占企业职工总数百分之十以上的，用人单位提前三十日向工会或者全体职工说明情况，听取工会或者职工的意见后，裁减人员方案经向劳动行政部门报告，可以裁减人员：（一）依照企业破产法规定进行重整的；（二）生产经营发生严重困难的；（三）企业转产、重大技术革新或者经营方式调整，经变更劳动合同后，仍需裁减人员的；（四）其他因劳动合同订立时所依据的客观经济情况发生重大变化，致使劳动合同无法履行的。"注意：C项情形下，还必须满足"经变更劳动合同后，仍需裁减人员"条件。D项中，所欠债务较多并不代表生产经营已经发生严重困难，故D项错误。

11. **答案**：ACD。《劳动合同法》第42条规定："劳动者有下列情形之一的，用人单位不得依照本法第四十条、第四十一条的规定解除劳动合同：（一）从事接触职业病危害作业的劳动者未进行离岗前职业健康检查，或者疑似职业病病人在诊断或者医学观察期间的；（二）在本单位患职业病或者因工负伤并被确认丧失或者部分丧失劳动能力的；（三）患病或者非因工负伤，在规定的医疗期内的；（四）女职工在孕期、产期、哺乳期的；（五）在本单位连续工作满十五年，且距法定退休年龄不足五年的；（六）法律、行政法规规定的其他情形。"

12. **答案**：D。参见《劳动合同法》第42条。

13. **答案**：C。本题考查的是用人单位不能解除劳动合同的情形，涉及《劳动合同法》第39条与第42条之间的关系。用人单位虽然不能在第42条规定情形下依据第40、41条解除劳动合同，但可以依据第39条的规定解除劳动合同："劳动者有下列情形之一的，用人单位可以解除劳动合同：（一）在试用期间被证明不符合录用条件的；（二）严重违反用人单位的规章制度的；（三）严重失职，营私舞弊，给用人单位造成重大损害的；（四）劳动者同时与其他用人单位建立劳动关系，对完成本单位的工作任务造成严重影响，或者经用人单位提出，拒不改正的；（五）因本法第二十六条第一款第一项规定的情形致使劳动合同无效的；（六）被依法追究刑事责任的。"

14. **答案**：BCD。《劳动合同法》第39条规定："劳动者有下列情形之一的，用人单位可以解除劳动合同：（一）在试用期间被证明不符合录用条件的；（二）严重违反用人单位的规章制度的；（三）严重失职，营私舞弊，给用人单位造成重大损害的；（四）劳动者同时与其他用人单位建立劳动关系，对完成本单位的工作任务造成严重影响，或者经用人单位提出，拒不改正的；（五）因本法第二十六条第一款第一项规定的情形致使劳动合同无效的；（六）被依法追究刑事责任的。"本条是关于用人单位即时辞退的规定，此种情形下解除合同无须预告，且不必支付经济补偿金。用人单位应当支付经济补偿金的情形，参见《劳动合同法》第46条。

15. **答案**：CD。本题是关于用人单位无过错辞退的命题。所谓无过错辞退，是指非因对方当事人过错而解除劳动合同。《劳动合同法》第40条规定："有下列情形之一的，用人单位提前三十日以书面形式通知劳动者本人或者额外支付劳动者一个月工资后，可以解除劳动合同：……（三）劳动合同订立时所依据的客观情况发生重大变化，致使劳动合同无法履行，经用人单位与劳动者协商，未能就变更劳动合同内容达成协议的。"第46条规定："有下列情形之一的，用人单位应当向劳动者支付经济补偿：……（三）用人单位依照本法第四十条规定解除劳动合同的……"本题主要强调的是对"客观情况发生重大变化"的变更解雇制度的理解适用，D选项错误，用人单位有与劳动者协商变更劳动合同的前置义务，不可直接单方解除劳动合同。C选项有一定难度，涉及"客观情况发生重大变化"的变更解雇制度中变更劳动合同的合理性判断。虽然并未在现有《劳动合同法》及其实施条例作出明确规定，但最高人民法院及各地司法实践对合理性的判断标准已有基本共识，即经营必要性、目的正当性、岗位能胜任、收入待遇无显著不利变更等。如《北京市高级人民法院、北京市劳动人事争议仲裁委员会关于审理劳动争议案件解答（一）》规定："59. 用人单位调整劳动者工作岗位的，如何处理？用人单位与劳动者约定可根据生产经营情况调整劳动者工作岗位的，经审查用人单位证明生产经营情况已经发生变化，调岗属于合理范畴，应支持用人单位调整劳动者工作岗位。用人单位与劳动者在劳动合同中未约定工作岗位或约定不明的，用人单位有正当理由，根据生产经营需要，合理地调整劳动者工作岗位属于用人单位自主用工行为。判断合理性应参考以下因素：用人单位经营必要性、目的正当性，调整后的岗位为劳动者所能胜任、工资待遇等劳动条件无不利变更。用人单位与劳动者签订的劳动合同中明确约定工作岗位但未约定如何调岗的，在不符合《劳动合同法》第四十条所列情形时，用人单位自行调整劳动者工作岗位的属于违约行为，给劳动者造成损失的，用人单位应予以赔偿，参照原岗位工资标准补发差额。对于劳动者主张恢复原工作岗位的，根据实际情况进行处理。经审查难以恢复原工作岗位的，可释明劳动者另行主张权利，释明后劳动者仍坚持要求恢复原工作岗位，可驳回请求。用人单位在调整岗位的同时调整工资，劳动者接受调整岗位但不接受同时调整工资的，由用人单位说明调整理由。应根据用人单位实际情况、劳动者调整后的工作岗位性质、双方合同约定等内容综合判断是否侵犯劳动者合法权益。"

因此，C 项由科研岗转为后勤岗，虽然工作任务能够胜任，但作为科研企业应该仍有相近科研岗提供，反映了调岗正当性的欠缺，同时工资收入大幅下降，不符合当前立法司法实践对客观情况重大变化而变更劳动合同的合理性的标准，C 项错误。

16. **答案**：ACD。参见《劳动合同法》第 46 条。
17. **答案**：CD。本题的考点是用人单位违法解除或终止劳动合同以及未依法支付经济补偿金的法律后果。《劳动合同法》第 48 条规定："用人单位违反本法规定解除或者终止劳动合同的，用人单位应当继续履行；劳动者不要求继续履行劳动合同或者劳动合同已经不能继续履行的，用人单位应当依照本法第八十七条规定支付赔偿金。"第 85 条规定："用人单位有下列情形之一的，由劳动行政部门责令限期支付劳动报酬、加班费或者经济补偿；劳动报酬低于当地最低工资标准的，应当支付其差额部分；逾期不支付的，责令用人单位按应付金额百分之五十以上百分之一百以下的标准向劳动者加付赔偿金：……（四）解除或者终止劳动合同，未依照本法规定向劳动者支付经济补偿的。"

18. **答案**：ABD。本题考查的是劳务派遣的有关法律规定。《劳动合同法》第 58 条第 2 款规定："劳务派遣单位应当与被派遣劳动者订立两年以上的固定期限劳动合同，按月支付劳动报酬……"第 60 条第 1 款规定："劳务派遣单位应当将劳务派遣协议的内容告知被派遣劳动者。"第 62 条规定："用工单位应当履行下列义务：……用工单位不得将被派遣劳动者再派遣到其他用人单位。"第 65 条第 1 款规定："被派遣劳动者可以依照本法第三十六条、第三十八条的规定与劳务派遣单位解除劳动合同。"第 67 条规定："用人单位不得设立劳务派遣单位向本单位或者所属单位派遣劳动者。"

19. **答案**：AB。《劳动合同法》第 69 条第 1 款规定："非全日制用工双方当事人可以订立口头协议。"第 70 条规定："非全日制用工双方当事人不得约定试用期。"第 71 条规定："非全日制用工双方当事人任何一方都可以随时通知对方终止用工。终止用工，用人单位不向劳动者支付经济补偿。"

20. **答案**：ABD。《劳动合同法》第 58 条第 1 款规定，劳务派遣单位是本法所称用人单位，应当履行用人单位对劳动者的义务。劳务派遣单位与被派遣劳动者订立的劳动合同，除应当载明本法第 17 条规定的事项外，还应当载明被派遣劳动者的用工单位以及派遣期限、工作岗位等情况。因此，A 项错误。《劳动合同法》第 59 条第 2 款规定，用工单位应当根据工作岗位的实际需要与劳务派遣单位确定派遣期限，不得将连续用工期限分割订立数个短期劳务派遣协议。因此，

B 项错误。《劳动合同法》第 59 条第 1 款规定，劳务派遣单位派遣劳动者应当与接受以劳务派遣形式用工的单位订立劳务派遣协议。劳务派遣协议应当约定派遣岗位和人员数量、派遣期限、劳动报酬和社会保险费的数额与支付方式以及违反协议的责任。因此，C 项正确。《劳动合同法》第 60 条第 1 款规定，劳务派遣单位应当将劳务派遣协议的内容告知被派遣劳动者。因此，D 项错误。

21. 答案：ABCD。《劳动合同法》第 58 条第 2 款规定，劳务派遣单位应当与被派遣劳动者订立两年以上的固定期限劳动合同，按月支付劳动报酬；被派遣劳动者在无工作期间，劳务派遣单位应当按照所在地人民政府规定的最低工资标准，向其按月支付报酬。A 项错误。《劳动合同法》第 60 条规定，劳务派遣单位应当将劳务派遣协议的内容告知被派遣劳动者。劳务派遣单位不得克扣用工单位按照劳务派遣协议支付给被派遣劳动者的劳动报酬。劳务派遣单位和用工单位不得向被派遣劳动者收取费用。B、C 项错误。《劳动合同法》第 64 条规定，被派遣劳动者有权在劳务派遣单位或者用工单位依法参加或者组织工会，维护自身的合法权益。因此，D 项错误。

22. 答案：A。《劳动合同法》第 62 条第 2 款规定，用工单位不得将被派遣劳动者再派遣到其他用人单位。因此，A 项错误。《劳动合同法》第 65 条第 2 款规定，被派遣劳动者有本法第 39 条和第 40 条第 1、2 项规定情形的，劳务派遣单位依照本法有关规定，可以与劳动者解除劳动合同。本案中"李某已无工作"的情况不符合第 39 条和第 40 条第 1、2 项规定，因此，松园公司不得因李某已无工作而解除劳动合同，B 项正确。《劳动争议调解仲裁法》第 22 条规定，发生劳动争议的劳动者和用人单位为劳动争议仲裁案件的双方当事人。劳务派遣单位或者用工单位与劳动者发生劳动争议的，劳务派遣单位和用工单位为共同当事人。C 项正确。《劳动合同法》第 92 条规定，劳务派遣单位违反本法规定，给被派遣劳动者造成损害的，劳务派遣单位与用工单位承担连带赔偿责任。D 项正确。

23. 答案：AD。《劳动合同法》第 41 条规定："有下列情形之一，需要裁减人员二十人以上或者裁减不足二十人但占企业职工总数百分之十以上的，用人单位提前三十日向工会或者全体职工说明情况，听取工会或者职工的意见后，裁减人员方案经向劳动行政部门报告，可以裁减人员……"所以 A、D 项正确，B、C 项法律没有规定。

24. 答案：ABC。《劳动合同法》第 41 条第 3 款规定："用人单位依照本条第一款规定裁减人员，在六个月内重新招用人员的，应当通知被裁减的人员，并在同等条件下优先招用被裁减的人员。"第 46 条规定："有下列情形之一的，用人单位应当向劳动者支付经济补偿……"所以 A、B、C 项正确，当选。

25. 答案：BCD。《劳动合同法》第 42 条规定："劳动者有下列情形之一的，用人单位不得依照本法第四十条、第四十一条的规定解除劳动合同：……（二）在本单位患职业病或者因工负伤并被确认丧失或者部分丧失劳动能力的；（三）患病或者非因工负伤，在规定的医疗期内的；（四）女职工在孕期、产期、哺乳期的……"所以 B、C、D 项应选。

26. 答案：ABC。《劳动法》第 30 条规定，用人单位解除劳动合同，工会认为不适当的，有权提出意见。如果用人单位违反法律、法规或者劳动合同，工会有权要求重新处理；劳动者申请仲裁或者提起诉讼的，工会应当依法给予支持和帮助。因此选 A、B、C。

27. 答案：ABCD。根据《劳动合同法》第 34 条的规定，用人单位发生合并或者分立等情况，原劳动合同继续有效，劳动合同由承继其权利和义务的用人单位继续履行，故 A 项说法正确。根据《劳动合同法实施条例》第 10 条的规定，劳动者非因本人原因从原用人单位被安排到新用人单位工作的，劳动者在原用人单位的工作年限合并计算为新用人单位的工作年限。原用人单位已经向劳动者支付经济补偿的，新用人单位在依法解除、终止劳动合同计算支付经济补偿的工作年限时，不再计算劳动者在原用人单位的工作年限。故 B、D 项说法正确。根据《劳动合同法》第 36 条的规定，劳动合同可以由双方协商一致解除，因而 C 项说法正确。

28. **答案**：（1）ABC。根据《劳动合同法》第 19 条的规定，劳动合同期限 3 个月以上不满 1 年的，试用期不得超过 1 个月；劳动合同期限 1 年以上不满 3 年的，试用期不得超过 2 个月；3 年以上固定期限和无固定期限的劳动合同，试用期不得超过 6 个月。故 A 项说法正确。根据《劳动合同法》第 20 条的规定，劳动者在试用期的工资不得低于本单位相同岗位最低档工资或者劳动合同约定工资的 80%，并不得低于用人单位所在地的最低工资标准，故 B 项说法正确。根据《劳动合同法》第 82 条的规定，用人单位自用工之日起超过 1 个月不满 1 年未与劳动者订立书面劳动合同的，应当向劳动者每月支付 2 倍的工资，故 C 项说法正确。根据《劳动合同法实施条例》第 5 条的规定，自用工之日起 1 个月内，经用人单位书面通知后，劳动者不与用人单位订立书面劳动合同的，用人单位应当书面通知劳动者终止劳动关系，无须向劳动者支付经济补偿，但是应当依法向劳动者支付其实际工作时间的劳动报酬。本题中 8 月 1 日起已经用人超过 1 个月，法律要求必须是 1 个月内书面通知劳动者，用人单位才可以终止劳动关系。故 D 项说法错误。

（2）ABCD。根据《劳动合同法》第 4 条第 2 款的规定，用人单位在制定、修改或者决定有关劳动报酬、工作时间、休息休假、劳动安全卫生、保险福利、职工培训、劳动纪律以及劳动定额管理等直接涉及劳动者切身利益的规章制度或者重大事项时，应当经职工代表大会或者全体职工讨论，提出方案和意见，与工会或者职工代表平等协商确定。故 A 项说法正确。B 项说法正确，该规定限制了婚姻法赋予公民的婚姻自由权利。C、D 项说法正确，根据《劳动合同法》第 80 条的规定，用人单位直接涉及劳动者切身利益的规章制度违反法律、法规规定的，由劳动行政部门责令改正，给予警告；给劳动者造成损害的，应当承担赔偿责任。

（3）ABC。《社会保险法》第 45 条规定："失业人员符合下列条件的，从失业保险基金中领取失业保险金：（一）失业前用人单位和本人已经缴纳失业保险费满一年的；（二）非因本人意愿中断就业的；（三）已经进行失业登记，并有求职要求的。"故 A、B 项说法正确。根据《社会保险法》第 48 条的规定，失业人员在领取失业保险金期间，参加职工基本医疗保险，享受基本医疗保险待遇。失业人员应当缴纳的基本医疗保险费从失业保险基金中支付，个人不缴纳基本医疗保险费。故 C 项说法正确。根据《社会保险法》第 52 条的规定，职工跨统筹地区就业的，其失业保险关系随本人转移，缴费年限累计计算。故 D 项说法错误。

29. **答案**：BC。《劳动法》第 61 条规定："不得安排女职工在怀孕期间从事国家规定的第三级体力劳动强度的劳动和孕期禁忌从事的劳动。对怀孕七个月以上的女职工，不得延长其工作时间和安排夜班劳动。"对怀孕 7 个月以上的女职工，不得安排其延长工作时间和夜班劳动。本题张某未怀孕 7 个月，故 A 项错误。《劳动合同法》第 39 条规定："劳动者有下列情形之一的，用人单位可以解除劳动合同：……（二）严重违反用人单位的规章制度的……"张某虽然是怀孕职工，属于被保护的劳动者，但若劳动者严重违法违纪，用人单位仍然有权单方解除劳动合同，不受《劳动合同法》第 42 条的限制。故 B 项正确。《劳动法》第 19 条规定："劳动合同应当以书面形式订立，并具备以下条款：……（五）劳动纪律……"《员工纪律》属于劳动纪律，构成劳动合同的内容，故 C 项正确。《劳动合同法》第 42 条规定："劳动者有下列情形之一的，用人单位不得依照本法第四十条、第四十一条的规定解除劳动合同：……（四）女职工在孕期、产期、哺乳期的……"如果张某仅仅因为不能胜任公司岗位，即劳动者无过错，没有违反《劳动合同法》第39条规定，因其是怀孕女职工，用人单位不得单方解除劳动合同。故D项错误。

30. **答案**：（1）C。《劳动合同法》第58条第1款规定："劳务派遣单位是本法所称用人单位，应当履行用人单位对劳动者的义务。劳务派遣单位与被派遣劳动者订立的劳动合同……"本题中，丁公司与丙劳务派遣公司签订协议，由丙公司派遣王某到丁公司担任保洁员，丙公司作为劳务派遣单位，与王某签订劳动合同，将其派遣至丁公司工作，所以丙公司是王某的用人单位，答案选C。

（2）CD。丁公司无权将王某退回丙公司。《劳动合同法》第65条第2款规定："被派遣劳动者有本法第三十九条和第四十条第一项、第二项规定情形的，用工单位可以将劳动者退回劳务派遣单位，劳务派遣单位依照本法有关规定，可以与劳动者解除劳动合同。"即用工单位退回被派遣劳动者需符合法定情形。本题中，丁公司以签订派遣协议时所依据的客观情况发生重大变化为由将王某退回丙公司，不属于法定的退回情形，故丁公司无权将王某退回，A选项错误。丙公司无权解除与王某的劳动合同。丁公司的退回行为不合法，故丙公司以丁公司将王某退回的理由解除与王某的劳动合同的行为，不符合《劳动合同法》规定的用工单位可以解除劳动合同的情形，B选项错误。王某有权要求丙公司继续履行劳动合同。《劳动合同法》第48条规定："用人单位违反本法规定解除或者终止劳动合同，劳动者要求继续履行劳动合同的，用人单位应当继续履行……"本题中丙公司违法解除劳动合同，王某有权要求丙公司继续履行劳动合同，C选项正确。王某如不愿回到丙公司，有权要求其支付赔偿金。《劳动合同法》第48条规定，用人单位违反本法规定解除或者终止劳动合同，劳动者不要求继续履行劳动合同或者劳动合同已经不能继续履行的，用人单位应当依照本法第87条规定支付赔偿金。故王某如不愿回到丙公司，有权要求丙公司支付赔偿金，D选项正确。

名词解释

1. **答案**：劳动合同，亦称劳动契约或劳动协议，此概念既可以在法律行为（法律事实）意义上使用，即指劳动合同的运行；也可以在法律关系（社会关系）意义上使用，即指劳动合同关系。劳动合同有书面、口头、推定形式，故劳动合同既可以指书面劳动合同，也可以指口头、推定劳动合同，而《劳动合同法》中的劳动合同多指书面劳动合同。对于劳动合同概念，应当置于其所在法律条文中作具体理解，不同法律条文中的劳动合同概念，其含义不尽相同。但作为基本定义来说，依据《劳动法》第16条规定，劳动合同是劳动者与用人单位确立劳动关系，明确双方权利和义务的协议。劳动合同具有一般合同的属性，是诺成合同、双务合同和有偿合同。基于劳动关系的特殊性和劳动法的社会法属性，劳动合同具有下述特点：（1）从属性合同；（2）继续性合同；（3）不完全合同；（4）关系性合同；（5）附合合同。

2. **答案**：无固定期限劳动合同是用人单位与劳动者约定无确定终止时间的劳动合同。此种合同下，劳动关系可以在劳动者的法定劳动年龄范围内和企业的存在期限内持续存在，只要没有出现法律规定的条件或者双方约定的条件，双方当事人就要继续履行劳动合同规定的义务。只有在符合法定或约定条件的情况下，劳动关系才可终止。

3. **答案**：借调合同，又称借用合同，是指为了将某用人单位职工借调到另一用人单位从事短期性工作，而由借调单位、被借调单位和被借调职工三方当事人依法签订的，约定借调期间三方当事人之间权利和义务的合同。借调合同一般适用于借调单位急需使用的工人或职员。

4. **答案**：非全日制用工，是指以小时计酬为主，劳动者在同一用人单位一般平均每日工作时间不超过4小时，每周工作时间累计不超过24小时的用工形式。它是适应劳动关系需要而出现的一种灵活的用工形式。非全日制用工双方当事人可以订立口头协议。从事非全日制用工的劳动者可以与一个或者一个以上用人单位订立劳动合同；但是，后订立的劳动合同不得影响先订立的劳动合同的履行。

5. **答案**：劳动合同的续订，是指合同当事人双方依法达成协议，使原订的即将期满的劳动合同延长有效期限的法律行为。它是在双方当事人均已确定的前提下进行的，是原劳动合同所确立劳动关系的续延，而不是在原劳动关系终止后再次确立劳动关系，当事人双方继续享有和承担与原有效期限届满前一样或者基本相同的权利和义务。

6. **答案**：劳动合同的解除，是指劳动合同依法生效，尚未履行或履行完毕之前，当事人依法提前终止劳动合同的法律效力。它是劳动合同的提前终止，在具备法定或约定事由情形下因当事人依法作出提前终止合同的意思表示而终止。

7. **答案**：劳务派遣，又称劳动派遣或劳动力派遣，是指派遣单位按照用工单位或劳动力市场的需要招收劳动者并与之订立劳动合同，按照其与用工单位订立的劳务派遣协议将劳动者派遣到用工单位劳动，劳动过程由用工单位管理，工资和社会保险费用等项待遇由用工单位提供给派遣单位，再由派遣单位支付给劳动者，并为劳动者办理社会保险登记和缴费等项事务，用工单位向派遣单位就提供的服务支付劳务费的一种特殊用工形式。

简答题

1. **答案**：劳动合同，亦称劳动契约或劳动协议，是劳动者与用人单位确立劳动关系，明确双方权利和义务的协议。劳动合同具有一般合同的属性，是诺成合同、双务合同和有偿合同。基于劳动关系的特殊性和劳动法的社会法属性，劳动合同具有下述特点：

    （1）从属性合同。劳动关系是一种从属性关系，当事人双方在劳动合同订立前后都不具有民事合同意义上的平等主体地位。劳动者虽然有选择雇主和缔约与否的自由，但劳动合同的内容和履行必然体现劳动者在人格上、组织上或经济上相对于雇主的从属性地位。

    （2）继续性合同。相对于一次性或一时性合同，劳动合同是典型的继续性合同，即劳动合同所约定的权利和义务在劳动关系存续期间持续性存在，合同目的不能通过当事人之间的一次性履行来实现，而必须随着时间的推移，通过双方当事人特别是劳动者持续不断，即日复一日、周复一周、月复一月地提供劳动才能达到。并且，在劳动合同运行的全过程中，劳动者提供劳动力和用人单位提供劳动力再生产条件的义务，相互交织地持续履行，一般不可能有时段上的分开。也正因为是继续性合同，劳动合同已经履行的部分，如劳动者已经付出的劳动等，不具有可返还性，无法恢复原状。因此在处理劳动合同无效、解除等引起的溯及力和责任承担问题时，不能对劳动者已经付出的劳动适用返还财产的处理方式，而只能采用赔偿损失等其他的处理方式。

    （3）不完全合同。合同内容是否完全，取决于缔约时当事人双方对合同未来运行期间可能发生的与合同运行有关的各种情况能否完全预期。不完全合同可分为两类：一类是有可能完全预期但内容约定不完全的合同。其内容约定不完全主要有三个原因：①当事人的疏忽；②当事人认为订立完全合同的成本太高；③双方当事人信息不对称（占有信息优势的一方，通常也是合同的起草者，为获得合同利益而故意保留某些信息，使合同内容不完备）。这三个原因在劳动合同订立中都存在。另一类是不可能完全预期而使内容约定不完全的合同。由于合同所涉及的未来状态的复杂性和合同履行过程中主客观条件的多变性，在缔约时当事人根本不可能完全预见到未来所有可能的状态，使得合同无法完全约定当事人各方所应实施的行为和应承担的责任。劳动合同作为继续性合同，特别是期限较长的继续性合同，属于不完全合同。

    （4）关系性合同。在劳动合同的两个层次的功能中，确立劳动关系的功能比明确双方权利义务的功能，处于优先地位。这是因为作为继续性合同，劳动合同运行是一个动态的过程，合同内容相对于未来合同运行全过程的劳动关系内容而言不可能具有完全性，故当事人双方在缔约时合意的重点，一般放在是否与对方建立劳动关系、确定劳动关系的期限和形式等劳动关系运行规则上，而不会放在劳动关系具体内容上。并且，劳动关系内容的确定，有多层次依据，如劳动基准、集体合同、劳动规章制度等，这也给劳动合同把合意的重点放在劳动关系的确立上提供了可能。正因为劳动合同是关系性合同，国外某些立法例中，一般只要求确立临时性劳动关系的合同采用书面形式，而对确立非临时性劳动关系的合同允许采用口头形式。我国劳动法虽然要求建立劳动关系订立书面劳动合同，但也确认口头（推定）劳动合同对建立劳动关系的效力。

（5）附合合同。劳动合同就其合意形式和过程而言，属于附合合同。其附合性通常表现为：一是缔约附合性，即劳动者对用人单位提出的劳动合同条款多只可表示接受或不接受；二是劳动条件附合性，即劳动者在缔约时多只能接受用人单位现有的劳动条件，几乎没有讨价还价的机会；三是劳动规章制度附合性，即用人单位已制定的劳动规章制度，在劳动合同订立后就当然成为劳动合同的附件，劳动者在缔约时无权提出修改。劳动合同之所以有很强的附合性，既是基于劳动者的弱势地位，也是基于用人单位节约缔约成本的需要。尽管劳动合同的附合性限制了劳动者的选择自由，但只要用人单位提出的合同条款不违法，这种附合性合意行为就为法律所允许。由于劳动者是被动接受合同条款的附合方，在双方当事人就附合条款的解释有分歧时，应当采用有利于劳动者的解释。

2. **答案**：独立的劳动合同与民事的劳务合同已经形成了如下区别：

（1）主体地位不同。劳务合同的主体双方地位是平等的，双方在合同签订时和签订后都是平等的民事法律关系；而劳动合同的主体双方在签订合同时是平等的，双方可以就合同的内容进行平等协商，任何一方不得将意志强加给对方，但合同签订后劳动者就对用人单位产生了一定的隶属性，在劳动合同执行的过程中，用人单位和劳动者之间是管理与被管理的关系，劳动者要遵守用人单位的劳动纪律，接受用人单位在劳动过程中的管理。

（2）合同内容不同。劳动合同要求劳动者提供的一般是劳动的过程，典型的例子是在工厂的流水线上工作的职工，每个劳动者提供的劳动只是劳动的过程，一般不要求劳动者提供劳动成品，只要付出了劳动就应当获得劳动报酬；而劳务合同一般要求提供的是劳动的成果，如家庭装修、家具制作等，家庭装修者或家具制作者要按照约定提供装修效果或制作出家具，不能在提供了劳动而没有劳动成果的情况下获得劳务费用。劳动合同与劳务合同的这一区别，也是工业社会下劳动关系从传统的劳务关系中分离出来的客观背景和需求的反映。

（3）报酬计算和发放不同。在劳务合同中双方的权利义务受民法规范的约束，劳务费用的计算应当遵循商品的定价规则，即成本加合理的利润；而劳动者的工资分配原则适用的是按劳分配的原则。具体的工资标准受到国家强制法干预，工资不得违反最低工资规定，对于工资的具体数额，劳动者可以和用人单位协商确定。

（4）适用的法律不同。在劳动合同上建立的劳动关系，适用劳动法律法规调整，双方的权利义务关系要依据劳动法律法规确定。比如，如果形成了劳动关系，用人单位就有为劳动者缴纳法定的社会保险费的义务；形成了劳动关系，劳动者在劳动过程中受到了伤害，有权享受工伤待遇等；在劳动关系运行中产生劳动争议，要先申请劳动仲裁，然后才进入诉讼程序。

（5）合同主体不同。按照我国目前的规定，从劳动主体来看，在劳务合同中，劳务的提供方既可以是自然人，也可以是法人或其他组织。前者如个人家庭请人装修住宅、制作家具等，后者如某银行和某清洁公司之间关于清洁服务的协议。而在劳动合同中，劳动者只能是自然人。从雇用主体来看，在劳动合同中，用人单位应当具有法律上的用人资格，即用人单位须是企业、事业单位、国家机关、社会团体、个体经济组织之一。因此，家庭保姆、为家庭提供劳务的钟点工与其雇主之间的合同是劳务合同，而不是劳动合同。

3. **答案**：劳动合同无效，是指劳动合同由于缺少有效要件而全部或部分不具有法律效力。其中，全部无效可导致劳动关系消灭；部分无效是指部分合同条款无效，如果不影响其余部分的效力，其余部分仍然有效，劳动关系可依法存续。无效劳动合同不具有法律效力，是指不能发生当事人所预期的法律后果，或者说，无效劳动合同所引起的法律后果并不是当事人缔约时所预期的。合同无效一般有绝对无效（狭义无效）与相对无效（可撤销）之分，但《劳动法》未规定劳动合同相对无效的事项，《劳动合同法》则采用授予特殊情况下对劳动合同无效无过错者解除权的方式来替代可撤销制度。《劳动合同法》第26条第1款规定，劳动合同无效的事由有：（1）以欺诈、胁迫的手段或者乘人之危使对方在违背真实意思的情况下订立或者变更劳动合同的；（2）用人单位免除自己法定责任、排除劳动者权利的；（3）违反法律、行政法规强制性规定的。

劳动合同无效的确认。根据《劳动合同法》的规定，在当事人一方主张劳动合同无效而另一方有异议的情形下，则发生关于劳动合同无效的劳动争议，依照劳动争议处理程序由劳动争议仲裁机构或法院确认。

劳动合同无效的法律后果：

（1）劳动合同的全部或部分无效。劳动合同部分无效，是指在合同中部分内容具有相对独立性，且其内容不是当事人主要缔约目的或主要意思表示的条款无效，不影响其他部分效力的，其他部分仍然有效。

对劳动合同全部无效与部分无效的判断，应当有一定的政策考量。从保障劳动者就业考虑，对劳动合同全部无效应当从严把握和谨慎确认。部分无效劳动合同可以通过对无效条款的补正予以"救治"，而转化为完全有效的劳动合同，从而有利于保障劳动者就业。全部无效劳动合同应当是无法通过补正予以"救治"的合同。

（2）劳动合同被确认无效之前的法律后果。在劳动关系建立、劳动合同订立与劳动合同被确认无效之间的阶段，劳动者一般已给付劳动并取得劳动报酬。由于劳动力的支出具有不可回收性，故无效劳动合同已经履行的部分不能恢复原状。但是，劳动合同被确认无效后，就不能作为确定此阶段劳动权利义务的依据。于是，此阶段的劳动权利义务需要重新确定。

重新确定此阶段的劳动权利义务，应当遵循有利于劳动者的原则。一方面，法律应当确保劳动者不因劳动合同被确认无效而受到损害，尤其是确保劳动者因已付出劳动而应得到的利益；另一方面，不得让用人单位因劳动合同被确认无效而获得不当利益。《劳动合同法》第28条规定，劳动合同被确认无效，劳动者已付出劳动的，用人单位应当向劳动者支付劳动报酬。劳动报酬的数额，参照本单位相同或者相近岗位劳动者的劳动报酬确定。在理论上，有人主张限制劳动合同无效的溯及力，即一般民事合同的无效为自始无效，但劳动合同的无效则只在确认之后发生。

（3）劳动合同被确认无效之后的法律后果。劳动合同被确认无效的法律后果可从以下几个方面进行分析：

①劳动合同的命运。劳动合同被确认无效后，原以无效劳动合同为依据的劳动关系则属于事实劳动关系，应当保障对劳动合同无效无过错的一方在双方当事人主体合格的条件下，对劳动合同是否存续享有选择权。故《劳动合同法》未采用《民法典》合同编的可撤销合同制度，而代之以允许无过错的劳动者或用人单位选择劳动合同解除或存续的制度，即因用人单位过错导致劳动合同无效的，劳动者可以即时辞职，并获得经济补偿；因劳动者过错导致用人单位意思表示不真实而使劳动合同无效的，用人单位可即时

辞退。劳动者不辞职或者用人单位不辞退的，事实劳动关系将可存续。

②有过错当事人的赔偿责任。《劳动合同法》第 86 条规定，劳动合同依法被确认无效，给对方造成损害的，有过错的一方应当承担赔偿责任，其中，赔偿责任的界定，应当以赔偿实际损害为原则。

4. 答案：劳动合同的变更，是指合同当事人双方或单方依法修改或补充劳动合同内容的法律行为。它发生于劳动合同生效后、尚未履行或尚未完全履行期间，是对劳动合同所约定的权利和义务的完善和发展，是确保劳动合同全面履行和劳动过程顺利实现的重要手段。劳动合同变更的原因，按照其来源不同可大致分为用人单位方面的原因、劳动者方面的原因、客观方面的原因；按照其引起劳动合同变更的依据不同，可分为法定原因和约定原因，前者即劳动法规所规定的引起劳动合同变更的原因，后者是集体合同或劳动合同所规定的引起劳动合同变更的原因。

我国《劳动合同法》规定的劳动合同变更的方式主要为协商变更和情势变更。劳动合同变更的一般类型，即有效劳动合同的协议变更。只要当事人双方协商一致，一般不需要实体条件。但也有规定实体条件的特殊情形，例如《劳动合同法》第 40 条第 1 款第 3 项规定，劳动合同订立所依据的客观情况发生重大变化，致使劳动合同无法履行，经用人单位与劳动者协商，未能就变更劳动合同达成协议的才可预告辞退。劳动合同变更的特殊类型，是指在一定条件下劳动合同的单方变更，或者无效劳动合同的变更。前者例如，劳动者患病或者非因工负伤，在规定的医疗期满后不能从事原工作，用人单位可另行安排工作。后者例如，对导致劳动合同无效无过错的一方当事人如果不行使解除权的，可变更劳动合同的内容。

劳动合同变更的形式、程序和法律后果。由于劳动合同的订立应当采用书面形式，故劳动合同的变更也应当采用书面形式，但这一书面形式应当同订立劳动合同的书面形式一样，不作为变更后合同的有效要件。劳动合同协议变更的程序包括下述主要环节：（1）预告变更要求；（2）按期作出答复；（3）签订书面协议。合同当事人双方的权利和义务，从变更合同的协议所约定之日起发生变更。

5. 答案：劳动合同的解除，是指劳动合同当事人依法提前终止劳动合同的法律效力。其法律意义上的分类主要有以下几种：

（1）以解除方式为标准的分类。这可分为协议（协商）解除和单方解除。前者即劳动合同经当事人双方协商一致而解除，立法一般不规定条件。后者是指享有单方解除权的当事人以单方意思表示解除劳动合同。按照行使单方解除权是否需要预告，单方解除可分为单方预告解除和单方即时解除；按照行使解除权的主体不同，单方解除又可分为劳动者单方解除（辞职）和用人单位单方解除（辞退、解雇）。对于单方解除，特别是用人单位单方解除，立法作了较多的限制。

（2）以解除条件的依据为标准的分类。这可分为法定解除和约定解除。法定解除即劳动者或用人单位在符合劳动法规定的合同解除条件的情况下单方解除劳动合同。立法规定合同解除条件，旨在限制单方解除劳动合同（尤其是辞退）的任意性，以维护劳动关系的稳定。约定解除是指劳动者或用人单位在符合集体合同或劳动合同依法约定的解除条件的情况下单方解除劳动合同。

（3）以解除原因中有无过错为标准的分类。按照导致合同解除的原因中是否含有对方当事人过错，可分为有过错解除与无过错解除。有过错解除是指对方当事人的过错行为导致劳动合同解除，它包括劳动者因用人单位有过错而辞职和用人单位因劳动者有过错而辞退；无过错解除即在对方当事人无过错行为或者其过错行为轻微的情况下单方解除劳动合同，对此，立法一般要求劳动者或用人单位在解除合同前向对方当事人预告。

6. 答案：用人单位单方解除劳动合同包括即时辞退、预告辞退和裁员三种情况。我国《劳动合同法》在第 39 条、第 40 条、第 41 条、第 42 条作了相应的规定。

（1）即时辞退的许可性条件。劳动者有下列情形之一的，用人单位可以解除劳动合同：在试用期间被证明不符合录用条件的；严重违反用人单位的规章制度的；严重失职，营私舞弊，给用人单位造成重大损害的；劳动者同时与其他用人单位建立劳动关系，对完成本单位的工作任务造成严重影响，或者经用人单位提出，拒不改正的；因《劳动合同法》第26条第1款第1项规定的情形（即以欺诈、胁迫的手段或者乘人之危，使对方在违背真实意思的情况下订立或者变更劳动合同）致使劳动合同无效的；被依法追究刑事责任的。

（2）预告辞退的许可性条件。有下列情形之一的，用人单位提前30日以书面形式通知劳动者本人或者额外支付劳动者1个月工资后，可以解除劳动合同：劳动者患病或非因工负伤，医疗期满后，不能从事原工作，也不能从事由用人单位另行安排的工作的；劳动者不能胜任工作，经过培训或者调整工作岗位，仍不能胜任工作的；劳动合同订立时所依据的客观情况发生重大变化，致使原劳动合同无法履行，经当事人协商不能就变更合同达成协议的。

（3）裁员的许可条件。有下列情形之一，需要裁减人员20人以上或者裁减不足20人但占企业职工总数10%以上的，用人单位提前30日向工会或者全体职工说明情况，听取工会或者职工的意见后，裁减人员方案经向劳动行政部门报告，可以裁减人员：依照企业破产法规定进行重整的；生产经营发生严重困难的；企业转产、重大技术革新或者经营方式调整，经变更劳动合同后，仍需裁减人员的；其他因劳动合同订立时所依据的客观经济情况发生重大变化，致使劳动合同无法履行的。

（4）预告辞退和裁员的禁止性条件。劳动者有以下情形之一的，用人单位不得预告辞退和进行裁员：从事接触职业病危害作业的劳动者未进行离岗前职业健康检查，或者疑似职业病病人在诊断或者医学观察期间的；在本单位患职业病或者因工负伤并被确认丧失或者部分丧失劳动能力的；患病或者非因工负伤，在规定的医疗期内的；女职工在孕期、产期、哺乳期的；在本单位连续工作满15年，且距法定退休年龄不足5年的；法律、行政法规规定的其他情形。

7. **答案**：劳动者单方解除劳动合同，包括即时辞职和预告辞职两类。《劳动合同法》第38条对即时辞职的条件作了规定，即用人单位有下列情形之一的，劳动者可以解除劳动合同：未按照劳动合同约定提供劳动保护或者劳动条件的；未及时足额支付劳动报酬的；未依法为劳动者缴纳社会保险费的；用人单位的规章制度违反法律、法规的规定，损害劳动者权益的；因《劳动合同法》第26条第1款规定的情形致使劳动合同无效的；法律、行政法规规定劳动者可以解除劳动合同的其他情形。用人单位以暴力、威胁或者非法限制人身自由的手段强迫劳动者劳动的，或者用人单位违章指挥、强令冒险作业危及劳动者人身安全的，劳动者可以立即解除劳动合同，不需事先告知用人单位。《劳动合同法》第37条对预告辞职的条件作了规定，即一般情况下劳动者应当提前30日以书面形式通知用人单位，如在试用期内解除劳动合同，则劳动者应当提前3日通知用人单位。

8. **答案**：劳动合同的终止是指劳动合同的法律效力依法被消灭，亦即劳动合同所确立的劳动关系由于一定法律事实的出现而终结，劳动者与用人单位之间原有的权利和义务关系不复存在。劳动合同终止的主要事由有以下几种：（1）合同期届满。（2）合同约定终止条件成立。（3）合同目的实现。（4）当事人死亡。（5）劳动者退休。（6）用人单位消灭。（7）合同解除。

案例分析题

1. **答案**：本案应作如下处理：（1）确认劳动合同无效，驳回孙某请求；（2）孙某赔偿甲公司所受经济损失。理由如下：

劳动合同，是劳动者与用人单位确立劳动关系，明确双方权利和义务的协议。依法订立的劳动合同，具有法律效力，用人单位与劳动者应当履行劳动合同约定的义务。反之，当事人违反劳动合同订立的原则、条件的，所订劳动合同不能依法产生法律约束力。《劳动法》第17条规定："订立和变更劳动合同，应当遵循平等自愿、协商一致的原则，不得违反法律、行政法规的规定。劳动合同依法订立即具有法律约束力，当事人必须履行劳动合同规定的义务。"《劳动合同法》第3条明确规定："订立劳动合同，应当遵循合法、公平、平等自愿、协商一致、诚实信用的原则。依法订立的劳动合同具有约束力，用人单位与劳动者应当履行劳动合同约定的义务。"同时，根据合同一般原理，劳动合同的有效，须具备主体合法、当事人意思表示真实、内容合法、形式合法、程序合法等方面条件。如果缺乏全部或部分有效要件，则所订劳动合同为无效劳动合同。对于无效劳动合同的具体情形，《劳动合同法》第26条第1款作了规定："下列劳动合同无效或者部分无效：（一）以欺诈、胁迫的手段或者乘人之危，使对方在违背真实意思的情况下订立或者变更劳动合同的；（二）用人单位免除自己的法定责任、排除劳动者权利的；（三）违反法律、行政法规强制性规定的。"

本案中，孙某明知自己视力不符合甲公司的招聘要求，在招聘体检中，由其孪生妹妹代做视力检查，甲公司因此与之订立了劳动合同，孙某的行为明显违反了劳动合同订立的协商一致、诚实信用原则，构成了欺诈。因此，根据《劳动法》第17条、《劳动合同法》第3条、《劳动合同法》第26条第1款之规定，孙某与甲公司之间的劳动合同无效。考虑到孙某的身体情况及工作表现，且双方调解不成，不宜继续维持孙某与甲公司之间的劳动关系，对于孙某的请求，应予以驳回。

另外，无效的劳动合同，自始就没有法律效力，即从合同订立之时就不具有法律效力，不能作为确定当事人权利和义务的依据。如此一来，无效劳动合同也就不存在合同解除的问题，因为劳动合同解除是以劳动合同依法成立生效为前提的。所以，对甲公司来说，如果在清楚孙某欺诈的情况下，正确的做法应是请求确认劳动合同无效，而不是决定解除劳动合同。

劳动合同被确认无效后，会产生相应的法律后果。根据《劳动合同法》第86条"劳动合同依照本法第二十六条规定被确认无效，给对方造成损害的，有过错的一方应当承担赔偿责任"之规定，孙某与甲公司之间的劳动合同因孙某过错而无效，并给甲公司造成了损害，孙某理应承担损害赔偿责任，赔偿甲公司所受经济损失。

2. 答案：（1）A公司自用工之日即与高某建立劳动关系。《劳动合同法》第7条规定："用人单位自用工之日起即与劳动者建立劳动关系。用人单位应当建立职工名册备查。"因此，本案中，A公司与高某之间的劳动关系确立的时间应是A公司用工之日，即自高某上班之日起，双方的劳动关系就已经确立了，而非高某上班2个月后订立书面劳动合同之时建立。

（2）不合法。《劳动合同法》第10条规定："建立劳动关系，应当订立书面劳动合同。已建立劳动关系，未同时订立书面劳动合同的，应当自用工之日起一个月内订立书面劳动合同……"本案中，A公司一直到高某上班后2个月才与其订立书面劳动合同，显然违反本条规定。同时，根据《劳动合同法》第82条"用人单位自用工之日起超过一个月不满一年未与劳动者订立书面劳动合同的，应当向劳动者每月支付二倍的工资"的规定，A公司自用工之日起超过1个月未满一年未与高某订立书面劳动合同，应向高某每月支付2倍的工资。

（3）上述劳动合同内容的违法之处如下：

①"暂定一年试用期，试用期满，经考核合格，对高某予以转正，并录用为职工，确定正式合同期。"《劳动合同法》第19条第4款规定："试用期包含在劳动合同期限内。劳动合同仅约定试用期的，试用期不成立，该期限为劳动合同期限。"本案中，该劳动合同仅约定试用期，试用期不成立，该期限应视为劳动合同期限。

②"高某入公司时，须交纳2000元押

金。"《劳动合同法》第9条规定："用人单位招用劳动者，不得扣押劳动者的居民身份证和其他证件，不得要求劳动者提供担保或者以其他名义向劳动者收取财物。"同时，根据《劳动合同法》第84条第2款"用人单位违反本法规定，以担保或者其他名义向劳动者收取财物的，由劳动行政部门责令限期退还劳动者本人，并以每人五百元以上二千元以下的标准处以罚款；给劳动者造成损害的，应当承担赔偿责任"的规定，A公司应将押金退还高某，并承担相应的罚款，如给高某造成损失的，还应进行赔偿。

③"在履行合同过程中，若发现高某不能胜任工作，公司可随时解除劳动合同。"《劳动合同法》第40条规定："有下列情形之一的，用人单位提前三十日以书面形式通知劳动者本人或者额外支付劳动者一个月工资后，可以解除劳动合同：……（二）劳动者不能胜任工作，经过培训或者调整工作岗位，仍不能胜任工作的……"因此，此处约定不合法。

④"患病或非因工负伤的，可以报销医疗费，医疗期满后，如若不能从事原工作的，公司可以解除劳动合同，并不予补偿。"《劳动合同法》第40条规定："有下列情形之一的，用人单位提前三十日以书面形式通知劳动者本人或者额外支付劳动者一个月工资后，可以解除劳动合同：（一）劳动者患病或者非因工负伤，在规定的医疗期满后不能从事原工作，也不能从事由用人单位另行安排的工作……"第46条规定："有下列情形之一的，用人单位应当向劳动者支付经济补偿：……（三）用人单位依照本法第四十条规定解除劳动合同的……"所以，该约定违法。

⑤"合同期内高某不得结婚，否则公司有权解除劳动合同。"公民有结婚的自由，高某已满22周岁，A公司无权限制高某结婚，侵犯高某婚姻自由，更不能以此作为解除劳动合同的理由。

⑥"高某如要求提前解除合同，需提前45天通知公司，同时，所交押金不予退还。"《劳动合同法》第37条规定："劳动者提前三十日以书面形式通知用人单位，可以解除劳动合同……"该劳动合同约定劳动者预告解除合同时间为45天，违反本条规定；同时，如前所述，押金应予以退还。

⑦"如果高某因违反操作规程而负伤，公司不予负责。"工伤赔偿实行无过错责任原则，即使高某违反操作规程，仍有权享受相应的工伤待遇。

⑧"高某可以自愿参加失业保险和养老保险。"《劳动法》第72条规定："社会保险基金按照保险类型确定资金来源，逐步实行社会统筹。用人单位和劳动者必须依法参加社会保险，缴纳社会保险费。"第73条第1款规定："劳动者在下列情形下，依法享受社会保险待遇：（一）退休；（二）患病、负伤；（三）因工伤残或者患职业病；（四）失业；（五）生育。"根据劳动法规定，参加社会保险是用人单位和劳动者的共同义务，在法定项目和范围内，用人单位和劳动者应当参加社会保险，其中，包括失业保险和养老保险。

3. 答案：（1）合法。黄某应向C公司支付违约金1250元。《劳动合同法》第22条规定："用人单位为劳动者提供专项培训费用，对其进行专业技术培训的，可以与该劳动者订立协议，约定服务期。劳动者违反服务期约定的，应当按照约定向用人单位支付违约金。违约金的数额不得超过用人单位提供的培训费用。用人单位要求劳动者支付的违约金不得超过服务期尚未履行部分所应分摊的培训费用。用人单位与劳动者约定服务期的，不影响按照正常的工资调整机制提高劳动者在服务期期间的劳动报酬。"根据上述规定，本案中，C公司为黄某为期三年的专业技术培训提供全部费用，可以与黄某订立协议约定服务期；同时，违约金的数额也在培训总费用5000元范围之内。因此，该违反服务期的违约金条款是合法的。黄某违反该约定，理应承担支付违约金的责任，加之C公司所要求的违约金数额1250元也在法定范围内，所以黄某应向公司支付违约金1250元。

（2）合法。《劳动合同法》第37条规

定：" 劳动者提前三十日以书面形式通知用人单位，可以解除劳动合同。劳动者在试用期内提前三日通知用人单位，可以解除劳动合同。"可见，本条规定赋予了劳动者单方解除劳动合同权，劳动者只要提前30日书面通知用人单位，即可解除劳动合同。本案中，黄某提前30日向公司提交了辞职申请，且在办理完交接手续后才离开公司，该解除劳动合同的行为符合上述规定，故合法。

（3）不合法。C公司的做法表面上看似有理，其实违法。《劳动合同法》第50条规定："用人单位应当在解除或者终止劳动合同时出具解除或者终止劳动合同的证明，并在十五日内为劳动者办理档案和社会保险关系转移手续。劳动者应当按照双方约定，办理工作交接。用人单位依照本法有关规定应当向劳动者支付经济补偿的，在办结工作交接时支付……"此外，原劳动部、国家档案局颁布的《企业职工档案管理工作规定》规定，企业职工因辞职解除劳动合同，用人单位应在一个月内将其档案转交其新的工作单位或其户口所在地的街道劳动部门。依此规定，解除或终止劳动合同时，出具解除或者终止劳动合同的证明（退工证明）以及办理档案和社会保险转移手续，是用人单位的法定义务。因此，C公司在黄某依法解除劳动合同后，拒绝办理退工和退档手续是不合法的。至于黄某违约而尚未支付违约金，C公司可与之协商解决，协商不成可通过法律途径解决，而不能以上述理由拒绝履行自己所应承担的法律义务。二者并不矛盾，C公司可在依法办理有关解除劳动合同手续的同时，追究黄某的违约责任。

（4）有权要求赔偿损失。《劳动合同法》第89条规定："用人单位违反本法规定未向劳动者出具解除或者终止劳动合同的书面证明，由劳动行政部门责令改正；给劳动者造成损害的，应当承担赔偿责任。"本案中，C公司不办退工、转档手续的做法，已给黄某造成了不能领取失业救济金、无法参加招工的损失，依上述规定，C公司应承担相应的赔偿责任。对于如何承担赔偿责任，可以考虑按照保留劳动关系的方式处理，即要求C公司发给黄某相当于留职待岗的待遇。

4. **答案**：（1）不完全合法。《劳动合同法》第41条第1款规定："有下列情形之一，需要裁减人员二十人以上或者裁减不足二十人但占企业职工总数百分之十以上的，用人单位提前三十日向工会或者全体职工说明情况，听取工会或者职工的意见后，裁减人员方案经向劳动行政部门报告，可以裁减人员：（一）依照企业破产法规定进行重整的；（二）生产经营发生严重困难的；（三）企业转产、重大技术革新或者经营方式调整，经变更劳动合同后，仍需裁减人员的；（四）其他因劳动合同订立时所依据的客观经济情况发生重大变化，致使劳动合同无法履行的。"本案中，该机械厂因生产经营发生严重困难，确需裁减人员，裁减人数超过20人，提前30日向工会说明裁减情况，并听取了工会意见，修改了裁减方案，是合法的。但并未向劳动行政部门报告即进行裁员，则违反本条规定。

（2）有，戴某与何某就是不应该被裁减的人员。《劳动合同法》第41条第2款规定："裁减人员时，应当优先留用下列人员：（一）与本单位订立较长期限的固定期限劳动合同的；（二）与本单位订立无固定期限劳动合同的；（三）家庭无其他就业人员，有需要扶养的老人或者未成年人的。"第42条规定："劳动者有下列情形之一的，用人单位不得依照本法第四十条、第四十一条的规定解除劳动合同：……（四）女职工在孕期、产期、哺乳期的……"本案中，戴某符合第41条第2款规定的第二种情形，何某则符合第42条所规定的不得辞退的第四种情形，都不应被裁减。

（3）不合法。《劳动合同法》第47条规定："经济补偿按劳动者在本单位工作的年限，每满一年支付一个月工资的标准向劳动者支付。六个月以上不满一年的，按一年计算；不满六个月的，向劳动者支付半个月工资的经济补偿。劳动者月工资高于用人单位所在直辖市、设区的市级人民政府公布的本地区上年度职工月平均工资三倍的，向其支付经济补偿的标准按职工月平均工资三倍的数额支付，向其支付经济补偿的年限最高不超过十二年。本条所称月工资是指劳动者在劳动合同解除或者终止前十二个月的平均工资。"依此规定，该机械厂未按法定标准，每人一律支付6000元经济补偿金的做法显然违反本条规定。

（4）有法律依据。《劳动合同法》第41条第3款规定："用人单位依照本条第一款规定裁减人员，在六个月内重新招用人员的，应当通知被裁减的人员，并在同等条件下优先招用被裁减的人员。"依此，吕某等人可以主张优先录用权。该机械厂在裁减5个月后重新招用人员，不仅应当通知吕某等被裁减人员，还负有在同等条件下优先招用吕某等被裁减人员的法定义务。

5. 答案：（1）不合法。本案中，钱某与E公司签订的劳动合同合法有效。钱某的解除合同行为违反了《劳动法》《劳动合同法》的相关规定。《劳动法》第31条规定："劳动者解除劳动合同，应当提前三十日以书面形式通知用人单位。"《劳动合同法》第37条规定："劳动者提前三十日以书面形式通知用人单位，可以解除劳动合同……"因此，劳动者解除劳动合同必须依法进行，即应当提前30日以书面形式通知用人单位。本案中，钱某提出辞职15日后就离开了公司，不符合上述规定；且公司未予以答复，协商解除劳动合同也不成立。所以，钱某与E公司之间的劳动合同并未解除。在劳动合同未解除的情形下，钱某擅自离开公司，与F公司签订劳动合同，显然已经构成违约，并导致了E公司直接经济损失。

（2）无效。我国劳动法虽然并未规定双重劳动关系一律违法，但法律承认双重劳动关系合法性的多为特别规定。除《劳动合同法》第69条对非全日制双重劳动关系有规定外，现行法律对双重劳动关系并没有从正面予以规定，《劳动合同法》第39条和第91条仅是从另一角度对双重劳动关系有所涉及。《劳动合同法》第39条第4项规定用人单位对劳动者因建立双重劳动关系而严重影响本单位工作任务完成时有解除权，该规定并非否定双重劳动关系，而是在劳动者因双重劳动关系影响工作时赋予用人单位合法解除权。《劳动合同法》第91条规定，用人单位招用与其他用人单位尚未解除或者终止劳动合同的劳动者给其他用人单位造成损失的，应当承担连带赔偿责任。该规定同样不是对双重劳动关系的否定，而是对后一用人单位侵权责任的规定。因此现有法律并未明确禁止双重劳动关系的存在，只是赋予原用人单位在受到损害时相关救济权利。据此，在钱某与E公司之间的劳动合同尚未解除，且未经E公司同意的情况下，钱某与F公司签订劳动合同违法，因此，该劳动合同没有法律效力。

（3）二者应当承担连带赔偿责任。《劳动法》第102条规定："劳动者违反本法规定的条件解除劳动合同或者违反劳动合同中约定的保密事项，对用人单位造成经济损失的，应当依法承担赔偿责任。"《劳动合同法》第90条规定："劳动者违反本法规定解除劳动合同，或者违反劳动合同中约定的保密义务或者竞业限制，给用人单位造成损失的，应当承担赔偿责任。"依据上述规定，钱某违法解除劳动合同，给E公司造成了经济损失，应当承担赔偿责任。同时，《劳动法》第99条规定："用人单位招用尚未解除劳动合同的劳动者，对原用人单位造成经济损失的，该用人单位应当依法承担连带赔偿责任。"《劳动合同法》第91条规定："用人单位招用与其他用人单位尚未解除或者终止劳动合同的劳动者，给其他用人单位造成损失的，应当承担连带赔偿责任。"本案中，F公司聘用钱某，事前未检查钱某是否与原单位解除了劳动合同，构成了对原用人单位的侵权行为，依法应承担连带赔偿责任。

（4）综上所述，本案应做如下处理：①支持E公司的合法要求；②钱某与F公司就E公司的全部经济损失承担连带赔偿责任；③钱某与F公司签订的劳动合同违法，无法律效力；④钱某回E公司继续履行原劳动合同。

6. **答案：**（1）关于试用期的约定无效。根据《劳动合同法》第19条的规定，劳动合同仅约定试用期的，试用期不成立，该期限为劳动合同期限。

（2）不合法。根据《劳动合同法》第9条的规定，用人单位招用劳动者，不得扣押劳动者的居民身份证和其他证件，不得要求劳动者提供担保或者以其他名义向劳动者收取财物。

（3）有权解除合同。根据《劳动合同法》第38条的规定，用人单位未依法为劳动者缴纳社会保险费的，劳动者可以解除劳动合同。本案中天天饭店没有为徐某缴纳社会保险费，徐某可以解除劳动合同。

7. **答案：**（1）不能。根据《劳动合同法》第35条规定，用人单位与劳动者协商一致，可以变更劳动合同约定的内容，变更劳动合同应当采用书面形式。这说明生效的劳动合同要经双方当事人协商一致才能变更，轮渡公司不能就工作岗位单方面变更。

（2）要支付。根据《劳动合同法》第46条规定，用人单位向劳动者提出解除劳动合同并与劳动者协商一致解除劳动合同的，应向劳动者支付经济补偿。本案中，轮渡公司首先提出了解除劳动合同。

8. **答案：**（1）可以解除。根据《劳动合同法》第39条的规定，劳动者严重违反用人单位的规章制度的，用人单位可以解除劳动合同。

（2）不成立。根据《劳动合同法》第39条、第42条的规定，女职工在孕期、产期、哺乳期的，若严重违反用人单位规章制度，并不在用人单位不得解除劳动合同范围之内。

9. **答案：**（1）无效。根据《劳动法》第72条的规定，用人单位与劳动者必须依法参加社会保险，缴纳社会保险费。企业与顾某的约定违反了劳动法的强制性规定，因此无效。

（2）不可以。根据《劳动合同法》的规定，劳动合同的解除分为约定解除和法定解除。本案中双方当事人并没有就解除劳动合同达成一致意见，顾某也不存在《劳动合同法》第39条、第40条所规定的用人单位可以单方解除劳动合同的情形。

10. **答案：**（1）不需要说明理由。根据《劳动合同法》第37条的规定，劳动者在试用期内提前3日通知用人单位，可以解除劳动合同。王某还在试用期内，因而只需提前3天通知用人单位，无须说明理由。

（2）不应该给予经济补偿金。根据《劳动合同法》第46条的规定，用人单位与劳动者协商一致解除劳动合同的，只有用人单位向劳动者提出解除劳动合同时，才向劳动者支付经济补偿金。本案中，王某向用人单位提出解除劳动合同，因而不能获得经济补偿。

第六章 集体合同

单项选择题

1. 答案：D。《劳动法》第33条规定："企业职工一方与企业可以就劳动报酬、工作时间、休息休假、劳动安全卫生、保险福利等事项，签订集体合同。集体合同草案应当提交职工代表大会或者全体职工讨论通过。集体合同由工会代表职工与企业签订；没有建立工会的企业，由职工推举的代表与企业签订。"《劳动合同法》第51条亦规定："企业职工一方与用人单位通过平等协商，可以就劳动报酬、工作时间、休息休假、劳动安全卫生、保险福利等事项订立集体合同。集体合同草案应当提交职工代表大会或者全体职工讨论通过。集体合同由工会代表企业职工一方与用人单位订立；尚未建立工会的用人单位，由上级工会指导劳动者推举的代表与用人单位订立。"故A、C项正确。《劳动法》第34条规定："集体合同签订后应当报送劳动行政部门；劳动行政部门自收到集体合同文本之日起十五日内未提出异议的，集体合同即行生效。"《劳动合同法》第54条第1款规定："集体合同订立后，应当报送劳动行政部门；劳动行政部门自收到集体合同文本之日起十五日内未提出异议的，集体合同即行生效。"故D项错误。《劳动法》第35条规定："依法签订的集体合同对企业和企业全体职工具有约束力。职工个人与企业订立的劳动合同中劳动条件和劳动报酬等标准不得低于集体合同的规定。"故B项正确。

2. 答案：A。《集体合同规定》第36条第2款规定："职工代表大会或者全体职工讨论集体合同草案或专项集体合同草案，应当有三分之二以上职工代表或者职工出席，且须经全体职工代表半数以上或者全体职工半数以上同意，集体合同草案或专项集体合同草案方获通过。"

3. 答案：C。《集体合同规定》第42条规定："集体合同或专项集体合同签订或变更后，应当自双方首席代表签字之日起10日内，由用人单位一方将文本一式三份报送劳动保障行政部门审查。劳动保障行政部门对报送的集体合同或专项集体合同应当办理登记手续。"

4. 答案：C。《集体合同规定》第20条第1款规定："职工一方的协商代表由本单位工会选派。未建立工会的，由本单位职工民主推荐，并经本单位半数以上职工同意。"

5. 答案：B。《集体合同规定》第19条第2款规定："集体协商双方的代表人数应当对等，每方至少3人，并各确定1名首席代表。"第23条规定："集体协商双方首席代表可以书面委托本单位以外的专业人员作为本方协商代表。委托人数不得超过本方代表的三分之一。首席代表不得由非本单位人员代理。"第24条规定："用人单位协商代表与职工协商代表不得相互兼任。"

6. 答案：D。参见《劳动合同法》第54条。

7. 答案：D。《集体合同规定》第49条规定："集体协商过程中发生争议，双方当事人不能协商解决的，当事人一方或双方可以书面向劳动保障行政部门提出协调处理申请；未提出申请的，劳动保障行政部门认为必要时也可以进行协调处理。"《劳动合同法》第53条规定："在县级以下区域内，建筑业、采矿业、餐饮服务业等行业可以由工会与企业方面代表订立行业性集体合同，或者订立区域性集体合同。"

多项选择题

1. 答案：CD。《劳动合同法》第51条第2款规定，集体合同由工会代表企业职工一方与用人单位订立；尚未建立工会的用人单位，由上级工会指导劳动者推举的代表与用人单位订立。故A项说法错误。《劳动合同法》第

53条规定，在县级以下区域内，建筑业、采矿业、餐饮服务业等行业可以由工会与企业方面代表订立行业性集体合同，或者订立区域性集体合同。《劳动合同法》第54条规定，集体合同订立后，应当报送劳动行政部门；劳动行政部门自收到集体合同文本之日起15日内未提出异议的，集体合同即行生效。依法订立的集体合同对用人单位和劳动者具有约束力。行业性、区域性集体合同对本行业、本区域的用人单位和劳动者具有约束力。故B项说法错误，C项说法正确。《劳动合同法》第56条规定，用人单位违反集体合同，侵犯职工劳动权益的，工会可以依法要求用人单位承担责任；因履行集体合同发生争议，经协商解决不成的，工会可以依法申请仲裁、提起诉讼。故D项说法正确。

2. **答案**：AB。本题考查的是劳动合同与集体合同的异同。可参见《劳动法》第33条、第34条、第35条规定，《劳动合同法》第51条、第54条、第55条规定。

3. **答案**：BC。《劳动合同法》第6条规定："工会应当帮助、指导劳动者与用人单位依法订立和履行劳动合同，并与用人单位建立集体协商机制，维护劳动者的合法权益。"第51条规定："企业职工一方与用人单位通过平等协商，可以就劳动报酬、工作时间、休息休假、劳动安全卫生、保险福利等事项订立集体合同……"《劳动法》第33条规定："企业职工一方与企业可以就劳动报酬、工作时间、休息休假、劳动安全卫生、保险福利等事项，签订集体合同。集体合同草案应当提交职工代表大会或者全体职工讨论通过。集体合同由工会代表职工与企业签订；没有建立工会的企业，由职工推举的代表与企业签订。"《工会法》第21条规定："工会帮助、指导职工与企业、实行企业化管理的事业单位、社会组织签订劳动合同。工会代表职工与企业、实行企业化管理的事业单位、社会组织进行平等协商，依法签订集体合同。集体合同草案应当提交职工代表大会或者全体职工讨论通过。工会签订集体合同，上级工会应当给予支持和帮助……"

4. **答案**：AB。标准性条款是指集体合同中关于单个劳动关系内容的标准的条款，它从总体上规定了单个劳动关系当事人双方权利和义务的标准，如劳动报酬、工作时间、劳动定额、休息休假、保险福利、劳动安全卫生等方面的标准。C、D项属劳动关系运行规则条款。

5. **答案**：ABCD。《集体合同规定》第40条规定："有下列情形之一的，可以变更或解除集体合同或专项集体合同：（一）用人单位因被兼并、解散、破产等原因，致使集体合同或专项集体合同无法履行的；（二）因不可抗力等原因致使集体合同或专项集体合同无法履行或部分无法履行的；（三）集体合同或专项集体合同约定的变更或解除条件出现的；（四）法律、法规、规章规定的其他情形。"

6. **答案**：BCD。《集体合同规定》第6条第1款规定："符合本规定的集体合同或专项集体合同，对用人单位和本单位的全体职工具有法律约束力。"应注意的是，集体合同效力及于非工会会员职工。

名词解释

1. **答案**：集体合同，又称集体协约、团体协约，是指工会与用人单位或其团体为规范劳动关系而订立的，以全体劳动者的共同利益为中心内容的书面协议。在我国现阶段，集体合同主要是由工会或职工代表与用人单位（企业和实行企业化管理的事业单位）根据法律、法规、规章的规定，就劳动报酬、工作时间、休息休假、劳动安全卫生、职业培训、保险福利等事项，通过集体协商签订的。在县级以下区域内，建筑业、采矿业、餐饮服务业等行业也可以由工会与企业方面代表订立行业性集体合同，或者订立区域性集体合同。

2. **答案**：标准性条款是指集体合同中关于单个劳动关系内容的标准的条款，它从总体上规定了单个劳动关系当事人双方权利和义务的标准，如劳动报酬、工作时间、劳动定额、休息休假、保险福利、劳动安全卫生等方面的标准。它是劳动者和用人单位确定劳动合同的基础，也可直接成为劳动合同内容的组成部分，在集体合同的整个有效期间持续有效。

3. **答案**：集体协商，是指用人单位工会或职工代表与相应的用人单位代表，就劳动标准和劳动条件进行商谈，并签订集体合同的法律行为。它是维护劳动者合法权益不可缺少的重要手段，是实现劳动关系协调的必要手段。

简答题

1. **答案**：劳动合同是指劳动者与用人单位之间为确定劳动关系，依法协商达成双方权利和义务的协议。集体合同，又称集体协约、团体协约，是指工会与用人单位或其团体为规范劳动关系而订立的，以全体劳动者的共同利益为中心内容的书面协议。集体合同与劳动合同有着密切的联系，它们同属于劳动法律体系的重要组成部分，都是调整劳动关系的方法和手段，是在劳动关系当事人之间贯彻平等协商原则的两种法律形式，两者相互弥补，相辅相成。它们的区别主要体现为：

（1）当事人不同。劳动合同当事人为单个劳动者和用人单位；集体合同当事人为劳动者团体（即工会）和用人单位或其团体，故又称团体协约或团体合同。

（2）目的不同。订立劳动合同的主要目的，是确立劳动关系；订立集体合同的主要目的，是为确立劳动关系设定具体标准，即在其效力范围内规范劳动关系。

（3）内容不同。劳动合同以单个劳动者的权利和义务为内容，一般包括劳动关系的各个方面；集体合同以集体劳动关系中全体劳动者的共同权利和义务为内容，可以涉及劳动关系的各个方面，也可能只涉及劳动关系的某个方面（如工资合同等）。

（4）效力不同。劳动合同对单个的用人单位和劳动者有法律效力；集体合同对签订合同的单个用人单位或用人团体所代表的全体用人单位，以及工会所代表的全体劳动者，都有法律效力。并且，集体合同的效力一般高于劳动合同的效力。

（5）合同的期限不同。劳动合同的期限分为：有固定期限、无固定期限和以完成一定的工作为期限；集体合同一般有固定期限。

（6）纠纷的处理方式不同。集体合同纠纷多为利益争议，且涉及范围较广，各国一般采取政府协同劳动纠纷各方协调处理的方式；而劳动合同争议则采用普通劳动争议处理方式。

2. **答案**：集体合同的内容，是指体现集体合同当事人权利义务的条款，是职工集体劳动权益的体现。一般而言，它包括标准性条款、目标性条款、劳动关系运行规则条款三类。

（1）标准性条款。它规定的是单个劳动关系内容的标准，即单个劳动关系当事人双方的权利和义务的标准，如劳动报酬、工作时间、劳动定额、休息休假、保险福利、劳动安全卫生等方面的标准。它应当是劳动者和用人单位确定劳动合同的基础，也可直接成为劳动合同内容的组成部分，在集体合同的整个有效期间持续有效。它在集体合同内容构成中，居于最重要的地位。

（2）目标性条款。它所规定的，是在集体合同有效期内应当达到的具体目标和实现该目标的主要措施。它通常适用于基层集体合同。其内容的确定，应当考虑与用人单位的规则和计划相衔接，遵循量力而行的原则。这种目标一般不能成为劳动合同的内容，仅作为签约人的义务存在。这种目标的实现，有的是用人单位的义务，有的是工会或全体职工的义务，有的是双方的共同义务。这种义务在合同有效期内，随着设定目标的实现而终止。

（3）劳动关系运行规则条款。它规定的是单个劳动关系及集体合同运行的规则。其中，单个劳动关系运行规则，主要是职工录用规则、劳动合同续订和变更规则、辞退辞职规则等；集体合同运行规则，主要是集体合同的期限、履行、解释、续订、变更、解除、违约责任、争议处理等方面的规则。

3. **答案**：集体合同的效力范围，是指集体合同在什么时间范围内、什么空间范围内、对什么人产生约束力，主要包括对人效力、时间效力以及空间效力三个方面。

(1) 对人效力。即集体合同对什么人具有约束力。一般认为，受集体合同约束的人包括集体合同的当事人（当事人团体）和关系人。前者指订立集体合同并且受集体合同约束的主体，即工会组织和用人单位或其团体，后者指无权订立集体合同却直接从集体合同获得利益并且受集体合同约束的主体，即工会所代表的全体劳动者和用人单位团体所代表的各个用人单位。我国法律规定，集体合同对签约的企业、企业全体职工及企业工会都具有约束力。

(2) 时间效力。即集体合同在什么时间范围内具有约束力。它一般由集体合同依法自行规定，有的情况下，由法律规定。其表现形式有三种：①当期效力，即集体合同在其存续期间内（自生效时间起至失效时间止）具有约束力。我国规定，劳动保障行政部门自收到文本之日起15日内未提出异议的，集体合同即行生效。②溯及效力，即集体合同可对其生效前已签订的劳动合同发生效力。集体合同一般具有溯及效力。③余后效力，即集体合同终止后对依其订立并仍然存续的劳动合同还有约束力。其中当期效力是无条件的，溯及效力和余后效力都限于一定条件；溯及效力与余后效力有冲突的，比较新、旧集体合同，哪个对劳动者更有利，哪个就有效。

(3) 空间效力。主要指集体合同在哪些地域、产业（职业）发生效力。全国集体合同、地方集体合同分别在全国或特定行政区域范围内有效；产业集体合同对特定产业的用人单位及其职工有效；职业集体合同对从事特定职业的职工及其用人单位有效；基层集体合同在签订合同的用人单位范围内有效。

4. **答案**：所谓集体合同的效力形式，是指集体合同不同类型条款所具有的效力的具体表现形式，主要包括准法规效力、债权效力、组织效力三个方面。

(1) 集体合同的准法规效力。又称规范效力或物权效力，是指集体合同的标准性条款和单个劳动关系运行规则条款对其关系人（单个劳动关系当事人）具有相当于法律规范的效力。其特点在于：①这种条款不论其关系人同意与否，直接确定其关系人之间的权利义务。②这种条款赋予劳动者的权益劳动者无权放弃，即劳动者在劳动合同中和劳动关系存续期间放弃这种条款所给予之权益的意思表示无效。③这种条款因意思表示有瑕疵而被撤销时，只发生向后效力，而无溯及效力。④这种条款从生效之日起对其生效前已确立并仍然存续的劳动关系，也有约束力。标准性条款的准法规效力，表现为直接支配其关系人的劳动合同内容。具体形式有两种：不可贬低效力，即集体合同所规定的标准在其效力范围内是劳动者利益的最低标准，劳动合同关于劳动者利益的规定，可以高于但不得低于这些标准，若低于此标准就由集体合同的规定取而代之；补充效力，即集体合同所规定的标准在一定条件下可以成为劳动合同内容的补充。单个劳动关系运行规则条款的准法规效力，表现为直接支配其关系人在单个劳动关系运行过程中的具体行为。

(2) 集体合同的债权效力。又称债法效力，是指集体合同的目标性条款和集体合同运行规则条款对其当事人具有设定债务的效力。其特点在于：①这种债务的设定者和承担者都是集体合同当事人。②这种债务既是集体合同当事人双方各自向对方承担的义务，也是向对方当事人所代表的关系人承担的义务。集体合同对其当事人所设定的债务，主要是遵守集体合同运行规则、保持劳动和平、敦促其成员遵守集体合同、实现集体合同约定目标的义务。集体合同当事人不履行或不完全履行这些义务，都应承担相应的违约责任。

(3) 集体合同的组织效力。又称组织法效力，是指集体合同的某些条款对其关系人具有设定组织法的义务的效力。其特点在于：①这种义务是集体合同关系人作为团体成员对其所属团体的义务，或者是团体内部义务而非团体外部义务。②这种义务是由集体合同而非团体规章直接设定的义务，即集体合同关系人是由于集体合同的存在才对其所属团体承担此义务。③这种义务是以集体合同关系人所属团体的组织法和团体规章为依据的义务，即它虽然不由该组织法和团体规章所直接设定，却以该组织法和团体规章所确定的组织关系为依据。

论述题

答案：集体合同，又称集体协约、团体协约，是指工会与用人单位或其团体为规范劳动关系而订立的，以全体劳动者的共同利益为中心内容的书面协议。在我国现阶段，集体合同，是指用人单位（企业和实行企业化管理的事业单位）或其团体与工会或职工代表根据法律、法规、规章的规定，就劳动报酬、工作时间、休息休假、劳动安全卫生、职业培训、保险福利等事项，通过集体协商签订的书面协议。

它具有以下法律特征：（1）集体合同是一种劳动协议，不是工会（或职工代表）与用人单位或其团体之间达成的民事协议，它本质上反映的是以劳动为主要内容的关系，是规定全体职工与用人单位之间整体性的劳动权利和劳动义务的一种协议。（2）当事人具有特定性。集体合同的一方为工会，另一方为用人单位或其团体。工会作为集体合同的一方当事人，必须代表职工群体的意志和利益，依法为职工争取合法权益。（3）集体合同的内容是以全体职工的共同利益为中心。集体合同是以职工群体的劳动条件、劳动标准为主要内容的协议，其内容非常广泛，涉及劳动关系的各个方面。（4）集体合同的订立生效有严格的程序和形式要求。（5）集体合同具有准法规效力。集体合同的内容多涉及国家劳动基准法的规定，它规定用人单位在不低于国家劳动标准的基础上，向职工提供劳动条件和劳动标准。

集体合同在保护劳动者利益和协调劳动关系方面，具有劳动法规和劳动合同所无法取代的功能。首先，集体合同可以弥补劳动立法的不足。这突出表现在：（1）劳动法规定的劳动者利益的标准属于最低标准，按此标准对劳动者进行保护只是法律所要求的最低水平，通过集体合同，可以对劳动者利益作出高于法定最低标准的约定，从而使对劳动者保护的水平能够实际高于法定最低标准。（2）劳动法规关于劳动者利益和劳动关系协调规则的规定，有许多是粗线条、原则性的规定，相对现实生活中丰富复杂的劳动关系而言，难免有所疏漏。通过集体合同，可以在一定范围内就劳动者利益和劳动关系协调的共性问题作出约定，从而更具体地规范劳动关系，对劳动立法的不完备之处起补充作用。

其次，集体合同也可以弥补劳动合同的不足。这突出表现在：（1）在签订劳动合同时，因单个劳动者是相对弱者而不足以同用人单位抗衡，难免违心地接受用人单位提出的不合理条款；而由工会代表全体劳动者签订集体合同，就可改善单个劳动者在劳动关系中的地位，利于双方平等协商，避免劳动者被迫接受不合理条款。（2）劳动者之间因各自实力不同而在与用人单位相对时，实际地位有差别，仅以劳动合同来确定劳动者的权利义务，难免有劳动者受到歧视，即不能平等地享有权利和承担义务（如同工不同酬等）；通过集体合同就可以确保在一定范围内全体劳动者的权利和义务平等实现。（3）劳动关系的内容包括工时、定额、工资、保险、福利、安全卫生等多个方面，若都由劳动合同具体规定，每个劳动合同的篇幅必将冗长，这对劳动合同的签订和鉴证来说，都是难以承受的负担，也不利于劳动关系的及时确立，会增加确立劳动关系的成本；集体合同对劳动关系的主要内容作出具体规定后，劳动合同只需要就单个劳动有的特殊情况作出约定即可。这样，就可以简化劳动合同内容，减少劳动合同签订和鉴证的工作量，降低确立劳动关系的成本。

因此，应充分发挥集体合同所具有的功能，从而更好地保护劳动者合法权益，促进劳动关系的协调。

第七章 劳动规章制度

不定项选择题

1. 答案： B。劳动规章制度，是指用人单位依法制定并在本单位实施的组织劳动过程和进行劳动管理的规则。它主要是用人单位的单方法律行为，是职工和用人单位在劳动过程中的行为规则。它与劳动纪律并不是同一个概念，劳动纪律只是其组成部分之一。它与劳动合同在内容上有交叉，当事人可以在劳动合同中以特别约定形式排除内部劳动规则某些条款的适用。

2. 答案： CD。《劳动合同法》第 4 条规定："用人单位应当依法建立和完善劳动规章制度，保障劳动者享有劳动权利、履行劳动义务。用人单位在制定、修改或者决定有关劳动报酬、工作时间、休息休假、劳动安全卫生、保险福利、职工培训、劳动纪律以及劳动定额管理等直接涉及劳动者切身利益的规章制度或者重大事项时，应当经职工代表大会或者全体职工讨论，提出方案和意见，与工会或者职工代表平等协商确定。在规章制度和重大事项决定实施过程中，工会或者职工认为不适当的，有权向用人单位提出，通过协商予以修改完善。用人单位应当将直接涉及劳动者切身利益的规章制度和重大事项决定公示，或者告知劳动者。"

3. 答案： AD。《劳动合同法》第 80 条规定："用人单位直接涉及劳动者切身利益的规章制度违反法律、法规规定的，由劳动行政部门责令改正，给予警告；给劳动者造成损害的，应当承担赔偿责任。"《劳动法》第 89 条规定："用人单位制定的劳动规章制度违反法律、法规规定的，由劳动行政部门给予警告，责令改正；对劳动者造成损害的，应当承担赔偿责任。"

名词解释

答案： 劳动规章制度，是指用人单位依法制定并在本单位实施的组织劳动过程和进行劳动管理的规则。它是用人单位规章制度的组成部分，是职工和用人单位在劳动过程中的行为规则，是用工自主权和职工民主管理权相结合的产物。它和劳动合同、集体合同都是确定劳动关系当事人双方权利和义务的重要依据，都是协调劳动关系的重要手段。

简答题

1. 答案： 用人单位内部劳动规则，是指用人单位依法制定并在本单位实施的组织劳动过程和进行劳动管理的规则。它和劳动合同、集体合同都是确定劳动关系当事人双方权利和义务的重要依据，都是协调劳动关系的重要手段。但是，内部劳动规则与劳动合同、集体合同仍有区别。主要表现在：

（1）内部劳动规则的制定是用人单位的单方法律行为，制定程序中虽然有职工参与的环节，但还是由单位行政最后决定和公布，职工并非制定主体；而劳动合同和集体合同的订立，都是劳动关系当事人或其团体的双方法律行为。（2）内部劳动规则所规定的是全体职工的共同权利和义务，而劳动合同所规定的只是单个职工的权利和义务。（3）内部劳动规则与集体合同在内容上虽然有交叉，但各有侧重。前者侧重于规定劳动过程的组织和管理中职工和单位行政双方的职责，也就是劳动行为规则和用工行为规则；而后者则侧重于规定本单位范围内的最低劳动标准。

2. 答案： 用人单位内部劳动规则的效力来自法律的赋予，因此，内部劳动规则发生效力，必须具备法定有效要件。一般应包括：

（1）制定主体合法。一般认为，有权代

表用人单位制定内部劳动规则的，应是单位行政系统中处于最高层次、对于用人单位的各个组成部分和全体职工有权实行全面和统一管理的机构。（2）内容必须合法。内部劳动规则应当对立法所列举的必备事项作出具体规定，其内容必须体现权利与义务一致、劳动者利益与劳动效率并重、奖励与惩罚结合、劳动纪律面前人人平等的精神，不得与劳动法规政策和集体合同的规定相悖。（3）制定程序必须合法。在制定内部劳动规则的过程中，凡属于法定必要程序，都必须严格履行；集体合同和既存有效内部劳动规则对此程序若有规定，也应当遵循。

3. 答案：用人单位内部劳动规则依法制定，应在本单位范围内对全体职工和单位行政各个部分都具有法律效力。依法订立的劳动合同具有法律效力，用人单位和劳动者应按照约定履行各自义务。内部劳动规则与劳动合同在效力上的关系，主要表现在下述三个方面：

（1）内部劳动规则作为劳动合同的附件，具有补充劳动合同内容的效力。（2）劳动合同规定的劳动条件和劳动待遇不得低于内部劳动规则规定的标准，否则，以内部劳动规则所规定的标准代替。这是因为，内部劳动规则规定的标准是平等适用于全体职工的标准，劳动合同所约定的职工利益若低于该标准，就是对单个职工的歧视。（3）劳动合同可以特别约定其当事人不受内部劳动规则中特定条款的约束，但这种约定应当以对劳动者更有利为前提。这是因为，劳动合同作为主件，对作为其附件的内部劳动规则的效力，可以在合法的范围内予以一定制约。

第八章 职工民主管理

不定项选择题

1. 答案：B。《劳动法》第 8 条规定："劳动者依照法律规定，通过职工大会、职工代表大会或者其他形式，参与民主管理或者就保护劳动者合法权益与用人单位进行平等协商。"

2. 答案：A。职工代表大会是指由经过职工民主产生的职工代表组成代表全体职工行使民主管理权力的机构，是企业实行职工民主管理的基本形式。

3. 答案：ABCD。作为一种职工参与形式，平等协商普遍适用于各种企业，不论国有企业还是非国有企业。

4. 答案：AB。参见《公司法》第 68 条、第 173 条。

名词解释

1. 答案：职工民主管理，是指职工直接或间接参与管理所在用人单位的内部事务。它是以职工身份参与的民主管理，有别于以股东等其他身份参与的管理；是职工所在用人单位内部事务的管理，不同于职工（公民身份）参与国家或社会事务的管理；是一种参与式管理，而不同于单位行政的行政性管理。

2. 答案：职工代表大会，简称职代会（在有的中小企业则为职工大会），是指由经过职工民主产生的职工代表组成代表全体职工行使民主管理权力的机构，是企业实行职工民主管理的基本形式。

3. 答案：平等协商，是指职工方与企业方就有关企业生产经营和职工利益的事务，平等地交涉、对话和商讨，以实现相互理解和合作，并在可能的条件下达成一定协议的活动。

4. 答案：企业机构内职工代表制度，是指由职工代表参加企业的决策、监督、咨询等机构，并作为其正式成员行使职权和履行职责，从而代表职工参与企业管理。

简答题

答案：职工民主管理，又称企业民主管理，是指职工直接或间接参与管理所在用人单位的内部事务。较之劳动合同和集体合同，职工民主管理在协调劳动关系方面的特点，主要表现如下：

（1）职工民主管理由劳动关系当事人双方各自的单方行为构成，其意志协调表现为职工意志对企业意志的影响和制约，企业意志对职工意志的吸收和体现；而劳动合同和集体合同都是劳动关系双方当事人的双方行为，其意志协调表现为经协商一致所达成的协议。（2）职工民主管理是在劳动过程中处于被管理者地位的职工参与企业管理，这属于管理关系中的纵向协调；而劳动合同和集体合同属于平等关系的横向协调。（3）职工民主管理由于其形式多样，能够在劳动关系存续期间，对劳动关系进行经常、随机、及时的协调；而劳动合同和集体合同对劳动关系的协调，则主要集中在合同的订立和变更环节。

劳动基准篇

第九章　工作时间与休息休假

✓ 单项选择题

1. **答案：D**。《国务院关于职工工作时间的规定》规定，职工每日工作8小时，每周工作40小时，并于1995年5月1日开始施行，这也是目前实行的标准工时形式。

2. **答案：A**。《劳动合同法》第68条规定："非全日制用工，是指以小时计酬为主，劳动者在同一用人单位一般平均每日工作时间不超过四小时，每周工作时间累计不超过二十四小时的用工形式。"

3. **答案：C**。《国务院关于职工探亲待遇的规定》第3条规定，已婚职工探望父母的，每4年给假一次，假期为20天。这一规定明确了已婚职工探望父母的探亲假间隔时长和假期天数。

4. **答案：B**。不定时工作日，又称不定时工作制，是指法定的在特殊条件下实行的，每日无固定起讫时点，亦即不固定计算工作日长度的工作日。

5. **答案：A**。《劳动法》第45条规定："国家实行带薪年休假制度。劳动者连续工作一年以上的，享受带薪年休假。具体办法由国务院规定。"本题一是注意期限为一年，二是注意必须是"连续工作"。

6. **答案：A**。《劳动法》第41条规定："用人单位由于生产经营需要，经与工会和劳动者协商后可以延长工作时间，一般每日不得超过一小时；因特殊原因需要延长工作时间的，在保障劳动者身体健康的条件下延长工作时间每日不得超过三小时，但是每月不得超过三十六小时。"

7. **答案：C**。《劳动合同法》第85条规定："用人单位有下列情形之一的，由劳动行政部门责令限期支付劳动报酬、加班费或者经济补偿；劳动报酬低于当地最低工资标准的，应当支付其差额部分；逾期不支付的，责令用人单位按应付金额百分之五十以上百分之一百以下的标准向劳动者加付赔偿金：……（三）安排加班不支付加班费的……"

8. **答案：D**。《劳动法》第63条规定："不得安排女职工在哺乳未满一周岁的婴儿期间从事国家规定的第三级体力劳动强度的劳动和哺乳期禁忌从事的其他劳动，不得安排其延长工作时间和夜班劳动。"故A项正确。《劳动法》第44条规定："有下列情形之一的，用人单位应当按照下列标准支付高于劳动者正常工作时间工资的工资报酬：……（二）休息日安排劳动者工作又不能安排补休的，支付不低于工资的百分之二百的工资报酬……"故B项正确。《劳动法》第42条规定："有下列情形之一的，延长工作时间不受本法第四十一条规定的限制：（一）发生自然灾害、事故或者因其他原因，威胁劳动者生命健康和财产安全，需要紧急处理的；（二）生产设备、交通运输线路、公共设施发生故障，影响生产和公众利益，必须及时抢修的；（三）法律、行政法规规定的其他情形。"故C项正确。《劳动法》第41条规定："用人单位由于生产经营需要，经与工会和劳动者协商后可以延长工作时间，一般每日不得超过一小时；因特殊原因需要延长工作时间的，在保障劳动者身体健康的条件下延长工作时间每日不得超过三小时，但是每月不得超过三十六小时。"故D项错误。

9. **答案：D**。本题考查了延长劳动者工作时间的限制性规定。《劳动法》第42条规定："有下列情形之一的，延长工作时间不受本法第四十一条规定的限制：（一）发生自然灾害、事故或者因其他原因，威胁劳动者生命健康和财产安全，需要紧急处理的；（二）生产设备、交通运输线路、公共设施发生故障，影响生产和公众利益，必须及时抢修的；（三）法律、行政法规规定的其他情形。"A、B、C三项均符合第42条规定。因此，D项是正确答案。

不定项选择题

1. **答案**：ABC。参见简答题第2题。
2. **答案**：ACD。根据国务院《全国年节及纪念日放假办法》的规定，属于全体公民放假的节日，目前有元旦（1天）、春节（4天）、清明节（1天）、劳动节（2天）、端午节（1天）、中秋节（1天）、国庆节（3天）。全年全体公民放假的法定节假日总计13天。
3. **答案**：BCD。法律上所定义的工作时间，既包括劳动者实际工作的时间，也包括与实际工作相关联的时间。与实际工作相关联的时间有：（1）生产或工作前从事必要的准备时间和工作结束时的整理时间；（2）基于用人单位的原因造成的等待工作任务的时间；（3）参加与工作有直接联系并有法定义务性质的职业培训、教育时间；（4）连续性有害于健康工作的间隙时间；（5）女职工哺乳的往返途中时间、孕期检查时间以及未成年工工作中适当的工间休息时间、定期进行健康检查占用的时间等；（6）法律规定的其他属于工作时间的非实际工作时间。例如，劳动者依法参加社会活动的时间。午休时间属于休息时间。
4. **答案**：BCD。《劳动法》第42条规定："有下列情形之一的，延长工作时间不受本法第四十一条规定的限制：（一）发生自然灾害、事故或者因其他原因，威胁劳动者生命健康和财产安全，需要紧急处理的；（二）生产设备、交通运输线路、公共设施发生故障，影响生产和公众利益，必须及时抢修的；（三）法律、行政法规规定的其他情形。"注：必须是本条规定情形下，延长工作时间才可不受第41条关于延长工作时间条件、程序、延长时间长度的限制，这是强行性规定，用人单位不得与劳动者约定排除本条的适用。
5. **答案**：B。《劳动法》第44条规定："有下列情形之一的，用人单位应当按照下列标准支付高于劳动者正常工作时间工资的工资报酬：（一）安排劳动者延长工作时间的，支付不低于工资的百分之一百五十的工资报酬；（二）休息日安排劳动者工作又不能安排补休的，支付不低于工资的百分之二百的工资报酬；（三）法定休假日安排劳动者工作的，支付不低于工资的百分之三百的工资报酬。"应注意：休息日加班与法定休假日加班的补偿方式上有所不同，前者是在不能安排补休的前提下，才适用加班工资，后者不要求优先采用补休方式。

名词解释

1. **答案**：标准工时制度，是由立法确定的一昼夜工作时数、一周工作天数，以及每个工作周连续休息时间标准，并要求各用人单位和从业劳动者普遍实行的基本工作时间制度。《劳动法》第36条和《国务院关于职工工作时间的规定》通过三项标准共同构成了我国标准工时制基准，并且缺一不可：（1）劳动者每日工作时间不超过8小时；（2）每周工作时间不超过40小时；（3）每周至少休息一日，即用人单位必须保证劳动者每周至少有一次24小时不间断的休息。
2. **答案**：非标准工时是相对于标准工时而言的，是立法针对特殊行业、特殊岗位上劳动者规定的工时制度。《劳动法》第39条规定，企业因生产特点不能实行标准工时的，经劳动行政部门批准，可以实行其他工作和休息办法。《国务院关于职工工作时间的规定》第4条、第5条有同样规定。非标准工时制包括缩短工作日制、不定时工作制、综合计算工时制和计件工作制。采用非标准工时制，无论哪种形式，都必须以标准工时制确立的工作时间总量为限。不能通过非标准工时制度，变相侵害劳动者法定最低限度的休息权。

3. 答案：探亲假，是指法定给予与亲属分居两地且在公休假日不能团聚的职工，在一定时期内与父母或配偶团聚的带薪假期。
4. 答案：年休假，是指国家根据劳动者工作年限和劳动的繁重紧张程度，每年给予的一定期间的带薪连续休假。
5. 答案：加班，指职工在法定节假日或周休日进行工作，是延长工作时间的一种形式。
6. 答案：加点，指职工在标准工作日以外又延长时间进行工作，即提前上班或推迟下班，是延长工作时间的一种形式。

简答题

1. 答案：最高工时标准，又称法定最长工时，是指法律规定的在一定自然时间内（一日或一周）工时的最长限度。它有法定日最长工时和周最长工时两种形式。我国现行立法规定，日最长工时为 8 小时，即劳动者每日工作时间不得超过 8 小时；周最长工时为 40 小时，即劳动者平均每周工作时间不得超过 40 小时。最高工时标准是法定的强制性标准，其法律效力主要表现在：

（1）在全国范围内应当普遍执行最高工时标准，除具备法定特殊情形外，用人单位不得突破法定最长工时的限制。（2）对实行计件工资的劳动者，用人单位应当根据日或周最长工时，合理确定其劳动定额和劳动报酬。（3）企业因生产特点不能按照法定日和周最长工时的要求实行作息办法而采用其他工时形式的，必须符合法定条件，并且履行法定审批程序。（4）实行综合计算工时工作制的，其平均日（周）工时应当与法定日（周）最长工时基本相同。（5）用人单位不遵守最高工时标准、违法延长工时的，应当追究法律责任。

2. 答案：非标准工作日的类型及适用范围如下：

（1）缩短工作日及其适用范围。缩短工作日是指法定的在特殊条件下实行的工作时间少于标准工作日长度的工作日。目前适用缩短工作日的情形有：①特定岗位。从事矿山井下作业、高山作业、严重有毒有害作业、特别繁重和过度紧张体力劳动的职工，每个工作日的时间要少于 8 小时；②夜班劳动者；③哺乳期女工；④未成年工和怀孕女工。

（2）不定时工作日及其适用范围。不定时工作日，又称不定时工作制，是指法定的在特殊条件下实行的，每日无固定起讫时点，亦即不固定计算工作日长度的工作日。它可适用于下述几种职工：①高级管理人员、外勤人员、推销人员、部分值班人员和工作无法按标准工作时间衡量的其他职工；②长途运输人员、出租汽车司机和铁路、港口、仓库的部分装卸人员，以及因工作性质特殊需要机动作业的职工；③其他因生产特点、工作特殊需要或职责范围的关系，适合实行不定时工作制的职工。

（3）连续工作日及其适用范围。连续工作日，是指法定的在特殊条件下实行的，两个以上工作日连续使用、相邻工作日之间无离岗休息时间的工作日。它适用于交通、铁路、邮电、水运、航空、渔业等行业中，因工作性质特殊，需要连续作业的职工；它不是实行超过标准工作日长度的工作日，而是将两个以上的标准工作日连续使用，即不间隔地连续两个以上工作日不离开岗位，其间应当享有的日常休息时间留待连续工作结束后集中享用。因而，对实行连续工作日者应当综合计算工时。

3. 答案：对于延长工作时间，我国立法的限制性规定包括以下方面：

（1）延长工时的人员范围限制。劳动法规定，禁止安排未成年工、怀孕 7 个月以上的女工和哺乳未满周岁婴儿的女工加班加点。

（2）延长工时的条件。依《劳动法》第 41 条规定，延长工时应当以"生产经营需要"为条件。

（3）延长工时的程序。依《劳动法》第 41 条规定，用人单位由于生产经营需要而安排延长工时的，应当事先与工会和劳动者协商。用人单位应当事先就加班加点的理由、工作量计算和所需职工人数，向工会说明，并征得工会同意。

（4）延长工时的长度。由于生产经营需要而延长工时的，一般每日不得超过 1 小时；

因特殊原因需要，在保障劳动者身体健康的条件下每日不超过 3 小时，但每月不得超过 36 小时。

（5）延长工时的补偿。它兼有职工利益补偿和限制延长工时双重功能。对此，我国现行立法规定有补休和支付加班加点工资两种形式。具体补偿方式及标准是：①标准工作日之外延长工作时间，支付不低于正常工时工资的 150%。②周休日加班不能安排补休的，支付不低于正常工时工资的 200%。③法定节假日加班的，支付不低于正常工时工资的 300%。实行计件工资的劳动者在完成计件定额任务后的加班加点，分别按照不低于本人法定工时计件单价的 150%、200%、300% 支付加班加点工资。作为计算加班加点工资基数的正常工作时间工资，有日工资和小时工资两种。日工资为本人月工资标准除以平均每月法定工作天数（实行每周 40 小时工作制的为 21.75 天）所得的工资额；小时工资为日工资标准除以 8 小时所得的工资额。

案例分析题

答案：正确。依《劳动法》第 36 条、第 38 条、第 41 条及有关规定，国家实行劳动者每日工作时间不超过 8 小时、平均每周工作时间不超过 40 小时的工时制度；用人单位应当保证劳动者每周至少休息一日；用人单位由于生产经营需要，经与工会和劳动者协商后可以延长工作时间，一般每日不得超过一小时，因特殊原因需要延长工作时间的，在保障劳动者身体健康的条件下延长工作时间每日不得超过 3 小时，但是每月不得超过 36 小时。同时，《劳动法》第 39 条规定，企业因生产特点不能实行本法第 36 条、第 38 条规定的，经劳动行政部门批准，可以实行其他工作和休息办法。依此，如果因企业特点不能实行标准工时制的，经批准可以实行非标准工时形式。本案中，该公司实行以月为单位的综合计算工时制及轮休制度，该非标准工时制已经劳动行政部门批准，是合法的。

判断安排林某周日工作是否合法，要看该公司是否违反综合计算工时制的有关规定。原劳动部印发的《关于贯彻执行〈中华人民共和国劳动法〉若干问题的意见》第 62 条规定："实行综合计算工时工作制的企业职工，工作日正好是周休息日的，属于正常工作……"第 65 条规定："经批准实行综合计算工作时间的用人单位，分别以周、月、季、年等为周期综合计算工作时间，但其平均日工作时间和平均周工作时间应与法定标准工作时间基本相同。"本案中，林某本应轮休，但因其他职工病休，故公司要求其顶班是具有正当理由的。同时，如果林某在周日上班，他该月的工作时间是 40 小时，该周的工作天数是 7 天，其平均日工作时间和平均周工作时间并未超过《国务院关于职工工作时间的规定》法定的职工每日工作 8 小时，每周工作 40 小时。因此，该公司安排林某周日上班是合法的，林某在规定的工作时间内应当服从公司的安排。而林某违反公司规章制度，没有服从公司的工作安排，自然应认定为旷工，并处以相应的处罚。从该公司给予的处罚看，认定旷工，扣发当日工资及当月部分奖金，也并无不当。综上所述，该公司的上述做法是正确的，林某应接受公司的处罚。

第十章 工　资

✓ **单项选择题**

1. **答案：A**。原劳动部《关于贯彻执行〈中华人民共和国劳动法〉若干问题的意见》第53条规定："劳动者的以下劳动收入不属于工资范围：（1）单位支付给劳动者个人的社会保险福利费用，如丧葬抚恤救济费、生活困难补助费、计划生育补贴等；（2）劳动保护方面的费用，如用人单位支付给劳动者的工作服、解毒剂、清凉饮料费用等；（3）按规定未列入工资总额的各种劳动报酬及其他劳动收入，如根据国家规定发放的创造发明奖、国家星火奖、自然科学奖、科学技术进步奖、合理化建议和技术改进奖、中华技能大奖等，以及稿费、讲课费、翻译费等。"

2. **答案：D**。《劳动法》第50条规定："工资应当以货币形式按月支付给劳动者本人。不得克扣或者无故拖欠劳动者的工资。"

3. **答案：A**。《劳动法》第48条规定："国家实行最低工资保障制度。最低工资的具体标准由省、自治区、直辖市人民政府规定，报国务院备案……"《最低工资规定》第8条规定："最低工资标准的确定和调整方案，由省、自治区、直辖市人民政府劳动保障行政部门会同同级工会、企业联合会/企业家协会研究拟订，并将拟订的方案报送劳动保障部。方案内容包括最低工资确定和调整的依据、适用范围、拟订标准和说明。劳动保障部在收到拟订方案后，应征求全国总工会、中国企业联合会/企业家协会的意见。劳动保障部对方案可以提出修订意见，若在方案收到后14日内未提出修订意见，视为同意。"第9条规定："省、自治区、直辖市劳动保障行政部门应将本地区最低工资标准方案报省、自治区、直辖市人民政府批准，并在批准后7日内在当地政府公报上和至少一种全地区性报纸上发布。省、自治区、直辖市劳动保障行政部门应在发布后10日内将最低工资标准报劳动保障部。"

4. **答案：D**。《劳动合同法》第30条规定："用人单位应当按照劳动合同约定和国家规定，向劳动者及时足额支付劳动报酬。用人单位拖欠或者未足额支付劳动报酬的，劳动者可以依法向当地人民法院申请支付令，人民法院应当依法发出支付令。"D项错误，在我国现行劳动争议处理体制下，劳动争议仲裁是劳动争议诉讼的法定前置程序。

5. **答案：C**。《劳动合同法》第85条规定："用人单位有下列情形之一的，由劳动行政部门责令限期支付劳动报酬、加班费或者经济补偿；劳动报酬低于当地最低工资标准的，应当支付其差额部分；逾期不支付的，责令用人单位按应付金额百分之五十以上百分之一百以下的标准向劳动者加付赔偿金：（一）未按照劳动合同的约定或者国家规定及时足额支付劳动者劳动报酬的；（二）低于当地最低工资标准支付劳动者工资的……"

6. **答案：C**。自助行为是指权利人受到不法侵害之后，为保全或者恢复自己的权利，在情势紧迫而不能及时请求国家机关予以救助的情况下，依靠自己的力量，对他人的财产或自由施加扣押、拘束或其他相应措施的行为。自助行为的实施需符合严格条件，比如情况紧迫且无其他合理救济途径等。本题中，潘某虽被拖欠工资，但将甲公司面包车开走的行为，不符合自助行为的构成要件。一般而言，应当通过合法的劳动争议解决途径如申请劳动仲裁、向法院起诉等来维护权益，A选项错误。无因管理是指没有法定的或者约定的义务，为避免他人利益受损失而进行管理或者服务的行为。乙公司作为甲公司的母公司，帮甲公司支付工资的行为，可能基于母子公司之间的内部关联等因素，并非为避免甲公司利益受损失而进行的无因管理行为，

B 选项错误。甲公司解雇潘某且欠其三万元工资，乙公司帮甲公司支付了 2 万元工资，那么甲公司还欠潘某的工资为 1 万元，C 选项正确。乙公司已经帮甲公司支付了 2 万元工资，所以甲公司欠款金额不是 3 万元，D 选项错误。

多项选择题

1. 答案：AD。工资形式是计量劳动和支付工资的方式。目前，我国工资形式主要有计时工资和计件工资两种基本形式。奖金是工资构成中辅助工资的组成部分，年薪目前主要适用于企业经营者。

2. 答案：ABCD。最低工资是指劳动者在法定或约定工作时间内提供正常劳动的前提下，其所在用人单位应支付的最低劳动报酬。根据国家有关规定，下列不得作为最低工资组成部分：（1）加班加点工资；（2）中班、夜班、高温、低温、井下、有毒有害等特殊工作环境、条件下的津贴；（3）国家法律、法规、政策规定的劳动保险、福利待遇等。

3. 答案：ABCD。《劳动法》第 49 条规定："确定和调整最低工资标准应当综合参考下列因素：（一）劳动者本人及平均赡养人口的最低生活费用；（二）社会平均工资水平；（三）劳动生产率；（四）就业状况；（五）地区之间经济发展水平的差异。"

4. 答案：ACD。参见简答题第 4 题。

5. 答案：AD。本题考查的是特殊情况下的工资支付问题。它是指在法定非正常情况下，依法应当按计时工资标准或其一定比例支付工资。《劳动法》第 51 条规定："劳动者在法定休假日和婚丧假期间以及依法参加社会活动期间，用人单位应当依法支付工资。"依法参加社会活动，如依法行使选举权和被选举权；当选代表出席政府、工会等组织召开的会议；出任人民法院证明人、陪审员，等等。以被告身份参加诉讼活动的，不属于依法参加社会活动。

6. 答案：ABC。依《工资支付暂行规定》，用人单位可以从职工工资中代扣的情形只限于：应由职工缴纳的个人所得税，应由职工负担的各项社会保险费，法院判决、裁定中要求代扣的抚养费、赡养费、扶养费，以及法定可以从工资中扣除的其他费用。

7. 答案：ABC。国家统计局《关于工资总额组成的规定》第 11 条规定："下列各项不列入工资总额的范围：（一）根据国务院发布的有关规定颁发的创造发明奖、自然科学奖、科学技术进步奖和支付的合理化建议和技术改进奖以及支付给运动员、教练员的奖金；（二）有关劳动保险和职工福利方面的各项费用；（三）有关离休、退休、退职人员待遇的各项支出；（四）劳动保护的各项支出；（五）稿费、讲课费及其他专门工作报酬；（六）出差伙食补助费、误餐补助、调动工作的旅费和安家费；（七）对自带工具、牲畜来企业工作职工所支付的工具、牲畜等的补偿费用；（八）实行租赁经营单位的承租人的风险性补偿收入；（九）对购买本企业股票和债券的职工所支付的股息（包括股金分红）和利息；（十）劳动合同制职工解除劳动合同时由企业支付的医疗补助费、生活补助费等；（十一）因录用临时工而在工资以外向提供劳动力单位支付的手续费或管理费；（十二）支付给家庭工人的加工费和按加工订货办法支付给承包单位的发包费用；（十三）支付给参加企业劳动的在校学生的补贴；（十四）计划生育独生子女补贴。"据此分析，本题选择 ABC。

8. 答案：ABCD。工资是劳动者参与社会分配的主要形式。在市场经济条件下，企业依据劳动者的劳动数量和质量，将企业的经营成果以货币形式分配给劳动者，体现了社会资源在劳动者之间的分配，所以工资具有分配职能。例如，在一个生产企业中，不同岗位、不同技能水平和工作绩效的劳动者，会获得不同数额的工资，这就是工资分配职能的体现，选项 A 正确。工资是劳动者及其家庭基本生活的主要经济来源，能够保障劳动者在生产和再生产过程中的基本生活需要，维持劳动力的再生产。故工资具有保障职能，选项 B 正确。工资与劳动者的劳动成果、工作表现等挂钩，能够激励劳动者提高工作效率和工作质量。劳动者知道自己的努力和工作成果会直接影响工资收入，会更有动力积极工作、提升技能、创新创造。所以工资具有激励职能，选项 C 正确。工资可以作为一种经济杠杆，调节劳动力市场的供求关系以及产业结构。某一行业或职业的工资水平较高时，会吸引更多的劳动力流入该领域，反之则会促使劳动力流出；同时，政府也可以通过调整工资政策等手段，引导劳动力在不同产业和地区之间合理流动，优化资源配置，所以工资具有杠杆职能，D 选项正确。

名词解释

1. 答案：工资，工资是劳动给付的对价，是用人单位依据劳动合同约定或法律规定标准及形式向劳动者支付的劳动报酬。

2. 答案：基本工资，是指劳动者在法定或约定工作时间内提供正常劳动所得的报酬，它构成劳动者所得工资额的基本组成部分。它具有常规性、结构性、等级性、固定性、主干性、基准性等特征。

3. 答案：最低工资，是国家依法规定的，职工在法定工作时间内或依法签订的劳动合同约定的工作时间内提供了正常劳动的前提下，用人单位在最低限度内应当支付的足以维持职工及其平均供养人口基本生活需要的劳动报酬，即工资的法定最低限额。

4. 答案：特殊情况下工资支付，指在法定非正常情况下，依法应当按计时工资标准或其一定比例支付工资。它以存在某种法定非正常情况作为工资支付的依据，以职工本人计时工资标准作为工资支付的标准。

简答题

1. 答案：可从以下几个方面着重理解工资的特征：（1）工资是劳动给付的主要对价，也是劳动合同中用人单位向劳动者承担的基本给付义务。劳动者提供了劳动或者履行了劳动合同约定的义务后，用人单位须依法依约支付工资。否则，劳动者就可以通过中止履行劳动合同进行抗辩。（2）工资依法定或约定的标准计算和支付。一般情况下，工资的计算与支付依双方当事人书面合同或口头约定确定，但约定标准不得低于当地最低工资标准。特殊情况下，如无法确认双方对工资的约定、出现法定中断劳动情形时，适用法律规定的比照原则或直接规定。（3）工资须以货币形式和法定方式支付。工资以货币形式支付，是世界各国通行的做法，也是工资本质的要求。我国法律规定，工资依人民币计算和给付。工资依法定方式支付，是指工资的支付周期、支付凭证、支付对象、工资扣除等必须依法律法规的规定执行。工资应当是个相对开放的概念，只要符合工资的实质内涵——劳动给付的对价，就可以认定为工资。

2. 答案：最低工资，是国家依法规定的，职工在法定工作时间内或依法签订的劳动合同约定的工作时间内提供了正常劳动的前提下，用人单位在最低限度内应当支付的足以维持职工及其平均供养人口基本生活需要的劳动报酬，即工资的法定最低限额。根据《最低工资规定》，制定最低工资标准的主要规则有下述内容：

（1）制定机构。最低工资的具体标准由省、自治区、直辖市人民政府规定，省级政府应组织同级工会组织和用人单位方面代表，参与最低工资标准的制定。（2）确定最低工资标准所应依据和考虑的因素。这主要包括劳动者本人及其平均赡养人口的最低生活费用、社会平均工资水平、劳动生产率、就业状况、地区之间经济发展水平的差异等。（3）最低工资标准的具体测算方法。主要是比重法和恩格尔系数法。（4）最低工资标准的制定程序。包括以下环节：由省级劳动行政部门会同有关部门研究拟定最低工资标准，并将拟定的最低工资标准及其有关情况，报国务院劳动行政部门征求意见；国务院劳动行政部门应征求全国总工会、全国企业家协会/企业家联合会的意见，国务院劳动行政部门对方案可以提出修订意见，若在方案收到后 14 日内未提出修订意见的，视为同意；省级劳动行政部门应将经国务院劳动行政部门同意的方案报省级政府批准，并在批准后 7 日内在当地政府公报上和至少一种全地区性报纸上发布;并且,省、自治区、直辖市劳动保障行政部门应在发布后10日内将最低工资标准报国务院劳动行政部门。

3. **答案**:最低工资标准依法制定即具有法律效力。我国《劳动法》第48条第2款规定:"用人单位支付劳动者的工资不得低于当地最低工资标准。"这种法律效力具体表现在:

(1)集体合同和劳动合同中规定的工资标准,都不得低于当地最低工资标准。(2)劳动者只要在法定的工作时间内提供了正常劳动,用人单位支付给劳动者的工资不得低于当地最低工资标准。(3)劳动者因探亲、婚丧按规定休假期间,以及依法参加社会活动期间,视为提供了正常劳动,用人单位也不得向劳动者支付低于最低工资标准的工资。(4)劳动者在法定工作时间内未提供正常劳动,如果不是本人原因造成的,用人单位也应当按照不低于最低工资标准的要求向劳动者支付工资。(5)实行计件工资或提成工资等工资形式的用人单位,必须进行合理折算,其相应的折算额不得低于按时、日、周、月确定的最低工资标准。(6)县级以上地方劳动行政部门负责对最低工资标准执行情况进行监督检查,对违反最低工资标准的用人单位及其责任人员依法追究法律责任。(7)各级工会有权对最低工资标准执行情况进行监督,发现用人单位违反最低工资标准的,有权要求地方劳动行政部门处理。

4. **答案**:所谓工资支付的一般规则,是指职工在法定或依法约定的工作时间内履行了劳动给付义务的正常情况下,用人单位支付工资依法所应遵循的规则。包括:

(1)法定货币支付规则。工资应以法定货币支付,不得以实物和有价证券替代货币支付。(2)工资定期支付规则。工资必须在用人单位与劳动者约定的日期支付。如遇节假日或休息日,则应提前在最近的工作日支付。工资至少每月支付一次,实行周、日、小时工资制的可按周、日、小时支付工资。对完成一次性临时劳动或某项具体工作的劳动者,用人单位应按有关协议或合同规定在其完成任务后即支付工资。劳动关系双方依法解除或终止劳动合同时,用人单位应在解除或终止劳动合同时一次付清劳动者工资。(3)工资支付凭证。用人单位必须书面记录支付劳动者工资的数额、时间、领取者的姓名以及签字,并保存两年以上备查。用人单位在支付工资时应向劳动者提供一份其个人的工资清单。(4)直接支付规则。该规则要求用人单位应将工资直接支付给劳动者本人。当劳动者本人因故不能领取工资时,可由其亲属或委托他人代领。用人单位可委托银行代发工资。被派遣劳动者工资可由派遣单位直接支付,也可以由派遣单位委托用工单位支付。(5)足额支付规则。用人单位不得克扣劳动者的工资。但在法定情况下,用人单位可依法代扣或者减发劳动者工资。

💬 论述题

答案:我国《劳动法》第46条规定:"工资分配应当遵循按劳分配原则,实行同工同酬。工资水平在经济发展的基础上逐步提高。国家对工资总量实行宏观调控。"这为我国工资立法确立了应当坚持的基本原则。

(1)按劳分配原则。按劳分配,即按劳动者提供的劳动量(数量和质量)分配个人消费品,多劳多得。为实现按劳分配,在工资立法中,应当强调同工同酬,即要求在同一单位、同样劳动岗位、同样劳动条件下,不同性别、不同户籍或不同用工形式的职工之间,只要提供的劳动数量和劳动质量相同,就应给予同等的劳动报酬;禁止在工资分配中对职工的性别歧视和其他与身份相关的歧视,保障所有职工有平等的工资权。为实现微观领域的按劳分配,在工资立法中,应当坚持把劳动的数量和质量作为工资分配的主要或唯一尺度,逐步减少和消除非劳动因素对工资分配的影响;正确处理好潜在形态劳动、流动形态劳动和凝结形态劳动之间,以及熟练劳动和非熟练劳动之间、繁重劳动和轻便劳动之间、复杂劳动和简单劳动之间的关系;重视市场机制和科学手段对劳动的评价作用,使以劳动为尺度的工资分配立足于市场并具有科学性。为实现宏观领域的按劳分配，在工资立法中，应当要求国家对工资分配实行宏观调控的过程中，正确处理不同职业、不同部门（行业）、不同地区、不同单位之间的工资比例关系，调节非劳动因素决定的不同职业、不同部门、不同地区、不同单位之间级差工资收入，使各职业、部门（行业）、地区、单位的工资水平主要取决于各自的劳动生产率。

（2）工资水平随经济发展水平逐步提高原则。社会主义的生产目的，就是不断满足人民群众日益增长的物质和文化生活需要。在经济发展的基础上逐步提高工资水平，正是由此目的决定。坚持这一原则应当明确：①工资水平的提高必须以经济发展为前提，不能脱离经济发展提供的实际可能而片面追求工资增长；②在经济有所发展的条件下，工资水平应当有所提高，使广大人民群众能从经济发展中直接享受到实际利益；③工资水平提高与经济发展应当比例适当，切实做到工资总额增长幅度低于经济效益增长幅度、职工实际平均工资增长幅度低于劳动生产率增长幅度，使提高工资水平与增强经济发展后劲并行不悖。

（3）工资总量宏观调控原则。现代市场经济的实践表明，在市场调节工资的基础上，由国家对工资总量进行适度的宏观调控，有利于保护劳动者的经济权益和维护、制约企业的工资分配自主权，有利于控制用工成本和消费基金的上升，保持经济总量平衡，以实现国民经济持续、稳定、协调发展。总之，工资分配的效率目标和公平目标只有通过工资总量的宏观调控，才可能在全社会范围内实现。目前国家对工资总量宏观调控的重点放在国有企业，随着市场经济体制的逐步确立，国家调控工资总量将对国有企业和非国有企业一视同仁。即要制定普遍适用的工资法，以加强对工资总量的宏观管理，实现国家对整个国民经济宏观调控的任务。

案例分析题

1. **答案**：黄某请求支付最低工资报酬的法律依据不足。《最低工资规定》第3条第1款规定，所谓最低工资标准，是指劳动者在法定工作时间或依法签订的劳动合同约定的工作时间内提供了正常劳动的前提下，用人单位依法应支付的最低劳动报酬。同时，该规定在本条第2款规定，所谓正常劳动，是指劳动者按依法签订的劳动合同约定，在法定工作时间或劳动合同约定的工作时间内从事的劳动。劳动者依法享受带薪年休假、探亲假、婚丧假、生育（产）假、节育手术假等国家规定的假期间，以及法定工作时间内依法参加社会活动期间，视为提供了正常劳动。根据上述规定，支付最低工资标准的前提条件是劳动者提供了正常劳动。本案中，由于甲公司生产经营发生严重困难，黄某等职工未能正常上班，不能认为黄某提供了正常劳动，故支付最低工资的前提条件不成立。

同时，《劳动法》第26条第3项、《劳动合同法》第40条第3项规定，劳动合同订立时所依据的情况发生重大变化，致使原劳动合同无法履行，经当事人协商不能就变更劳动合同达成协议的，用人单位可以解除劳动合同。《劳动合同法》第41条规定，用人单位生产经营发生严重困难确需裁减人员，裁减人员20人以上或者裁减不足20人但占企业职工总数10%以上的，用人单位提前30日向工会或者全体职工说明情况，听取工会或者职工的意见后，裁减人员方案经向劳动行政部门报告，可以裁减人员。本题中，甲公司生产经营发生严重困难，依法可以与劳动者解除劳动合同。而甲公司并未行使该项权利，而是采取与劳动者保留劳动关系并发放生活费的做法，与解除劳动合同相比较而言，显然更有利于劳动者。所以，黄某以公司过错为由要求支付最低工资的请求不能成立。

2. **答案**：（1）不成立。《劳动法》第48条规定："国家实行最低工资保障制度。最低工资的具体标准由省、自治区、直辖市人民政府规定，报国务院备案。用人单位支付劳动者的工资不得低于当地最低工资标准。"原劳动部《关于贯彻执行〈中华人民共和国劳动法〉若干问题的意见》第54条规定："……最低工资不包括延长工作时间的工资报酬,以货币形式支付的住房和用人单位支付的伙食补贴,中班、夜班、高温、低温、井下、有毒、有害等特殊工作环境和劳动条件下的津贴、国家法律、法规、规章规定的社会保险福利待遇。"同时,《最低工资规定》第12条第1款规定:"在劳动者提供正常劳动的情况下,用人单位应支付给劳动者的工资在剔除下列各项以后,不得低于当地最低工资标准:(一)延长工作时间工资;(二)中班、夜班、高温、低温、井下、有毒有害等特殊工作环境、条件下的津贴;(三)法律、法规和国家规定的劳动者福利待遇等。"本题中,该建筑公司将食宿费用及加班加点工资计入最低工资显然违反上述规定,因此,建筑公司拒绝工人们按照当地最低工资支付标准支付工资的要求是不合法的。

(2)建筑公司至少应当按照该市最低工资标准(3000元)支付工人的工资,同时应补足低于最低工资标准的差额部分。《劳动合同法》第85条规定:"用人单位有下列情形之一的,由劳动行政部门责令限期支付劳动报酬、加班费或者经济补偿;劳动报酬低于当地最低工资标准的,应当支付其差额部分;逾期不支付的,责令用人单位按应付金额百分之五十以上百分之一百以下的标准向劳动者加付赔偿金:(一)未按照劳动合同的约定或者国家规定及时足额支付劳动者劳动报酬的;(二)低于当地最低工资标准支付劳动者工资的……"根据上述规定,该建筑公司应付的工人工资不得低于该市最低工资标准,应补足低于最低工资标准的差额部分,如逾期不付,还应按应付金额50%~100%的标准加付赔偿金。

3. **答案**:本案应作出如下处理:(1)乔某不服从工作安排,造成丙公司损失,丙公司有权予以处罚。(2)丙公司扣发乔某当月全部工资不予支持。理由如下:

(1)《劳动法》第4条、《劳动合同法》第4条规定,用人单位应当依法建立和完善劳动规章制度,保障劳动者享有劳动权利、履行劳动义务。同时,《劳动法》第3条第2款规定:"劳动者应当完成劳动任务,提高职业技能,执行劳动安全卫生规程,遵守劳动纪律和职业道德。"本题中,为加强供销业务力量,丙公司指派新手李某随车熟悉业务,本是一项正常的工作安排,乔某作为职工应当服从,但乔某却无理阻挠,不遵守公司劳动纪律,已经构成违纪,而且给公司造成了经济损失。因此,公司有权对乔某进行处罚。

(2)但是,丙公司扣除乔某当月全部工资不妥。《工资支付暂行规定》第16条规定:"因劳动者本人原因给用人单位造成经济损失的,用人单位可按照劳动合同的约定要求其赔偿经济损失。经济损失的赔偿,可从劳动者本人的工资中扣除。但每月扣除的部分不得超过劳动者当月工资的20%。若扣除后的剩余工资部分低于当地月最低工资标准,则按最低工资标准支付。"本案中,丙公司扣除乔某全部当月工资的做法,违反上述规定,应予以纠正。

第十一章 劳动保护

☑ **单项选择题**

1. **答案：A**。被认为现代劳动立法开端的是1802年英国议会颁布的《学徒健康与道德法》，就其内容而言，实际上就是一部劳动保护法规。

2. **答案：A**。《劳动法》第54条规定："用人单位必须为劳动者提供符合国家规定的劳动安全卫生条件和必要的劳动防护用品，对从事有职业危害作业的劳动者应当定期进行健康检查。"

3. **答案：B**。《劳动法》第58条规定："国家对女职工和未成年工实行特殊劳动保护。未成年工是指年满十六周岁未满十八周岁的劳动者。"注意：未成年工和童工是不同的概念，后者是未满16周岁，与单位或个人发生劳动关系从事有经济收入劳动或者从事个体劳动的未成年人。

4. **答案：A**。本题考查的是劳动者的拒绝作业权。《劳动法》第56条规定："劳动者在劳动过程中必须严格遵守安全操作规程。劳动者对用人单位管理人员违章指挥、强令冒险作业，有权拒绝执行；对危害生命安全和身体健康的行为，有权提出批评、检举和控告。"《劳动合同法》第32条规定："劳动者拒绝用人单位管理人员违章指挥、强令冒险作业的，不视为违反劳动合同。劳动者对危害生命安全和身体健康的劳动条件，有权对用人单位提出批评、检举和控告。"

5. **答案：D**。《劳动法》第59条规定："禁止安排女职工从事矿山井下、国家规定的第四级体力劳动强度的劳动和其他禁忌从事的劳动。"

6. **答案：D**。《劳动法》第64条规定："不得安排未成年工从事矿山井下、有毒有害、国家规定的第四级体力劳动强度的劳动和其他禁忌从事的劳动。"

7. **答案：B**。《劳动法》第61条规定："不得安排女职工在怀孕期间从事国家规定的第三级体力劳动强度的劳动和孕期禁忌从事的劳动。对怀孕七个月以上的女职工，不得安排其延长工作时间和夜班劳动。"

8. **答案：A**。《劳动法》第63条规定："不得安排女职工在哺乳未满一周岁的婴儿期间从事国家规定的第三级体力劳动强度的劳动和哺乳期禁忌从事的其他劳动，不得安排其延长工作时间和夜班劳动。"

9. **答案：C**。《劳动法》第60条规定："不得安排女职工在经期从事高处、低温、冷水作业和国家规定的第三级体力劳动强度的劳动。"

10. **答案：B**。1988年，国务院颁布了中华人民共和国成立以来的第一个妇女劳动保护法规，即《女职工劳动保护规定》。该法规已于2012年4月18日被国务院第200次常务会议通过的《女职工劳动保护特别规定》废止。还应注意的是，C选项中的《女职工禁忌劳动范围的规定》亦已失效。

11. **答案：D**。《未成年工特殊保护规定》第6条规定："用人单位应按下列要求对未成年工定期进行健康检查：（一）安排工作岗位之前……"第10条规定："未成年工上岗前用人单位应对其进行有关的职业安全卫生教育、培训；未成年工体检和登记，由用人单位统一办理和承担费用。"第9条规定："对未成年工的使用和特殊保护实行登记制度。（一）用人单位招收使用未成年工，除符合一般用工要求外，还须向所在地的县级以上劳动行政部门办理登记。劳动行政部门根据《未成年工健康检查表》、《未成年工登记表》，核发《未成年工登记证》……"

12. **答案：B**。《劳动法》第65条的规定，用人单位应当对未成年工定期进行健康检查，对成年工则无此项要求。王某为成年职工，故A项说法错误。《劳动法》第60条规定，不得安排女职工在经期从事高处、低温、冷水作业和国家规定的第三级体力劳动强度的劳动，故 B 项说法正确。《劳动法》第 61 条规定，不得安排女职工在怀孕期间从事国家规定的第三级体力劳动强度的劳动和孕期禁忌从事的劳动。对怀孕 7 个月以上的女职工，不得安排其延长工作时间和夜班劳动。故 C 项说法错误。《劳动法》第 63 条规定，不得安排女职工在哺乳未满一周岁的婴儿期间从事国家规定的第 3 级体力劳动强度的劳动和哺乳期禁忌从事的其他劳动，不得安排其延长工作时间和夜班劳动。本题 D 选项的描述未明确是否为未满一周岁的婴儿，故 D 项说法错误。

✅ 多项选择题

1. **答案**：ACD。劳动安全技术规程，是指以防止和消除劳动过程中伤亡事故的技术规则为基本内容，旨在保护劳动者安全的法律规范。它具体规定安全技术措施和相应的安全组织管理措施，主要包括工厂安全技术规程、建筑安装工程技术规程、矿山安全技术规程。工业企业噪声标准属于劳动卫生技术规程。

2. **答案**：ACD。《劳动法》第 53 条规定："劳动安全卫生设施必须符合国家规定的标准。新建、改建、扩建工程的劳动安全卫生设施必须与主体工程同时设计、同时施工、同时投入生产和使用。"

3. **答案**：ABCD。安全卫生认证是指通过对安全卫生的各种制约因素是否符合安全卫生要求进行严格审查，对其中符合要求者正式认可而允许其进入生产过程的制度。按其认证对象，可分为：对与安全卫生联系特别密切的某些人员的资格认证；对与安全卫生联系特别密切的某些单位的资格认证；对与安全卫生联系特别密切的物质技术要素的质量认证。

4. **答案**：ACD。《职业病防治法》第 35 条规定："对从事接触职业病危害的作业的劳动者，用人单位应当按照国务院卫生行政部门的规定组织上岗前、在岗期间和离岗时的职业健康检查，并将检查结果书面告知劳动者。职业健康检查费用由用人单位承担。用人单位不得安排未经上岗前职业健康检查的劳动者从事接触职业病危害的作业；不得安排有职业禁忌的劳动者从事其所禁忌的作业；对在职业健康检查中发现有与所从事的职业相关的健康损害的劳动者，应当调离原工作岗位，并妥善安置；对未进行离岗前职业健康检查的劳动者不得解除或者终止与其订立的劳动合同。职业健康检查应当由取得《医疗机构执业许可证》的医疗卫生机构承担。卫生行政部门应当加强对职业健康检查工作的规范管理，具体管理办法由国务院卫生行政部门制定。"

5. **答案**：ABCD。参见《未成年工特殊保护规定》第 3 条。

6. **答案**：ACD。《未成年工特殊保护规定》第 6 条规定："用人单位应按下列要求对未成年工定期进行健康检查：（一）安排工作岗位之前；（二）工作满一年；（三）年满十八周岁，距前一次的体检时间已超过半年。"

7. **答案**：ABC。具体参见《劳动法》第 61 条、第 63 条，《未成年人保护法》第 61 条，《女职工劳动保护特别规定》第 6 条、第 9 条规定。

8. **答案**：BC。本题考查职业安全卫生法的规定。《劳动法》第 59 条规定，禁止安排女职工从事矿山井下、国家规定的第四级体力劳动强度的劳动和其他禁忌从事的劳动。A 项不违反《劳动法》规定。《劳动法》第 53 条规定，劳动安全卫生设施必须符合国家规定的标准。新建、改建、扩建工程的劳动安全卫生设施必须与主体工程同时设计、同时施工、同时投入生产和使用。B 项违反《劳动法》规定。《劳动法》第 55 条规定，从事特种作业的劳动者必须经过专门培训并取得特种作业资格。C 项违反《劳动法》规定。《劳动法》第 54 条规定，用人单位必须为劳动者提供符合国家规定的劳动安全卫生条件和必要的劳动防护用品，对从事有职业危害作业的劳动者应当定期进行健康检查。D 项不违反《劳动法》规定。因此答案为 BC。

9. **答案**：ACD。《劳动法》第 48 条规定："国家实行最低工资保障制度。最低工资的具体标准由省、自治区、直辖市人民政府规定，报国务院备案。用人单位支付劳动者的工资不得低于当地最低工资标准。"最低工资保障制度旨在保障劳动者及其家庭成员的基本生活，确保劳动者取得劳动报酬的合法权益。用人单位有义务按照该制度要求，支付给劳动者不低于当地最低工资标准的工资，A 项表述符合《劳动法》规定。《最低工资规定》第 2 条规定："本规定适用于在中华人民共和国境内的企业、民办非企业单位、有雇工的个体工商户（以下统称用人单位）和与之形成劳动关系的劳动者。国家机关、事业单位、社会团体和与之建立劳动合同关系的劳动者，依照本规定执行。"乡镇企业属于企业范畴，只要与劳动者建立劳动关系，就适用最低工资保障制度。B 项"乡镇企业不适用最低工资保障制度"的表述错误。《最低工资规定》第 12 条第 1 款规定："在劳动者提供正常劳动的情况下，用人单位应支付给劳动者的工资在剔除下列各项以后，不得低于当地最低工资标准：（一）延长工作时间工资；（二）中班、夜班、高温、低温、井下、有毒有害等特殊工作环境、条件下的津贴；（三）法律、法规和国家规定的劳动者福利待遇等。"其中，延长工作时间工资即加班工资。加班工资属于延长工作时间工资，按照上述规定，不包括在最低工资之内。所以 C 项表述符合规定。《劳动法》第 51 条规定："劳动者在法定休假日和婚丧假期间以及依法参加社会活动期间，用人单位应当依法支付工资。"故 D 项表述符合规定。综上，答案是 ACD。

10. **答案**：AC。本题的考点是用人单位非法招用童工及对童工造成损害的法律责任，及此情形下劳动行政部门可以采取的措施。《劳动法》第 15 条规定："禁止用人单位招用未满十六周岁的未成年人。文艺、体育和特种工艺单位招用未满十六周岁的未成年人，必须遵守国家有关规定，并保障其接受义务教育的权利。"第 94 条规定："用人单位非法招用未满 16 周岁的未成年人的，由劳动行政部门责令改正，处以罚款；情节严重的，由市场监督管理部门吊销营业执照。"第 95

条规定："用人单位违反本法对女职工和未成年工的保护规定，侵害其合法权益的，由劳动行政部门责令改正，处以罚款；对女职工或者未成年工造成损害的，应当承担赔偿责任。"此外，《禁止使用童工规定》第 10 条规定："童工患病或者受伤的，用人单位应当负责送到医疗机构治疗，并负担治疗期间的全部医疗和生活费用。童工伤残或者死亡的，用人单位由工商行政管理部门吊销营业执照或者由民政部门撤销民办非企业单位登记；用人单位是国家机关、事业单位的，由有关单位依法对直接负责的主管人员和其他直接责任人员给予降级或者撤职的行政处分或者纪律处分；用人单位还应当一次性地对伤残的童工、死亡童工的直系亲属给予赔偿，赔偿金额按照国家工伤保险的有关规定计算。"第 11 条规定："拐骗童工，强迫童工劳动，使用童工从事高空、井下、放射性、高毒、易燃易爆以及国家规定的第四级体力劳动强度的劳动，使用不满 14 周岁的童工，或者造成童工死亡或者严重伤残的，依照刑法关于拐卖儿童罪、强迫劳动罪或者其他罪的规定，依法追究刑事责任。"另外，本题选项 A 中"责令雇主解除劳动合同，遣返这批学徒工"的表述不妥，建筑工程队并不属于《劳动法》第 15 条规定的"文艺、体育和特种工艺单位"，因此，其并不具备招用未满 16 周岁未成年工的资格。根据劳动合同无效原理，该建筑工程队与上述学徒工之间的劳动合同因主体不合法而自始无效，自然就不存在解除劳动合同问题。因此，A 项的表述不正确。

11. **答案**：AB。安全是煤矿生产永恒的主题，煤矿生产过程中的粉尘、噪音、振动、高温、放射源等职业危害时刻威胁着矿工的职业健康，所以京州能源公司应安排包括李某夫妇在内的员工定期进行健康检查，A 项正确。为防止瓦斯泄漏、爆炸等危害，京州能源公司应在矿井建成以后安装防瓦斯设备，B 项正确。C 项，女员工在孕期需受到更多的关爱和保护，《劳动法》第 61 条规定，用人单位不得安排女职工在怀孕期间从事国家规定的第3级体力劳动强度的劳动和孕期禁忌从事的劳动。只有对怀孕7个月以上的女职工，才不得安排其延长工作时间和夜班劳动。C项表述为对孕期的李某妻子不得安排夜班劳动不准确，孕初期并无这样的限制。C项错误。D项，禁止安排女职工从事矿山井下、国家规定的第4级体力劳动强度的劳动和其他禁忌从事的劳动。李某妻子作为女员工不得从事矿山井下的劳动，D项错误。综上，本题答案为AB。

名词解释

1. **答案**：劳动保护，有广义与狭义之分。广义是指对劳动者各个方面合法权益的保护，即通常所称的劳动者保护；其狭义仅指对劳动者在劳动过程中的安全和健康的保护，又称劳动安全卫生保护或职业安全卫生保护。劳动保护法律制度中的劳动保护，是狭义上的劳动保护。在劳动保护法律关系中，受保护者是劳动者，保护者是用人单位；劳动保护的对象是劳动者的安全和健康；劳动保护的范围只限于劳动过程。

2. **答案**：劳动保护法，又称劳动（或职业）安全卫生法，是指以保护劳动者在劳动过程中的安全和健康为宗旨，以劳动安全卫生规则为内容的法律规范的总称。它是劳动法体系中的重要组成部分，具有保护对象的首要性、内容的技术性、效力的强行性、适用范围的普遍性等特征。

3. **答案**：劳动安全技术规程，是指以防止和消除劳动过程中伤亡事故的技术规则为基本内容，旨在保护劳动者安全的法律规范。它具体规定安全技术措施和相应的安全组织管理措施，主要包括工厂安全技术规程、建筑安装工程技术规程、矿山安全技术规程等。

4. **答案**：劳动卫生技术规程，是指以防止和消除职业病急性中毒等慢性职业伤害的技术规则为基本内容，旨在保护劳动者健康的法律规范。它包括各种工业生产卫生、医疗预防、职工健康检查等技术措施和组织管理措施的规定。

5. **答案**：安全卫生设施"三同时"制度是指为确保劳动者在生产过程中的安全和健康，而要求新建、改建、扩建工程的劳动安全卫生设施必须与主体工程同时设计、同时施工、同时投产和使用的一种劳动保护制度。它对各级经济管理部门和行业管理部门、建设单位、设计单位、施工单位等主体在建设项目的编制计划、审批、设计、施工、验收等环节都提出了相应的要求。

6. **答案**：女职工特殊劳动保护，是针对妇女职工的生理特点和抚育后代的需要，对女职工在劳动过程中的安全和健康依法加以特殊保护。其主要内容包括：禁止女职工从事特别繁重的体力劳动及有毒有害作业；对女职工"四期"的特殊保护，即经期保护、孕期保护、产期休假、哺乳期的保护；为女职工建立劳动保护设施等其他措施。

7. **答案**：未成年工特殊劳动保护，是指针对未成年工（年满16周岁，未满18周岁）处于生长发育期的特点，以及接受义务教育的需要，依法采取的特殊劳动保护措施。其主要内容包括：禁止未成年工从事有毒有害、矿山井下等其他禁忌从事的劳动；未成年工定期健康检查制度；未成年工使用和特殊保护登记制度等方面。

8. **答案**：职业病是指劳动者在职业活动中因接触粉尘、放射性物质和其他有毒有害物质等因素而引起的疾病。可能引起职业病的危害因素包括：职业活动中存在的各种有害的化学、物理、生物因素以及在作业过程中产生的其他职业有害因素。

9. **答案**：特种作业是指容易发生人员伤亡事故，对操作者本人、他人及周围设施的安全可能造成重大危害的作业。从事特种作业的劳动者必须经过专门培训并取得特种作业资格。

简答题

1. **答案**：劳动保护法，又称劳动（或职业）安全卫生法，是指以保护劳动者在劳动过程中的安全和健康为宗旨，以劳动安全卫生规则为内容的法律规范的总称。劳动保护法是劳动法体系的组成部分，较之劳动法的其他内容，其特征表现在：

（1）其保护对象具有首要性。在劳动法保护的劳动者利益的总体结构中，安全和健康无疑居于特别重要的地位，是劳动法保护的首要对象，由此决定了劳动保护法在劳动法体系中无可争辩地处于首要地位。

（2）其内容具有技术性。劳动过程中客观存在的各种职业危害因素，都是由自然规律支配的。为了避免职业危害因素对劳动者人身造成现实伤害，通常都以技术手段（还有组织管理措施）作为最基本的劳动保护手段。在劳动保护法的内容中，包含大量的技术性法律规范，其中有许多直接由技术规范构成，这些技术性法律规范是劳动保护法规的基本内容。

（3）其法律约束力具有强行性。在劳动法中，既有强行法律规范，也有任意性法律规范。就劳动保护法律规范而言，一般属于强行性法律规范，具有必须严格遵循的法律约束力，这是由劳动者安全和健康的特殊性决定的。

（4）其适用范围具有普遍性。我国境内，各种用人单位不论其所有制形式如何，都应遵守劳动保护法；各种职工不论其用工形式如何，都应受到劳动保护法的保护。此外，劳动保护法的许多内容还应当超越劳动法的调整范围，适用于未列入此范围的某些劳动者和用人单位。

2. 答案：劳动保护法是以保护劳动者在劳动过程中的安全和健康为宗旨的法律制度。在劳动保护关系中，劳动保护是劳动者的权利和用人单位的义务。用人单位必须按照劳动保护法的要求，对本单位劳动者承担劳动保护义务。其中主要有：（1）向劳动者提供符合劳动安全卫生标准的劳动条件。（2）对劳动者进行劳动保护教育和劳动保护技术培训。（3）建立和实施劳动保护管理制度。（4）保障职工休息权的实现。（5）为女工和未成年工提供特殊劳动保护。（6）接受政府有关部门、工会组织和职工群众的监督。

论述题

答案：劳动保护法律制度中的劳动保护，是指对劳动者在劳动过程中的安全和健康的保护，又称劳动安全卫生保护或职业安全卫生保护。劳动保护的任务是同职业伤害相联系的。所谓职业伤害，是指职业危害因素对劳动者人身造成的有害后果，它既可能表现为急性伤害，即劳动者伤亡事故，也可能表现为慢性伤害，即劳动者患职业病或身体早衰。所谓职业危害因素，是指劳动过程中的物质因素（劳动对象、劳动工具、劳动环境等）固有的物理、化学或生物性能所含的危险性或危害性。它的存在，只表明劳动过程中存在发生职业伤害的客观基础，但并非一定都会造成职业伤害。尤其是随着科学技术的进步，防护手段会越来越多且越来越有效。因而，职业伤害既具有客观现实性，又具有可避免性，由此才提出了劳动保护的要求。职业伤害的客观现实性表明劳动保护具有必要性，职业伤害的可避免性则表明劳动保护具有可行性。

一般而言，潜在的职业危害因素转化为职业伤害，必须具备一定的诱发或激发条件。这种条件包括：（1）物质条件的不良状态，主要指原材料、燃料的质量不合格，机器设备不符合运转、使用要求，物资存放、包装不合要求，以及劳动场所存在问题，等等。（2）人的错误行为，主要指企业管理者的违章管理行为、劳动者的违章操作行为。（3）人们对自然规律的认识不足和应付手段欠缺。

因此，劳动保护的任务就在于，通过多种手段控制潜在职业危害因素向职业伤害转化的条件，使职业伤害不致发生。也就是说，劳动保护的任务，就是在职业伤害发生之前积极采取组织管理措施和工程技术措施，尽可能地消除职业伤害赖以发生的条件，从而有效地保护劳动者的安全和健康。

为了实现劳动保护的任务，我国的立法要求劳动保护工作必须坚持"安全第一、预防为主"的方针。"安全第一"是处理生产与安全的关系所应遵循的原则。当生产与安全发生矛盾时，应当优先满足安全的需要，即安全重于生产，不允许以生产压安全。"预防为主",即防重于治,这是处理职业伤害的预防与治理关系应遵循的原则。它要求把劳动保护的重点放在防患于未然,要求尽量采用直接安全技术,制造和使用无害设备和无害工艺,而不要在不安全、不卫生因素形成之后,甚至造成职业伤害之后,再进行治理和补救。

劳动保障篇

第十二章 劳动就业

不定项选择题

1. **答案**：D。劳动就业是指具有就业资格的公民获得某种有劳动报酬或劳动收入的职业，其实质就是劳动者的劳动力与用人单位的生产资料的结合。有劳动所得，并不意味着已经构成就业，因为就业的成立必须达到一定的量，还必须合法，且限于一定国民经济领域。失业是指在法定劳动年龄范围内且有劳动能力和就业愿望的公民未能实现就业的状态。失业的表现形式不包括经济学意义上的隐蔽性失业，如企业中的冗员等。

2. **答案**：ABCD。《劳动法》第15条规定："禁止用人单位招用未满十六周岁的未成年人。文艺、体育和特种工艺单位招用未满十六周岁的未成年人，必须遵守国家有关规定，并保障其接受义务教育的权利。"同时，一些特殊行业对就业年龄上限也可能有规定。A项符合劳动就业的法律特征。《劳动法》第3条规定，劳动者享有取得劳动报酬的权利。劳动就业的目的之一是使劳动者通过劳动获得相应的经济回报，即劳动报酬或经营收入，这是劳动者维持自身及家庭生活的经济基础，也是劳动就业的重要法律特征之一。B项符合要求。我国法律保障劳动者的自主择业权，在不违反法律法规强制性规定的前提下，劳动者有权自主决定是否就业以及从事何种工作。劳动就业必须出自公民的自愿，这体现了劳动者的自主意愿和对自身劳动权利的自由支配，排除强迫劳动等非法情形。C项符合劳动就业的法律特征。劳动就业从社会层面看，应具有一定的社会价值。劳动本身是推动社会发展和进步的力量，劳动者从事的劳动应当是能够为社会创造财富或有益于社会的活动。劳动就业要求劳动者从事的劳动是合法且对社会有益的，这有助于维护社会公共利益和经济秩序。例如，从事违法犯罪活动等就不属于合法的劳动就业范畴。D项符合劳动就业的法律特征。

3. **答案**：ABCD。《劳动法》第10条规定："国家通过促进经济和社会发展，创造就业条件，扩大就业机会。国家鼓励企业、事业组织、社会团体在法律、行政法规规定的范围内兴办产业或者拓展经营，增加就业。国家支持劳动者自愿组织起来就业和从事个体经营实现就业。"第12条规定："劳动者就业，不因民族、种族、性别、宗教信仰不同而受歧视。"第13条规定："妇女享有与男子平等的就业权利。在录用职工时，除国家规定的不适合妇女的工种或者岗位外，不得以性别为由拒绝录用妇女或者提高对妇女的录用标准。"第14条规定："残疾人、少数民族人员、退出现役的军人的就业，法律、法规有特别规定的，从其规定。"

4. **答案**：ABCD。劳动就业形式是指国家在政策和法规中确认的劳动者实现就业的方式（或渠道）。目前，我国的劳动就业形式主要包括职业介绍机构介绍就业、自愿组织就业、自谋职业、国家安置就业4种。

5. **答案**：ABC。《劳动法》第15条规定："禁止用人单位招用未满十六周岁的未成年人。文艺、体育和特种工艺单位招用未满十六周岁的未成年人，必须遵守国家有关规定，并保障其接受义务教育的权利。"故A错。第13条规定："妇女享有与男子平等的就业权利。在录用职工时，除国家规定的不适合妇女的工种或者岗位外，不得以性别为由拒绝录用妇女或者提高对妇女的录用标准。"故B

错。《劳动法》第 29 条规定："劳动者有下列情形之一的，用人单位不得依据本法第二十六条、第二十七条的规定解除劳动合同：……（三）女职工在孕期、产期、哺乳期内的……"故 C 错。《劳动法》第 44 条规定："有下列情形之一的，用人单位应当按照下列标准支付高于劳动者正常工作时间工资的工资报酬：……（二）休息日安排劳动者工作又不能安排补休的，支付不低于工资的百分之二百的工资报酬……"依此，周末休息日加班不是必须支付加班工资，只有在未能安排补休情形下，才支付加班工资。故 D 符合《劳动法》规定。

6. 答案：ABCD。《劳动法》第 12 条规定："劳动者就业，不因民族、种族、性别、宗教信仰不同而受歧视。"因此答案为 ABCD。
7. 答案：ABCD。参见名词解释第 3 题。
8. 答案：ABCD。参见《劳动法》第 13 条、第 14 条、第 15 条规定。
9. 答案：ACD。就业登记，是指职业介绍机构依法对有就业需求的劳动者和有用人需求的用人单位，就其基本情况进行的登记，它包括失业登记、求职登记和用人登记。
10. 答案：ABC。公民的就业资格，即国家所确认的公民有权实现就业的资格，它包括两个必备条件：一是在法定劳动年龄范围内，并且具有劳动能力；二是具有就业愿望。

名词解释

1. 答案：劳动法中的就业，是指具有就业资格的公民获得某种有劳动报酬或劳动收入的职业。具体而言，它是指处于法定劳动年龄范围内，具有劳动能力和就业愿望的公民，参加国民经济中某个部门的社会劳动，从而获得劳动报酬或劳动收入作为其生活主要来源的状况。
2. 答案：失业，我国又称待业，是一个与就业对称的概念，它是指在法定劳动年龄范围内且有劳动能力和就业愿望的公民未能实现就业的状态。它具有下述特征：失业者仅限于依有关法规和政策应当保障其就业的公民；失业必须是处于未获得就业岗位的状态；失业不以未能获得就业岗位的原因为限；失业的表现形式仅以显性（或称外在性）失业为限。
3. 答案：就业服务，是指就业服务主体为劳动者实现就业和用人单位招用劳动者提供的社会服务，在劳动力市场的运行机制中和国家劳动政策的实施体系中，它都是一个重要的组成部分。其内容包括就业登记、职业指导、职业介绍、就业前培训、失业保险、组织生产自救和以工代赈等多个方面。
4. 答案：特殊就业保障，是指法规和政策特别规定，国家对妇女、残疾人、少数民族人员、退役军人等特殊群体的就业采取的特殊保障措施。国家承担的保障公平就业任务，在很大程度上是通过为特殊群体提供就业保障来实现的。
5. 答案：就业歧视，是指基于特定职业内在需要以外的因素，在就业或职业的机会或待遇上给予区别、排斥或优惠，从而剥夺或损害就业或职业上的平等。

简答题

1. 答案：劳动法中的劳动就业，是指具有就业资格的公民获得某种有劳动报酬或劳动收入的职业。具体而言，它是指处于法定劳动年龄范围内，具有劳动能力和就业愿望的公民，参加国民经济中某个部门的社会劳动，从而获得劳动报酬或劳动收入作为其生活主要来源的状况。其基本内涵包括以下要点：（1）公民的就业资格。此即国家确认的公民有权实现就业的资格。它包括两个必备条件：一是在法定劳动年龄范围内，并且具有劳动能力；二是具有就业愿望。（2）实现就业的界限。此即国家确认的，公民已经实现就业的界限，也是国家据以确定就业人口范围和统计就业人口数量的标准。它一般要求公民从事的社会劳动必备以下特征：①具有合法性；②限于国民经济领域；③在一定时期内达到一定量。在我国，应当以公民在一定期限内参加社会劳动所取得的劳动报酬和劳动收入足以构成其生活主要来源，作为实现就业的一种标志。

2. 答案：失业是指在法定劳动年龄范围内且有劳动能力和就业愿望的公民未能实现就业的状态。失业作为一个法律概念，具有下述特征：（1）失业者仅限于依据有关法规和政策应当保障其就业的公民。未满或超过法定劳动年龄者、完全丧失劳动能力者和无就业愿望者，以及在校学生、现役军人和其他依法无须保障其就业的人员，均不属于失业者。（2）失业必须是处于未获得就业岗位的状态。既包括从未获得就业岗位，也包括失去原有就业岗位后未获得新就业岗位。已有就业岗位却因故暂时未能在岗劳动的状态不属于失业；但是，虽有就业岗位，却在较长时间内只能得到非全日制工作从而未能领取全额劳动报酬的，也应视为失业。（3）失业不以未能获得就业岗位的原因为限。无论是在市场上有就业机会而不接受可获得的就业岗位，还是因无就业机会而无法获得就业岗位，均属于失业。即法律意义上的失业，既包括自愿失业，也包括非自愿失业。（4）失业的表现形式仅以显性（或称外在性）失业为限。即经济学意义上的隐蔽性（或称潜在性）失业不包括在内。例如，企业中出现的"冗员"，劳动者被迫从事不能充分使用其劳动能力的工作，在经济学上被认为是隐蔽性失业，但这不属于法律概念中的失业。

3. 答案：《劳动法》规定，为实现宏观的就业目标，国家承担促进就业的任务。主要有下述各项：

（1）扩大就业机会。即国家通过促进经济和社会发展，为提供更多就业岗位和增加劳动力需求创造必要条件，从而扩大就业机会。在市场经济条件下，应当改变计划经济中仅靠国家投资解决就业问题的单一就业途径，形成多种经济成分并存的多条就业渠道。为此，国家鼓励企业、事业组织、社会团体在法定范围内兴办产业或者拓展经营，增加就业；并支持劳动者自愿组织起来就业和从事个体经营实现就业。

（2）提供就业服务。在劳动力资源充裕、劳动力市场欠发达的情况下，开发、利用和合理配置劳动力资源，培育和发展劳动力市场，是解决就业问题的必要措施。这就要求地方各级政府建立完善的就业服务体系，尤其是发展职业介绍机构。

（3）保障公平就业。即国家应当保证劳动者享有平等就业和自由选择职业的权利，使其就业不因民族、种族、性别、宗教信仰不同而受歧视。其中，特别重要的是，保证妇女享有与男子平等的就业权利，保障残疾人、少数民族人员、退役军人等特殊群体获得就业照顾。

4. 答案：应该说，随着我国社会经济文化的发展，妇女在就业方面的保障也越来越充分。根据我国《劳动法》和《妇女权益保障法》等法律法规的规定，妇女就业保障的内容主要包括：（1）除国家规定的不适合妇女的工种或岗位外，不得以性别为由拒绝录用妇女。（2）凡适合妇女的工种或岗位，招工的男女比例，要从当地实际情况出发，根据生产、工作需要和劳动力资源情况合理确定。（3）招工时不得提高对妇女的录用标准。（4）对女职工不得以结婚、怀孕、产假、哺乳等为由，予以辞退或单方解除劳动合同。（5）实行男女同工同酬，在晋职、晋级、评定专业技术职务、分配住房和享受福利待遇等方面坚持男女平等。（6）对妇女在劳动过程中的安全和健康给予特殊保护，不得安排不适合妇女从事的工作和劳动。

论述题

答案：根据劳动法的规定，我国劳动就业应坚持的基本原则包括国家促进就业原则、平等就业和双向选择原则、照顾特殊群体就业原则。

（1）国家促进就业原则。劳动就业权是每个公民都享有的、使自己劳动力与生产资料相结合实现职业劳动的权利。其权利主体是具有劳动能力和就业愿望的公民，其义务主体是国家和社会。但劳动权的实现有着与其他权利实现不同的特殊要求，即公民劳动就业权的实现，不完全是由人的主观意志决定的，它在很大程度上依赖于社会客观条件的存在。因此，国家作为劳动就业权的相对义务主体，负有的不仅仅是不妨碍权利主体行使权利的不作为义务，而且要求采取一切措施发展经济，创造和扩大就业机会，以积极的作为促进和保障公民就业权利的实现。基于此，我国《劳动法》对促进就业作了专章的规定，以明确国家促进就业的义务。

（2）平等就业和双向选择原则。《劳动法》第12条规定："劳动者就业，不因民族、种族、性别、宗教信仰不同而受歧视。"由此可见，国家保障劳动者享受平等的就业权，任何个人和单位不得以任何借口在就业方面歧视劳动者。平等就业意味着公民在就业过程中均享有平等竞争的机会，即社会对公民的劳动能力要以同一尺度和标准衡量；通过公平竞争择优吸收劳动力就业。平等就业是国家对公民生存权平等保护在劳动就业上的反映。双向选择是指劳动者有权根据个人主观愿望和自身条件，自由选择职业，用人单位有权根据本单位的实际需要自主选择劳动者。在劳动力市场上，劳动者和用人单位的法律地位是平等的。通过相互选择，可以最大限度地发挥雇佣双方的积极性和能动性，推动社会主义市场经济的发展。

（3）照顾特殊群体就业原则。由于生理、健康、文化、历史、社会等因素的影响，劳动力市场上存在着一些处于劣势地位的特殊人员，对这些特殊群体进行特殊就业保障，是人类进步和社会文明程度提高的标志。我国《劳动法》《妇女权益保障法》《残疾人保障法》《兵役法》《就业促进法》等法律法规，都对此作了相应的规定。

第十三章 职业培训

单项选择题

1. **答案：A**。职业技能培训应当符合国家依据职业标准所规定的各种职业类别和等级对职业技能的要求，它与职业基础教育共同构成了职业教育体系的主体部分，是职业技能开发体系的一个主体部分。
2. **答案：A**。《劳动法》第69条规定："国家确定职业分类，对规定的职业制定职业技能标准，实行职业资格证书制度，由经备案的考核鉴定机构负责对劳动者实施职业技能考核鉴定。"
3. **答案：B**。学徒培训，是指由用人单位招收学徒工，在师傅的直接指导下，通过实际生产劳动，使其掌握初级生产技能和业务知识的职业培训形式。
4. **答案：C**。技工学校培训是指技工学校招收学生并对其进行系统的职业技能和文化技能教育，以培养合格的中级技术工人。
5. **答案：A**。职业（技术）学校是由各部门、各地区或社会团体及个人举办的，主要培养初级技术人员和初级业务人员。
6. **答案：B**。成人高等学校教育是我国普通教育系统的一个组成部分，但又与职业教育紧密联系在一起，它以在职在业人员为主要培养对象，以培训中、高级专业技术人才为目标。
7. **答案：B**。劳动预备制培训是国家为提高青年劳动者素质、培养劳动后备军，组织新生劳动力和其他求职人员，在就业前接受1~3年的职业培训和职业教育，使其取得相应职业资格和掌握一定职业技能后，在国家政策的指导和帮助下，通过劳动力市场实现就业的制度。
8. **答案：C**。职工教育，又称职工培训或在职培训，是指为了使职工在原有的知识、技能的基础上得到提高或更新，按照工作需要对职工进行思想政治、职业道德、管理知识、业务技术、操作技能等方面的教育和训练活动。
9. **答案：D**。职业技能鉴定指导中心，是由国家劳动行政部门设置的事业性机构，负责组织、协调、指导全国、本地区的职业技能鉴定工作。
10. **答案：B**。职业资格证书管理实行政府指导，劳动、人事行政部门综合管理的体制。职业资格证书的作用或效力，由国家法律赋予。有两种情形：一是只赋予客观证明持证人具有相应的技术等级或学历的功能，不涉及对劳动力的使用和待遇；二是不仅赋予证书客观证明的功能，而且赋予它权利凭证的性质，使证书所载的技术等级或学历，直接作为劳动力使用、待遇晋升的条件或资格。我国现在正在向前一种方式过渡。

多项选择题

1. **答案：ABC**。参见简答题第1题。D项为二者共同之处。
2. **答案：BCD**。参见简答题第2题。
3. **答案：AB**。年龄应在16周岁到22周岁之间，应具备初中以上文化程度。
4. **答案：ABCD**。就业训练，是指就业训练中心和其他就业训练实体，对求职人员再就业或上岗前所进行的，以培训具有初级职业技能水平的劳动者为主的培训形式。它包括就业前训练和转业训练。
5. **答案：BD**。技工学校招生对象的年龄应在15~22周岁；主要招收初中毕业生，也可招收高中毕业生，但须经省级劳动行政部门批准；须未婚，身体健康。
6. **答案：AB**。职工教育，又称职工培训或在职培训，是指为了使职工在原有的知识、技能的基础上得到提高或更新，按照工作需要对职工进行思想政治、职业道德、管理知识、业务技术、操作技能等方面的教育和训练活动。它包括在岗业余培训和离岗专门培训（脱产学习）两种形式。

7. **答案**：BCD。参见简答题第5题。

名词解释

1. **答案**：职业培训，又称职业技能培训或职业技术培训，是指根据社会职业的需求和劳动者从业的意愿及条件，按照一定标准，对劳动者进行的旨在培养和提高其职业技能的教育活动。职业培训的含义有下述要点：职业培训服从于社会职业的需求；职业培训满足于劳动者的从业意愿；职业培训适应于劳动者的从业条件；职业培训符合职业标准化的要求。

2. **答案**：职业技能开发是旨在增加社会劳动力资源，培养、提高和评价劳动者职业技能的一系列活动和措施，是一个由职业需求预测、职业分析和分类、职业技能标准、职业技能培训、职业技能鉴定、职业技能竞赛、职业指导、职业介绍等活动和措施组成的有机体系。

3. **答案**：劳动预备制培训是国家为提高青年劳动者素质、培养劳动后备军，组织新生劳动力和其他求职人员，在就业前接受1~3年的职业培训和职业教育，使其取得相应职业资格和掌握一定职业技能后，在国家政策的指导和帮助下，通过劳动力市场实现就业的制度。其培训对象主要是城镇未能继续升学并准备就业，农村未能继续升学并准备从事非农产业工作或进城务工的初、高中毕业生。

4. **答案**：职业技能鉴定，是指职业技能鉴定机构对劳动者职业技能所达到的等级，依法进行考核、评定和证明，从而赋予劳动者一定的职业资格。它是由政府批准的专门机构负责实施，以劳动者所具有的并被列入国家规定职业范围的职业技能作为鉴定对象，以国家制定的职业技能标准作为鉴定依据，以考核、考评作为鉴定劳动者职业技能等级的手段，以颁发职业资格证书作为确认、证明劳动者职业技能达到一定等级的法定形式。

5. **答案**：职业资格证书，是指有关部门通过学历认定、资格考试、专家评定、职业技能鉴定等方式作出综合评价，对合格者颁发的具有法律效力的证明文件。

简答题

1. **答案**：职业培训，又称职业技能培训或职业技术培训，是指根据社会职业的需求和劳动者从业的意愿及条件，按照一定标准，对劳动者进行的旨在培养和提高其职业技能的教育活动。职业培训与普通教育的联系表现在：普通教育和职业教育共同构成了国民教育体系的主体，二者都是为了培养和提高人的才能和文化技术水平，同属智力开发活动，普通教育是职业教育的基础，职业教育是普通教育的延伸和专门化。

   职业培训作为职业教育的一种形式，与普通教育相比较，二者的主要区别在于：（1）对象不同。后者以非社会劳动者为对象，其中主要是青、少年，也包括部分老年人或依兴趣接受某种教育的成年人（学成后并不执此业）；前者以社会劳动者为对象。（2）目标不同。后者的目标在于普遍提高国民素质，通常是对劳动预备队伍进行文化教育从而间接地作用于劳动能力的形成；前者则直接以职业能力开发为目标。（3）性质不同。后者是常规教育，具有基础性、全面性和系统性；前者则是特需教育，具有选择性、单一性和实用性（为满足某种现实需要，强调操作技能）。（4）形式不同。后者是有固定学制的学校教育；前者多是一种不拘形式的培训活动，它虽然包含部分学校教育形式，但大量表现为灵活多样的培训形式。

2. **答案**：职业基础教育，又称职业学校教育，它与职业培训共同构成了职业教育体系的主体部分，是介于普通教育与职业培训之间，而又同普通教育和职业培训并存的一种职业教育形式。职业培训与职业基础教育相比较，主要区别在于：

   （1）内容不同。后者偏重专业基础知识的传授，或者专业基础知识与操作技能并重，具有全面性、系统性；前者偏重操作技能的传授，主要针对某种岗位的特定要求进行训练。(2) 性质不同。后者为学历教育,有固定的学制,对学完规定课程并考试及格者发给学历证书;前者为非学历教育,学制不固定,对考试和考核合格者发给培训合格证书。(3) 形式不同。后者为学校常规教育,即由职业学校和普通学校以常规的教学方式实施;前者为非常规教育(含非学校教育),形式不一,大多由职业培训机构实施,有的虽然由学校实施但不是常规化教学。(4) 管理体制不同。后者以教育行政部门管理为主,有的还可纳入普通教育体系;前者则以劳动行政部门管理为主,只纳入职业教育管理体系。

3. **答案**:学徒培训,是指由用人单位招收学徒工,在师傅的直接指导下,通过实际生产劳动,使其掌握一定生产技能和业务知识的职业培训形式。学徒培训法律关系具有以下特征:

(1) 它是一种招工与传艺合二为一的法律关系。用人单位与学徒确立的是以传授、学习技艺为内容的预备劳动关系,亦即学徒劳动关系。(2) 传艺和学艺的特定方式是由招收单位委托师傅负责指导,在生产实践中进行的。(3) 建立学徒培训法律关系的目的在于建立正式劳动关系,受培者是否达到预期的培训要求,是决定其能否建立正式劳动关系的主要根据。

4. **答案**:在我国,职业培训的主要形式包括学徒培训、就业训练、学校正规培训、劳动预备制培训、职工培训等。

(1) 学徒培训,是指由用人单位招收学徒工,在师傅的直接指导下,通过实际生产劳动,使其掌握一定生产技能和业务知识的职业培训形式。用人单位与学徒确立的是以传授、学习技艺为内容的预备劳动关系,亦即学徒劳动关系。建立学徒培训法律关系的目的在于建立正式劳动关系,受培者是否达到预期的培训要求,是决定其能否建立正式劳动关系的主要根据。

(2) 就业训练,是指就业训练中心和其他就业训练实体,对求职人员再就业或上岗前进行的,以培训具有初级职业技能水平的劳动者为主的培训形式。它包括就业前训练和转业训练。

(3) 学校正规培训,是指由技工学校、职业(技)学校和成人高等学校等教学机构承担的职业培训。它包括技工学校培训、职业(技)学校培训、成人高等学校培训等形式。

(4) 劳动预备制培训,是国家为提高青年劳动者素质、培养劳动后备军,组织新生劳动力和其他求职人员,在就业前接受 1~3 年的职业培训和职业教育,使其取得相应职业资格和掌握一定职业技能后,在国家政策的指导和帮助下,通过劳动力市场实现就业的制度。其培训对象主要是城镇未能继续升学并准备就业,农村未能继续升学并准备从事非农产业工作或进城务工的初、高中毕业生。

(5) 职工培训,又称职工教育或在职培训,是指为了使职工在原有的知识、技能的基础上得到提高或更新,按照工作需要对职工进行思想政治、职业道德、管理知识、业务技术、操作技能等方面的教育和训练活动。一般包括在岗业余培训和离岗专门培训两种形式。

5. **答案**:职业技能鉴定,是指职业技能鉴定机构对劳动者职业技能达到的等级,依法进行考核、评定和证明,从而赋予劳动者一定的职业资格。它是由政府批准的专门机构负责实施,以劳动者所具有的并被列入国家规定职业范围的职业技能作为鉴定对象,以国家制定的职业技能标准作为鉴定依据,以考核、考评作为鉴定劳动者职业技能等级的手段,以颁发职业资格证书作为确认、证明劳动者职业技能达到一定等级的法定形式。目前,我国职业技能鉴定的主要对象有:(1) 各类职业技术学校和培训机构毕(结)业生,凡属技术等级考核的工种,逐步实行职业技能鉴定;(2) 企事业单位学徒期满的学徒工,必须进行职业技能鉴定;(3) 企事业单位的职工以及社会各类人员,根据需要,自愿申请职业技能鉴定。

职业技能鉴定的体系,由各个类别(系列)、各个等级的职业技能鉴定所组成。按照鉴定对象不同,可划分为工人职业技能鉴定和职员职业技能鉴定两类。2022年3月18日人力资源和社会保障部印发《关于健全完善新时代技能人才职业技能等级制度的意见(试行)》,宣布将原有的"五级"技能等级延伸和发展为新"八级工"制度。即在初级工、中级工、高级工、技师和高级技师之下补设学徒工,之上增设特级技师和首席技师。职员职业技能鉴定可划分为初级、中级、高级职员职业技能鉴定。在我国现阶段,工人职业技能鉴定和职员职业技能鉴定分别由劳动行政部门、人事行政部门综合管理。

第十四章 社会保险

☑ 单项选择题

1. **答案**：A。《劳动法》第 72 条规定："社会保险基金按照保险类型确定资金来源，逐步实行社会统筹。用人单位和劳动者必须依法参加社会保险，缴纳社会保险费。"这鲜明地体现了社会保险的强制性。

2. **答案**：D。社会保险不仅是为面临劳动风险的劳动者提供物质帮助，而且也带有补偿的性质。社会保险费用虽然主要是由用人单位和政府直接负担的，但用人单位和政府支付的费用仍来自社会总产品中应当分配给劳动者的消费品，只不过在分配给劳动者工资前已被扣除下来预存而已。社会保险就是将劳动者应得消费品的预存部分集中起来以保险形式分配给劳动者。在此意义上可以认为，社会保险仍是对劳动者所作劳动贡献的一种补偿。

3. **答案**：C。《社会保险法》第 2 条规定，国家建立基本养老保险、基本医疗保险、工伤保险、失业保险、生育保险等社会保险制度，保障公民在年老、疾病、工伤、失业、生育等情况下依法从国家和社会获得物质帮助的权利。据此，A、B、D 项均属于社会保险，C 项属于商业保险。

4. **答案**：D。1883 年德国颁布了《劳工疾病保险》，这是世界上第一部社会保险法律。

5. **答案**：A。用人单位一般为投保人，社会保险经办机构为保险人。

6. **答案**：A。《全国人民代表大会常务委员会关于实施渐进式延迟法定退休年龄的决定》中规定："为了深入贯彻落实党中央关于渐进式延迟法定退休年龄的决策部署，适应我国人口发展新形势，充分开发利用人力资源，根据宪法，第十四届全国人民代表大会常务委员会第十一次会议决定：一、同步启动延迟男、女职工的法定退休年龄，用十五年时间，逐步将男职工的法定退休年龄从原六十周岁延迟至六十三周岁，将女职工的法定退休年龄从原五十周岁、五十五周岁分别延迟至五十五周岁、五十八周岁……"

7. **答案**：A。根据《公务员法》第 93 条的规定，国家公务员连续工龄满 30 年者提前退休不受年龄限制，经任免机关批准后可以退休。

8. **答案**：D。职工个人养老保险账户中的财产受法律保护，职工异地转换工作时，个人账户的财产随之转移；职工或退休人员死亡的，其个人账户中的个人缴费部分可以继承。

9. **答案**：C。《失业保险条例》第 17 条规定："失业人员失业前所在单位和本人按照规定累计缴费时间满 1 年不足 5 年的，领取失业保险金的期限最长为 12 个月；累计缴费时间满 5 年不足 10 年的，领取失业保险金的期限最长为 18 个月；累计缴费时间 10 年以上的，领取失业保险金的期限最长为 24 个月。重新就业后，再次失业的，缴费时间重新计算，领取失业保险金的期限可以与前次失业应领取而尚未领取的失业保险金的期限合并计算，但是最长不得超过 24 个月。"

10. **答案**：D。《社会保险法》第 50 条第 1 款规定："用人单位应当及时为失业人员出具终止或者解除劳动关系的证明，并将失业人员的名单自终止或者解除劳动关系之日起十五日内告知社会保险经办机构。"

11. **答案**：D。工伤保险是基于用人单位工伤赔偿责任建立的一种社会保险，兼具补偿性质和赔偿性质。

12. **答案**：A。《工伤保险条例》第 14 条规定："职工有下列情形之一的，应当认定为工伤：（一）在工作时间和工作场所内，因工作原因受到事故伤害的；（二）工作时间前后在工作场所内，从事与工作有关的预备性或者收尾性工作受到事故伤害的；（三）在工作时间和工作场所内，因履行工作职责受到暴力等意外伤害的；（四）患职业病的；

（五）因工外出期间，由于工作原因受到伤害或者发生事故下落不明的；（六）在上下班途中，受到非本人主要责任的交通事故或者城市轨道交通、客运轮渡、火车事故伤害的；（七）法律、行政法规规定应当认定为工伤的其他情形。"

13. 答案：C。《工伤保险条例》第35条第1款规定："职工因工致残被鉴定为一级至四级伤残的，保留劳动关系，退出工作岗位，享受以下待遇：……"

14. 答案：A。《工伤保险条例》第19条第2款规定："职工或其近亲属认为是工伤，用人单位不认为是工伤的，由用人单位承担举证责任。"

15. 答案：A。《国务院关于建立城镇职工基本医疗保险制度的决定》规定，基本医疗保险费由用人单位和职工共同缴纳。用人单位缴费率应控制在职工工资总额的6%左右，职工缴费率一般为本人工资收入的2%。随着经济发展，用人单位和职工缴费率可作相应调整。

16. 答案：D。《企业职工患病或非因工负伤医疗期规定》第3条规定："企业职工因患病或非因工负伤，需要停止工作医疗时，根据本人实际参加工作年限和在本单位工作年限，给予三个月到二十四个月的医疗期：（一）实际工作年限十年以下的，在本单位工作年限五年以下的为三个月；五年以上的为六个月。（二）实际工作年限十年以上的，在本单位工作年限五年以下的为六个月；五年以上十年以下的为九个月；十年以上十五年以下的为十二个月；十五年以上二十年以下的为十八个月；二十年以上的为二十四个月。"

17. 答案：A。《社会保险法》第86条规定："用人单位未按时足额缴纳社会保险费的，由社会保险费征收机构责令限期缴纳或者补足，并自欠缴之日起，按日加收万分之五的滞纳金……"因此，答案为A。

18. 答案：B。《社会保险法》第38条规定："因工伤发生的下列费用，按照国家规定从工伤保险基金中支付：（一）治疗工伤的医疗费用和康复费用；（二）住院伙食补助费；（三）到统筹地区以外就医的交通食宿费；（四）安装配置伤残辅助器具所需费用；（五）生活不能自理的，经劳动能力鉴定委员会确认的生活护理费；（六）一次性伤残补助金和一至四级伤残职工按月领取的伤残津贴；（七）终止或者解除劳动合同时，应当享受的一次性医疗补助金；（八）因工死亡的，其遗属领取的丧葬补助金、供养亲属抚恤金和因工死亡补助金；（九）劳动能力鉴定费。"B选项正确。

19. 答案：D。张某不能同时领取工伤保险和军人伤亡保险金。军人伤亡保险金是针对军人在服役期间因战、因公、因病致残或死亡给予的保险待遇；工伤保险是劳动者在工作中因工作原因受到事故伤害或患职业病获得的保障。张某退伍后与大明公司建立劳动关系，因工作原因受伤可享受工伤保险，但不能同时领取军人伤亡保险金，军人伤亡保险金的领取与服役期间的军人身份相关，退伍后一般不再符合领取条件，A选项错误。根据《军人保险法》等相关规定，张某退伍后已不属于现役军人，不再直接从军人保险基金中拨付工伤保险待遇。其因在大明公司工作受伤，应按照企业职工工伤保险相关规定处理，由用人单位（大明公司）承担相应责任（因公司未缴纳工伤保险费），B选项错误。退伍费是军人退出现役时，部队按照规定发给的一次性费用，是对军人服役期间的经济补偿。张某此次因工作受伤导致伤残，并非申请退伍费补偿的法定情形，C选项错误。张某在大明公司工作期间受伤，且被认定为五级伤残，由于大明公司没有给张某缴纳工伤保险费，根据《工伤保险条例》第62第2款条规定，应当参加工伤保险而未参加工伤保险的用人单位职工发生工伤的，由该用人单位按照本条例规定的工伤保险待遇项目和标准支付费用。五级伤残职工，保留与用人单位的劳动关系，由用人单位安排适当工作；难以安排工作的，由用人单位按月发给伤残津贴，标准为本人工资的70%，并由用人单位按照规定为其缴纳应缴纳的各项社会保险费。故张某可以每月向公司领取伤残津贴，D 选项正确。

20. 答案：B。A 项，刘某 2024 年年底满 60 岁，在 2024 年年初尚未达到法定退休年龄时，发生车祸致残完全丧失劳动能力，属于非因工致残完全丧失劳动能力，可以领取病残津贴，A 项正确，不当选。B 项，刘某作为其他灵活就业人员，参加基本养老保险的，应按照国家规定缴纳基本养老保险费，分别计入基本养老保险统筹基金和个人账户，并非全部计入个人账户。B 项错误，当选。C、D 项，刘某达到法定退休年龄时，累计缴费期不足 15 年，可以有两种选择：一是"补"，即一次性缴费至满 15 年，按月领取基本养老金；二是"转"，即转入新型农村社会养老保险，按照国务院规定享受相应的养老保险待遇。所以 C、D 项正确，不当选。综上，本题为选非题，本题答案为 B 项。

21. 答案：B。劳务派遣是劳动合同制的补充，派遣员工只能从事临时、辅助、替代性的岗位，不能是核心岗位，销售经理作为核心岗位应该由甲公司的劳动合同制员工担任，A 项错误；《劳动合同法》第 65 条第 2 款规定："被派遣劳动者有本法第三十九条（过错）和第四十条第一项、第二项规定（不适岗）情形的，用工单位可以将劳动者退回劳务派遣单位，劳务派遣单位依照本法有关规定，可以与劳动者解除劳动合同。"用工单位与派遣单位形成了类似劳务买卖的合同关系，派遣员工因严重过错或不能胜任等问题无法满足用工单位的需求，相当于派遣单位提供的劳务不合格，用工单位有权退工，B 项正确；《社会保险法》第 41 条第 1 款规定："职工所在用人单位未依法缴纳工伤保险费，发生工伤事故的，由用人单位支付工伤保险待遇。用人单位不支付的，从工伤保险基金中先行支付。"工伤保险待遇与工伤事故相伴而生，无论用人单位是否缴纳工伤保险费，受到工伤的职工均能享受工伤保险的待遇，只不过承担此待遇的主体不同而已，用人单位未缴纳工伤保险费时，所有的工伤保险待遇由用人单位承担，所以 C 项错误；《最高人民法院关于审理工伤保险行政案件若干问题的规定》第 8 条第 1 款规定："职工因第三人的原因受到伤害，社会保险行政部门以职工或者其近亲属已经对第三人提起民事诉讼或者获得民事赔偿为由，作出不予受理工伤认定申请或者不予认定工伤决定的，人民法院不予支持。"工伤保险与侵权责任并没有排斥的关系，二者可同时追究，但医疗费只能主张一次，应当由侵权人承担医疗费用，侵权人无力承担的，工伤保险基金先行支付。D 项错误。

✓ 多项选择题

1. 答案：ABCD。为了维护军人合法权益，促进国防和军队建设，国家制定了《军人保险法》，建立了军人伤亡保险、退役养老保险、退役医疗保险和随军未就业的军人配偶保险等军人保险制度。全军的军人保险工作依法应由中国人民解放军军人保险主管部门负责。故 A 项正确。军人保险基金包括军人伤亡保险基金、军人退役养老保险基金、军人退役医疗保险基金和随军未就业的军人配偶保险基金。保险基金按照军人保险险种分别建账、分账核算，执行军队的会计制度。军人保险基金由个人缴费、中央财经负担的军人保险资金以及利息收入等资金构成。军人和随军未就业的军人配偶缴纳保险费，由军人所在单位代扣代缴。故 B、C 两项正确。军人服现役年限视同职工基本医疗保险缴费年限，与入伍前和退出现役后参加职工基本医疗保险的缴费年限合并计算。故 D 项正确。

2. 答案：ABCD。参见简答题第 3 题。

3. 答案：ABD。在我国，社会保险制度由国家基本保险、用人单位补充保险、个人储蓄性保险三个部分构成。

4. 答案：ABCD。所谓社会保险待遇的计算依据，就是指据以计算社会保险待遇的相关因素，一般包括工资、工龄、保险费、特殊贡献和经济社会政策等。

5. 答案：ACD。《劳动法》第 73 条第 1 款规定："劳动者在下列情形下，依法享受社会保险待遇：（一）退休；（二）患病、负伤；

（三）因工伤残或者患职业病；（四）失业；（五）生育。"

6. **答案**：ABCD。本题的考点是社会保险基金问题。《劳动法》第70条规定："国家发展社会保险事业，建立社会保险制度，设立社会保险基金，使劳动者在年老、患病、工伤、失业、生育等情况下获得帮助和补偿。"故A正确；第72条规定，用人单位和劳动者必须依法参加社会保险，缴纳社会保险费，故B正确；第73条第2款规定："劳动者死亡后，其遗属依法享受遗属津贴。"故C正确；第74条第1款规定："社会保险基金经办机构依照法律规定收支、管理和运营社会保险基金，并负有使社会保险基金保值增值的责任。"故D正确。

7. **答案**：ABD。参见简答题第1题。

8. **答案**：ACD。社会保险基金顺利筹集是社会保障制度正常运行的前提和基础，而在社会保险基金的筹集过程中，应始终贯彻收支平衡（包括横向平衡和纵向平衡）的基本原则对社会保障基金筹集模式进行分类。主要有三种筹资方式：现收现付制、完全积累制和部分积累制。

9. **答案**：ABCD。依据我国《社会保险法》第2条的规定，国家建立基本养老保险、基本医疗保险、工伤保险、失业保险、生育保险等社会保险制度，保障公民在年老、疾病、工伤、失业、生育等情况下依法从国家和社会获得物质帮助的权利。据此，ABCD均属于社会保险。

10. **答案**：AD。《社会保险法》第23条规定，职工应当参加职工基本医疗保险，由用人单位和职工按照国家规定共同缴纳基本医疗保险费。无雇工的个体工商户、未在用人单位参加职工基本医疗保险的非全日制从业人员以及其他灵活就业人员可以参加职工基本医疗保险，由个人按照国家规定缴纳基本医疗保险费。第44条规定，职工应当参加失业保险，由用人单位和职工按照国家规定共同缴纳失业保险费。

11. **答案**：BC。《工伤保险条例》第14条规定："职工有下列情形之一的，应当认定为工伤：（一）在工作时间和工作场所内，因工作原因受到事故伤害的；（二）工作时间前后在工作场所内，从事与工作有关的预备性或者收尾性工作受到事故伤害的；（三）在工作时间和工作场所内，因履行工作职责受到暴力等意外伤害的；（四）患职业病的；（五）因工外出期间，由于工作原因受到伤害或者发生事故下落不明的；（六）在上下班途中，受到非本人主要责任的交通事故或者城市轨道交通、客运轮渡、火车事故伤害的；（七）法律、行政法规规定应当认定为工伤的其他情形。"BC项不符合条件。

12. **答案**：ABCD。《失业保险条例》第15条规定："失业人员在领取失业保险金期间有下列情形之一的，停止领取失业保险金，并同时停止享受其他失业保险待遇：（一）重新就业的；（二）应征服兵役的；（三）移居境外的；（四）享受基本养老保险待遇的；（五）被判刑收监执行或者被劳动教养①的；（六）无正当理由，拒不接受当地人民政府指定的部门或者机构介绍的工作的；（七）有法律、行政法规规定的其他情形的。"

13. **答案**：BCD。《社会保险法》第37条规定："职工因下列情形之一导致本人在工作中伤亡的，不认定为工伤：（一）故意犯罪；（二）醉酒或者吸毒；（三）自残或者自杀；（四）法律、行政法规规定的其他情形。"另外，《工伤保险条例》第15条第1款规定："职工有下列情形之一的，视同工伤：（一）在工作时间和工作岗位，突发疾病死亡或者在48小时之内经抢救无效死亡的；（二）在抢险救灾等维护国家利益、公共利益活动中受到伤害的；（三）职工原在军队服役，因战、因公负伤致残，已取得革命伤残军人证，到用人单位后旧伤复发的。"第16条规定："职工符合本条例第十四条、第十五条的规定，但是有下列情形之一的，不得认定为工伤或

---

① 2013年12月28日公布的《全国人民代表大会常务委员会关于废止有关劳动教养法律规定的决定》提出，废止劳动教养制度。

者视同工伤：（一）故意犯罪的；（二）醉酒或者吸毒的；（三）自残或者自杀的。"

14. **答案**：ABC。《企业职工生育保险试行办法》第 6 条第 1 款规定："女职工生育的检查费、接生费、手术费、住院费和药费由生育保险基金支付。超出规定的医疗服务费和药费（含自费药品和营养药品的药费）由职工个人负担。"

15. **答案**：ACD。根据《社会保险法》第 12 条的规定，用人单位应当按照国家规定的本单位职工工资总额的比例缴纳基本养老保险费，记入基本养老保险统筹基金。职工应当按照国家规定的本人工资的比例缴纳基本养老保险费，记入个人账户。故 A 项说法正确，B 项说法错误。根据《社会保险法》第 14 条的规定，个人账户不得提前支取，记账利率不得低于银行定期存款利率，免征利息税。个人死亡的，个人账户余额可以继承。故 C、D 项说法正确。

16. **答案**：ABC。《社会保险法》第 2 条规定，国家建立基本养老保险、基本医疗保险、工伤保险、失业保险、生育保险等社会保险制度，保障公民在年老、疾病、工伤、失业、生育等情况下依法从国家和社会获得物质帮助的权利。故 A 项说法正确。《社会保险法》第 64 条第 3 款规定，基本养老保险基金逐步实行全国统筹，其他社会保险基金逐步实行省级统筹，具体时间、步骤由国务院规定。不管是全国统筹，还是省级统筹，都属于社会统筹的范围。故 B 项说法正确。《社会保险法》第 4 条第 1 款规定，中华人民共和国境内的用人单位和个人依法缴纳社会保险费，有权查询缴费记录、个人权益记录，要求社会保险经办机构提供社会保险咨询等相关服务。故 C 项说法正确，但事实上，有一些种类的社会保险不需要个人缴费，如工伤保险、生育保险。《社会保险法》第 14 条规定，（基本养老保险）个人账户不得提前支取，记账利率不得低于银行定期存款利率，免征利息税。个人死亡的，个人账户余额可以继承。故 D 项说法错误，个人账户余额一般可以继承，并不能笼统地断定"劳动者死亡后，其社会保险待遇由遗属继承"，社会统筹账户余额一般应当由劳动者本人享有。

17. **答案**：ACD。本题是劳务派遣中被派遣员工发生伤亡情形下的责任分担问题。甲公司是用工单位，乙公司是用人单位，乙公司和陈某之间是劳动关系，陈某和甲公司之间是用工关系。工伤保险费应由用人单位乙公司缴纳。《社会保险法》第 33 条规定，职工应当参加工伤保险，由用人单位缴纳工伤保险费，职工不缴纳工伤保险费。故 B 项正确，AD 项错误。人身意外险是商业保险，与工伤保险这一社会保险并行，故 C 项错误。

名词解释

1. **答案**：社会保险是与劳动风险相对应的概念，它是指当劳动者完全或部分丧失劳动能力、暂时或永久丧失劳动机会的情况下，为了确保劳动者的生存和劳动力的再生产，而由国家和社会采取的通过给予一定物质帮助，使其至少能维持基本生活需要的一种社会保障制度。

2. **答案**：社会保障是指为了使社会成员共同分享社会经济发展的成果，运用国家和社会的力量，通过国民收入的分配和再分配，给社会成员提供基本生活保障的一种制度。它主要由社会保险、社会福利、社会救济、社会优抚组成。

3. **答案**：社会福利是指国家和社会直接对处于特殊境况的社会成员提供生活照顾或给予生活方便，其对象限于因生理缺陷部分或完全丧失劳动能力，或者为国家和社会尽义务作贡献而需要特殊照顾，因无依靠或未成年等必须借助社会力量给予赡养、抚养，以及处于其他特殊境况的社会成员。

4. **答案**：社会救济是指国家有关部门向由于自然灾害或者其他经济、社会原因而无法维持最低生活水平的社会成员，给予足以维持其最低生活需要的临时性物质帮助。

5. **答案**：连续工龄是指依法能够连续计算之工龄，它包括本单位工龄以及依法可连续计算的以前在其他单位的工龄。

6. 答案：社会保险基金是指为了使社会保险有可靠的资金保障，国家通过立法要求全社会统一建立的，用于支付社会保险待遇的专项资金。社会保险基金按照保险类型确定资金来源，逐步实行社会统筹。用人单位和劳动者必须依法参加社会保险，缴纳社会保险费。

7. 答案：社会保险基金统筹是指在社会范围内，对社会保险基金的各种来源和用途作出统一规定、规划和安排，并据此对社会保险基金进行统一的收支、管理和运营，以保证其收支平衡，合理使用和安全、保值、增值，充分发挥其社会保障职能。

简答题

1. 答案：社会保险是与劳动风险相对应的概念，它是指当劳动者完全或部分丧失劳动能力、暂时或永久丧失劳动机会的情况下，为了确保劳动者的生存和劳动力的再生产，而由国家和社会采取的通过给予一定物质帮助，使其至少能维持基本生活需要的一种社会保障制度。其基本属性有：

   （1）社会性。社会保险的范围比较广泛，保险对象包括社会上不同层次、不同行业、不同职业的劳动者。社会保险还代表一种社会政策，具有保障社会安定的职能。

   （2）强制性。作为社会保险制度主干部分的国家基本险，由国家立法强制实行，保险的项目、收费标准、待遇水平等内容，一般不由投保人和被保险人自主选择。

   （3）互济性。社会保险是用统筹调剂的方法集中和使用资金，以解决劳动者由于生、老、病、死、伤、残、失业等造成的生活困难。

   （4）福利性。社会保险以帮助劳动者摆脱生活困难为目的，属于非营利性、公益服务事业，支付保险金的多少不完全取决于保险费多少，而是主要依据基本生活需要确定，国家对保险所需资金负有一定的给付责任。

   （5）补偿性。社会保险费用虽然主要是由用人单位和政府直接负担的，但用人单位和政府所支付的费用仍来自社会总产品中应当分配给劳动者的消费品，只不过在分配给劳动者工资前已被扣除下来预存而已。社会保险就是将劳动者应得消费品的预存部分集中起来以保险形式分配给劳动者。在此意义上可以认为，社会保险仍是对劳动者所作劳动贡献的一种补偿。

   （6）差别性。劳动者所得社会保险待遇往往由于工龄长短、保险事故、缴纳保险费多少等因素的不同而有所差别。

2. 答案：社会保险是与劳动风险相对应的概念，它是指当劳动者完全或部分丧失劳动能力、暂时或永久丧失劳动机会的情况下，为了确保劳动者的生存和劳动力的再生产，而由国家和社会采取的通过给予一定物质帮助，使其至少能维持基本生活需要的一种社会保障制度。社会福利是指国家和社会直接对处于特殊境况的社会成员提供生活照顾或给予生活方便，其对象限于因生理缺陷部分或完全丧失劳动能力，或者为国家和社会尽义务作贡献而需要特殊照顾，因无依靠或未成年等必须借助社会力量给予赡养、抚养，以及处于其他特殊境况的社会成员。社会救济是指国家有关部门向由于自然灾害或者其他经济、社会原因而无法维持最低生活水平的社会成员，给予足以维持其最低生活需要的临时性物质帮助。

   三者同属社会保障范畴，共同构成了一国社会保障制度的主要内容体系。但社会保险在整个社会保障体系中处于核心地位，是最重要的社会保障形式，它在保障作用上与社会福利、社会救济有所不同，表现在：

   （1）社会保险的实际保障面更宽。凡是参与劳动关系的劳动者都是社会保险的实际受益者，而社会福利的实际受益者仅限于处在特殊境况者，社会救济的实际受益者只限于无力维持最低生活者。

   （2）社会保险的保障标的更重要。劳动风险是各个劳动者都可能遇到或经常遇到的风险，并且是直接、普遍和经常影响物质资料再生产和劳动力再生产的风险，因而对劳动者、国家和社会都更重要。

   （3）社会保险的保障水平更高。社会福利的标准是维持或略高于一般生活水平，社会救济的资助额度仅限于维持最低生活需要，且属于临时性短期补助；社会保险待遇则在保障劳动者基本生活需要的前提下，略低于或不低于劳动者原有生活水平，并且属于经常性、长期性物质帮助。所以，社会保险较之社会福利和社会救济，对社会成员生活、社会安定和经济发展具有更强的保障作用，是一种最重要的社会保障形式。

（4）实施原则不同。社会保险是双向的，实行权利义务对等原则，既强调国家和社会对劳动者个人的责任，又强调劳动者个人本身应当履行的义务；而社会福利和社会救济都是单向的，一般只强调国家和社会对个人的责任。

（5）资金来源不同。社会保险强调劳动者个人、用人单位与国家三方合理负担，分别按一定比例缴纳保险费；而社会福利和社会救济资金则来源国家财政和社会各界捐助，社会成员没有缴费义务。

3. **答案**：社会保险是与劳动风险相对应的概念，它是指当劳动者完全或部分丧失劳动能力、暂时或永久丧失劳动机会的情况下，为了确保劳动者的生存和劳动力的再生产，而由国家和社会采取的通过给予一定物质帮助，使其至少能维持基本生活需要的一种社会保障制度。社会保险与商业人身保险虽然都以被保险人为保险标的，都运用保险原理，但二者的区别很明显，主要表现在：

（1）基本属性不同。前者具有社会保障性质，后者具有商业性质。（2）保险对象不同。前者的对象是劳动者及其家属的基本生活，在我国，是基于劳动关系确定的；后者则任何人都可参加，且以人的生命和身体为保险对象。（3）保险原则不同。前者实行的是强制原则、非营利原则、物质帮助原则和偏重公平原则；后者实行自愿原则、营利原则、经济补偿原则和偏重效率原则。（4）保险费负担不同。前者的保险费来自多层次、多方面，国家、企业和个人都要负担一部分，但以国家、企业负担为主；后者的保险费则来自投保人的缴纳，而不由国家负担。

4. **答案**：在我国，社会保险制度由国家基本保险、用人单位补充保险、个人储蓄性保险三个部分构成。

（1）国家基本保险是由国家统一建立并强制实行的为全体劳动者平等地提供基本生活保障的社会保险。在各个险种的结构中，它属于基本组成部分（或称主体部分）。其主要特点有：①它的适用具有普遍性、持续性和强制性，即对各种用人单位和各种劳动者在任何时候都强制实行。②它实行统一标准，即要求按照统一标准缴纳保险费用和支付保险待遇。③它为劳动者提供基本生活保障，即它所给予的物质帮助一般只限于满足劳动者基本生活需要，因而属于社会保险的基本组成部分。④它一般要求由用人单位、劳动者和国家三方合理分担费用，其中，用人单位负担的费用属于劳动力再生产费用，应当列入用工成本。

（2）用人单位补充保险是由用人单位根据自己的经济实力，自主地为劳动者建立的，旨在使本单位劳动者在已有基本生活保障的基础上进一步获得物质帮助的社会保险，是对基本保险的补充。其主要特点是：①它是用人单位在按时足额缴纳基本保险费用后仍有经济承受能力的条件下实行的，属于量力而行部分，并非每个用人单位、任何时候都必须实行。②它的保险水平因用人单位经济实力的大小和变化而相异，缴纳保险费的标准在经济实力增强时可自行提高，在经济实力减弱时可自行降低，并不存在统一和固定的标准。③它的适用条件和保险水平（标准）可由集体合同或内部劳动规则具体规定，当规定的适用条件实际成立时，用人单位才有义务按规定的标准实行。④它的保险基金全由用人单位缴纳，从公益金中列支。⑤它的保险基金中已记入劳动者个人账户的部分，应当归劳动者个人所有，未记入个人账户的部分可在本单位范围内调剂使用。

（3）个人储蓄性保险是由劳动者个人根据自己收入自愿以储蓄的形式为自己建立的社会保险，是对国家基本保险和用人单位补充保险的补充。其特点在于：它是劳动者在国家的倡导下自愿参加的；具体险种和缴费数额全由自己选择；费用全归自己负担和所有。但它又不同于一般的居民储蓄，主要表现在：它以社会保险为目的，由社会保险经办机构承办，应当采用保值储蓄或其他有利于发挥社会保障作用的其他计息方式。

5. **答案：**社会保险基金统筹是指在社会范围内，对社会保险基金的各种来源和用途作出统一规定、规划和安排，并据此对社会保险基金进行统一的收支、管理和运营，以保证其收支平衡，合理使用和安全、保值、增值，充分发挥其社会保障职能。社会保险基金的统筹范围，表明应当在多大的空间范围内进行社会保险基金统筹，是社会保险的社会化程度和保障程度的一个重要标志。它一般包括：

（1）用人单位范围。按照市场经济的要求，应当把各种用人单位都纳入统筹范围，即是说，凡属依法有义务为其职工缴纳保险费的用人单位（尤其是企业）都应参加统筹，而不受所有制、法律形态、规模等因素的限制。

（2）劳动者范围。根据劳动法对劳动者给予平等保护的原则，凡参加统筹的用人单位，都应将其依法有权获得社会保险待遇的职工全部纳入统筹范围。此外，还有必要把统筹范围逐步扩及其他劳动者。

（3）险种和待遇项目范围。从保护劳动者的需要来看，原则上应将各险种的各个待遇项目全部纳入统筹范围。但是，在一个国家的一定时期，往往受制于经济发展水平、社会保险需要等因素，只将部分险种，有的险种只将部分待遇项目纳入统筹范围。凡是未纳入统筹范围的险种和保险待遇项目，仍由用人单位向劳动者或其亲属承担给付责任。

（4）地域范围。即在全国、全省、全市或全县的某一级范围内实行统筹。这要根据各种保险项目的实际情况分别确定，一般应按由低到高的发展顺序，提高统筹的地域范围的等级。根据我国地区经济发展不平衡的实际情况，目前应以省级统筹为宜。

6. **答案：**养老保险，又称年金保险，是指劳动者在因年老或病残而丧失劳动能力的情况下，退出劳动领域，定期领取生活费用的一种社会保险制度。在我国，职工养老保险包括退休、离休、退职三种形式。其各自成立的条件有所不同：

（1）退休条件。①退休年龄条件。一般退休年龄为男 60 岁，女 50 岁（工人）或 55 岁（职员）。《全国人民代表大会常务委员会关于实施渐进式延迟法定退休年龄的决定》中规定："为了深入贯彻落实党中央关于渐进式延迟法定退休年龄的决策部署，适应我国人口发展新形势，充分开发利用人力资源，根据宪法，第十四届全国人民代表大会常务委员会第十一次会议决定：一、同步启动延迟男、女职工的法定退休年龄，用十五年时间，逐步将男职工的法定退休年龄从原六十周岁延迟至六十三周岁，将女职工的法定退休年龄从原五十周岁、五十五周岁分别延迟至五十五周岁、五十八周岁……"而提前退休年龄，国家公务员为男 55 岁、女 50 岁；因从事有害身体健康工作或工伤（职业病）致残而完全丧失劳动能力的职工和连续工龄满 30 年的国家公务员，退休不受年龄限制。延迟退休年龄，高级专家正职不超过 70 岁，副职不超过 65 岁。②退休工龄条件。职工一般须连续工龄满 10 年；国家公务员提前退休一般须连续工龄满 20 年，连续工龄满 30 年者可不受年龄限制，但因工伤（职业病）致残而完全丧失劳动能力的职工，退休不以连续工龄为条件。③其他退休条件。例如，提高和延迟退休须经有关部门或机构批准，因完全丧失劳动能力而退休须经依法证明。

（2）离休条件。包括年龄条件和身份条件两种。离休年龄与国家公务员退休年龄相同。身份条件指离休者必须是中华人民共和国成立前参加革命工作的老干部。

（3）退职条件。①经依法证明完全丧失劳动能力。②不具备某项退休条件，如未达到规定的退休年龄或连续工龄等。

7. **答案：**失业保险，在我国又称待业保险，是指劳动者在失业期间，由国家和社会给予一定物质帮助，以保障其基本生活并促进其再就业的一种社会保险制度。其保险事故仅限于非自愿失业；其所提供的物质帮助，不仅指失业救济金，还包括组织生产自救、专业训练等其他帮助形式；它具有双重功能，既保障失业者的基本生活，又促进失业者实现再就业，从而减少失业。

失业保险待遇享受的条件有：（1）失业者依法参加失业保险，用人单位和个人缴费满12个月。（2）失业者非因本人意愿中断就业。（3）失业者已经办理失业登记，并有求职要求。此外，农民合同制工人连续工作满1年，用人单位已经缴纳了失业保险费，在劳动合同终止或提前解除时，可以一次性领取失业救济金。

失业保险待遇主要包括：（1）失业救济金，即失业者在规定的失业期间领取的生活费。失业救济金按照下述标准支付：失业前缴纳保险费满1年不足5年的，领取失业救济金的期限最长为12个月；缴纳保险费满5年不足10年的，领取失业救济金的期限最长为18个月；缴纳保险费累计达10年以上的，领取失业救济金的期限最长为24个月。重新就业后再失业的，缴费时间重新计算。领取失业救济金的期限可以与前次失业应领取而未领取的期限合并计算，最长不超过24个月。（2）失业人员在领取失业救济金期间死亡的医疗费、丧葬补助费，及其所供养亲属的抚恤费、救济费。（3）参加由失业保险经办机构组织或扶持的转业训练和生产自救。

8. **答案**：工伤保险，又称职业伤害赔偿保险，是指职工因工而致伤、残、病、死亡，依法获得经济赔偿和物质帮助的一种社会保险制度。其特征主要有：

（1）它是基于对工伤职工的赔偿责任而设立的一种社会保险，其他社会保险则是基于对职工生活困难的帮助和补偿责任而设立的。（2）它是由用人单位承担全部责任的一种社会保险，职工不负缴纳保险费的义务。（3）其赔偿责任实行无过错责任原则，而不同于一般民事赔偿责任。（4）其被保险人范围包括全体职工，不论何种用工形式的职工，也不论是正式职工还是临时工、学徒工或试用期职工，都平等地享受工伤保险待遇。

（5）其目的不仅在于对受伤害者的事后救济，而且还注重对职业伤害的预防。

9. **答案**：工伤，即因工负伤，是指职工在劳动过程中因执行职务（业务）而受到的急性伤害。工伤与非工伤的界限通常有：（1）时间界限。即工伤一般只限于工作时间之内发生的急性伤害。（2）空间界限。即工伤一般只限于生产、工作区域之内发生的急性伤害。（3）职务（业务）界限。即工伤一般只限于执行职务（业务）而发生的急性伤害。只要急性伤害是因执行职务（业务）而发生的急性伤害，即使发生在工作时间、生产工作区域之外，也属于工伤；相反，如果急性伤害虽发生在工作时间、生产工作区域内，却不是由于执行职务（业务）原因发生的，则不应属于工伤。（4）主观过错界限。即除了职工本人故意造成的急性伤害不应属于工伤以外，发生在职工本人有过失或无过错的主观心理状态下的伤害，只要符合其他工伤条件，都应属于工伤，决不能以职工本人对急性伤害发生存在过失为由，将该伤害排除在工伤范围外。（5）法定特殊界限。即立法上明确规定，在工伤的一般界限外应属于工伤的特殊情况。

10. **答案**：医疗保险，是指保障劳动者及其供养亲属非因工病伤后在医疗和生活上获得物质帮助的一种社会保险制度。医疗保险的保险事故仅限于职业病以外患病和工伤以外负伤，以及该病伤所致残疾。医疗保险待遇的主要内容有：

（1）医疗期待遇。职工享受医疗保险待遇，除完全丧失劳动能力者外，只限于规定的医疗期内，医疗期的长度根据职工本人连续工龄和本单位工龄分档次确定，最短不少于3个月，最长一般不超过24个月；难以治愈的疾病，经医疗机构提出，本人申请，劳动行政部门批准后，可适当延长医疗期，但延长期限最多为6个月。

（2）疾病津贴（称病假工资）。职工患病或非因工负伤，停止工作满1个月以上的停发工资，由用人单位按其工龄长短给付相当于本人工资一定比例的疾病津贴。

(3) 医疗待遇。职工一般可在与社会保险经办机构签订医疗保险合同的定点医院就医。其保险待遇项目主要有规定范围内的药品费用，规定的检查费用和治疗费用，规定标准的住院费用。此外，职工供养亲属患病治疗时，一般就某些项目的医疗费用给予一定比例的疾病补助。

11. **答案**：生育保险，是指保障女职工因怀孕和分娩而从社会上获得物质帮助的一种社会保险制度。目前，我国生育保险只对已婚妇女劳动者实行经济帮助，只适用于达到法定婚龄的已婚女职工，并且还必须符合国家计划生育规定。目前，生育保险待遇的主要内容有：

(1) 医疗服务。我国规定，女职工生育所需的有关费用，由生育保险基金支付。(2) 产假。女职工生育享受产假。我国生育产假规定包含法定产假与各地在此基础上的延长产假。(3) 生育津贴。我国规定，在法定产假期间内，停发工资，按月从生育保险基金中支付生育津贴，其标准为用人单位上年度职工月平均工资。

12. **答案**：死亡保险，又称遗嘱保险，是指保障被保险人供养亲属在被保险人死亡后，或者被保险人在其供养亲属死亡后，从社会上获得物质帮助的一种社会保险制度。目前，我国死亡保险待遇的内容有：

(1) 职工非因工死亡，包括职工非因工伤病死亡和退（离）休、退职后死亡，向死者生前供养亲属按国家规定标准发给丧葬费，并按供养亲属人数依国家规定标准按月发给抚恤金直至失去受供养条件为止，供养亲属生活困难的，还可在最高不超过当地社会救济标准的限度内给予定期或不定期生活补助费。

(2) 职工因工死亡的保险待遇项目与非因工死亡相同，但待遇标准高于非因工死亡，获得烈士称号的则按烈士待遇标准执行。

(3) 职工供养亲属死亡待遇的项目，仅限于发给职工丧葬费，其标准低于职工非因工死亡丧葬费标准，因死者年龄在 10 周岁以下或以上而有所不同，不足周岁者不发给。国家规定，死亡保险待遇标准的确定，还应考虑遗属所在地区居民收入和生活水平，可因地区差别、城乡差别而有高低之分。

(4) 死亡保险待遇的支付。退休后死亡的，由养老保险基金支付；因工死亡或因工全残后死亡的由工伤保险基金支付；其他情况由用人单位支付。

13. **答案**：医疗保险是指劳动者在非因工患病、损伤时，获得所需医疗费用帮助的一种社会保险制度。工伤保险是指劳动者因工造成伤残、死亡或职业病后，对受到伤害者及其家属给予一定物质帮助的一种社会保险制度。两者均属于社会保险范畴，但存在以下区别：(1) 享受保险待遇的原因不同。医疗保险是非因工造成的，而工伤保险是因工引起的。(2) 保险待遇标准不同。工伤保险不仅具有补偿性，而且还基于用人单位的工伤赔偿责任而具有赔偿性，其保险待遇标准高于医疗保险待遇。(3) 保险费的承担主体不同。医疗保险按照三方负担原则由国家、用人单位、劳动者个人三方缴费，而工伤保险费用则由用人单位缴纳，个人无须缴纳。

论述题

1. **答案**：社会保险是与劳动风险相对应的概念，它是指当劳动者完全或部分丧失劳动能力、暂时或永久丧失劳动机会的情况下，为了确保劳动者的生存和劳动力的再生产，而由国家和社会采取的通过给予一定物质帮助，使其至少能维持基本生活需要的一种社会保障制度。它具有社会性、福利性、强制性、互济性、补偿性、差别性等基本属性。社会保险法律制度的建立和实施，有利于维护社会秩序的稳定、促进社会进步、调节国民收入的分配和再分配、促进精神文明建设。根据社会保险的性质、属性及其功能，现阶段我国对社会保险的法律调整至少应当遵循以下原则：

(1) 社会保险水平与社会生产力发展水平相适应的原则。社会保险需要社会生产力的发展为其提供可能和创造条件，只有当生产力发展到一定水平，社会财富较为丰富时，国家才有能力提供较高水平的社会保险；同时，社会生产力的发展水平还制约着社会保险的水平，社会保险水平过高或过低，都会阻碍社会生产力的发展。因此，我国社会保险水平的程度，不仅要考虑社会保险保障劳动者基本生活需要的目的，而且也应充分考虑我国的国情，使社会保险水平在保证实现社会保险基本目标的前提下，随着我国社会经济的不断发展，逐步提高并建立与经济发展水平相协调的社会保险联动机制。

（2）社会保险权利与义务相统一的原则。社会保险制度的运行和发展在很大程度上取决于社会保险基金的建立，而社会保险基金的建立不是由某一组织或少部分人负责的，而是由国家、用人单位和劳动者共担责任的。承担社会保险责任的用人单位和劳动者个人，必须首先尽到缴纳社会保险费用的义务，才能以此作为享受社会保险待遇的权利。

（3）社会保险一体化和社会化相统一的原则。社会保险一体化原则即统一社会保险的项目、统一社会保险或基本社会保险的标准、统一社会保险的管理与实施机制等。实行社会保险一体化原则有利于实现劳动者的自由流动和劳动力资源的合理配置。社会保险社会化要求进一步扩大社会保险的覆盖范围，鼓励劳动者积极参与监督社会保险制度的实施。同时，实行社会保险管理的社会化，即把原来的各部门、各单位分散管理的形式逐步转为统一的社会化管理，将用人单位承担的社会保险方面的事务性工作转为社会化服务，逐步健全全社会统一的社会化服务组织。社会保险的一体化和社会化应在立法中充分得到体现。

（4）保障功能与激励机制相结合的原则。社会保险制度是为实现社会公平而设立的，但社会保险在实质上不是超越劳动者自身行为以外的恩赐，而是全体劳动者都参加和获取的社会群体行为。它需要每个劳动者的积极参与和投入，与每个劳动者的切身利益挂钩。这一原则要求劳动者不能只存在依赖心理，只讲权利不讲义务，缺乏自我保障的意识。否则，不利于激励劳动者努力工作，不利于提高生产和工作效率。因此，对社会保险的法律调整要坚持保障功能与激励机制相结合的原则，要处理好权利与义务、公平与效率、保障与激励的关系。

2. **答案**：工伤保险，又称职业伤害赔偿保险，是指职工因工而致伤、残、病、死亡，依法获得经济赔偿和物质帮助的一种社会保险制度。它是基于对工伤职工的赔偿责任而设立的一种社会保险，其被保险人范围包括全体职工，不论何种用工形式的职工，也不论是正式职工还是临时工、学徒工或试用期职工，都平等地享受工伤保险待遇，其目的不仅在于对受伤害者的事后救济，而且还注重对职业伤害的预防。一般认为，关于工伤赔偿责任，都贯彻两项归责原则，即用人单位单方责任原则和无过错责任原则。

（1）用人单位单方责任原则。即用人单位单方对受伤害职工负有赔偿责任，这既不能在合同中约定减免，也不能以受伤害者有过失为由推卸。按照现代劳动法理论，在劳动关系中，用人单位作为劳动力的使用者和劳动条件的提供者，单方负有保护劳动者在劳动过程中安全和健康的法定义务，这既是对劳动者的义务也是对国家的义务。因此，用人单位单方对受害者负有赔偿责任，而且这是一种直接基于法律规定而非合同约定所产生的赔偿责任，且不论受害者有无过失。

（2）用人单位无过错责任原则。即用人单位的工伤赔偿责任不应以过错为要件，无论其对工伤事故有无过错，都应承担工伤赔偿责任。当在存在高度危险来源的场合发生损害事故时，高度危险来源本身就是高度危险来源拥有者，就该承担赔偿责任，而不必考虑赔偿责任者有无过错。在机器生产和现代化生产条件下，职业危险属于高度危险来源的危险，工伤是以高度危险来源为基础的一种特殊侵权行为。因此，用人单位的工伤赔偿责任不应以过错为要件，而应坚持无过错责任原则。

案例分析题

1. 答案：（1）H 公司按照本单位工资总额的 2% 为公司员工缴纳失业保险费是合法的，但其要求周某本人以个人工资 2% 的标准缴纳失业保险费，则是没有法律依据的。《失业保险条例》第 6 条规定，城镇企事业单位按照本单位工资总额的 2% 缴纳失业保险费用，职工个人缴纳比例为个人工资的 1%。因此，本案中，H 公司要求周某按本人工资的 2% 缴纳失业保险费是错误的，该多交费用部分实际上为 H 公司所克扣。H 公司应将周某 2019 年 3 月至 2024 年 3 月多交的失业保险费退还予周某。此外，根据《劳动法》第 91 条"用人单位有下列侵害劳动者合法权益情形之一的，由劳动行政部门责令支付劳动者的工资报酬、经济补偿，并可以责令支付赔偿金：（一）克扣或者无故拖欠劳动者工资的……"的规定，周某还有权要求 H 公司加付赔偿金。

（2）周某有权领取失业保险金。《社会保险法》第 45 条规定："失业人员符合下列条件的，从失业保险基金中领取失业保险金：（一）失业前用人单位和本人已经缴纳失业保险费满一年的；（二）非因本人意愿中断就业的；（三）已经进行失业登记，并有求职要求的。"在本案中，周某因 H 公司破产而失业，周某本人和所在单位在 2019 年至 2024 年都按照规定缴纳社会保险费，失业后周某办理了失业登记，并积极寻找新工作，因此，周某符合领取失业保险金的条件。

（3）周某领取失业保险金最长的时间为 18 个月。《社会保险法》第 46 条规定："失业人员失业前用人单位和本人累计缴费满一年不足五年的，领取失业保险金的期限最长为十二个月；累计缴费满五年不足十年的，领取失业保险金的期限最长为十八个月；累计缴费十年以上的，领取失业保险金的期限最长为二十四个月。重新就业后，再次失业的，缴费时间重新计算，领取失业保险金的期限与前次失业应当领取而尚未领取的失业保险金的期限合并计算，最长不超过二十四个月。"本案中，周某与其所在 H 公司前后总共缴了 5 年的失业保险费，因此，周某领取失业保险金的最长期限为 18 个月。

（4）周某如果在失业期间享受基本养老保险待遇，则终止享受失业保险金待遇。依据《社会保险法》第 51 条规定："失业人员在领取失业保险金期间有下列情形之一的，停止领取失业保险金，并同时停止享受其他失业保险待遇：（一）重新就业的；（二）应征服兵役的；（三）移居境外的；（四）享受基本养老保险待遇的；（五）无正当理由，拒不接受当地人民政府指定部门或者机构介绍的适当工作或者提供的培训的。"依照本条第 4 项规定，周某如果在失业期间享受基本养老保险待遇，则停止领取失业保险金，并同时停止享受其他失业保险待遇。

2. 答案：（1）不合法，系无效条款。《劳动法》第 72 条规定："社会保险基金按照保险类型确定资金来源，逐步实行社会统筹。用人单位和劳动者必须依法参加社会保险，缴纳社会保险费。"《社会保险法》第 33 条规定："职工应当参加工伤保险，由用人单位缴纳工伤保险费，职工不缴纳工伤保险费。"依此，依法缴纳社会保险费是用人单位的法定义务，用人单位不能在劳动合同中约定不予履行该项义务。本案中，公司不负责缴纳养老、医疗、工伤等社会保险费用的约定，因违反上述规定无效。

（2）应认定为工伤。《工伤保险条例》第 14 条规定："职工有下列情形之一的，应当认定为工伤：（一）在工作时间和工作场所内，因工作原因受到事故伤害的；（二）工作时间前后在工作场所内，从事与工作有关的预备性或者收尾性工作受到事故伤害的；（三）在工作时间和工作场所内，因履行工作职责受到暴力等意外伤害的；（四）患职业病的；（五）因工外出期间，由于工作原因受到伤害或者发生事故下落不明的；（六）在上下班途中，受到非本人主要责任的交通事故或者城市轨道交通、客运轮渡、火车事故伤害的；（七）法律、行政法规规定应当认定为工伤的其他情形。"本案中，胡某遭遇的机动车交通事故是在正常上下班途中,且责任主要在肇事车主,故依上述规定第6项,胡某所受伤害应认定为工伤。

(3)胡某可在事故伤害发生之日起1年内,直接向I公司所在地统筹地区社会保险行政部门提出工伤认定申请。《工伤保险条例》第17条规定:"职工发生事故伤害或者按照职业病防治法规定被诊断、鉴定为职业病,所在单位应当自事故伤害发生之日或者被诊断、鉴定为职业病之日起30日内,向统筹地区社会保险行政部门提出工伤认定申请。遇有特殊情况,经报社会保险行政部门同意,申请时限可以适当延长。用人单位未按前款规定提出工伤认定申请的,工伤职工或者其近亲属、工会组织在事故伤害发生之日或者被诊断、鉴定为职业病之日起1年内,可以直接向用人单位所在地统筹地区社会保险行政部门提出工伤认定申请。按照本条第一款规定应当由省级社会保险行政部门进行工伤认定的事项,根据属地原则由用人单位所在地的设区的市级社会保险行政部门办理。用人单位未在本条第一款规定的时限内提交工伤认定申请,在此期间发生符合本条例规定的工伤待遇等有关费用由该用人单位负担。"

第十五章 职工福利

✗ 不定项选择题

1. **答案**：B。工资是在劳动过程中进行个人消费品分配的主要形式，而职工福利一般是劳动过程中进行个人消费品分配的辅助形式，即工资的补充形式，而非工资的替代形式。

2. **答案**：ABCD。职工福利在劳动者权益保障和企业运营等方面具有重要意义。通过立法明确职工福利的地位，使其在劳动法律体系中得到应有的重视。这有助于保障劳动者享受福利的权利，让职工福利成为劳动者权益的重要组成部分，同时也规范了企业等用人单位在职工福利方面的责任和义务，使职工福利的实施有法可依，所以确立职工福利的地位是职工福利立法的重要任务之一，选项 A 正确。不同地区、行业、企业的经济状况和发展水平存在差异，职工福利水平也参差不齐。立法需要综合考虑各种因素，确定合理的职工福利水平标准。一方面，要确保劳动者能够获得基本的福利保障，满足其生活和工作的需要；另一方面，也要考虑企业的承受能力，避免过高的福利要求给企业带来过重负担，影响企业的发展和就业机会的创造。合理确立职工福利水平有利于平衡劳动者和用人单位的利益关系，促进劳动关系的和谐稳定，这是职工福利立法的任务之一，选项 B 正确。职工福利包括多种形式，如生活福利（食堂、宿舍等）、文化福利（图书馆、俱乐部等）、健康福利（体检、商业保险）等。立法需要对职工福利的结构进行优化，使其更加科学合理。例如，引导用人单位根据自身特点和职工需求，合理配置不同类型的福利项目，提高福利的针对性和有效性，避免福利资源的浪费。通过优化福利结构，能够更好地满足职工多样化的需求，提高职工的满意度和归属感，选项 C 正确。职工福利的举办方式有多种，包括用人单位自行举办、与第三方合作举办等。立法需要设计合理的举办方式，明确不同举办方式的规则和要求。例如，规定用人单位在自行举办福利项目时的责任和义务，以及与第三方合作时的监管措施等。合理的举办方式设计有助于保障职工福利的质量和可持续性，确保福利能够真正惠及职工，故设计职工福利的举办方式也是职工福利立法的任务之一，选项 D 正确。

3. **答案**：BCD。职工福利机构是指在用人单位内部依法设置的，由单位行政代表、职工方代表和福利事业工作人员组成的，管理职工福利事业的机构。

4. **答案**：AC。职工福利为用人单位自办之事业，一般没有财政补贴；工会会费乃专门款项，不用于职工福利。

5. **答案**：ABCD。职工个人福利补贴，是指从职工福利基金或其他有关经费中开支的，主要以货币形式直接支付给职工个人的福利待遇，它作为工资的补充形式构成职工个人收入。它主要包括职工探亲补贴、上下班交通费补贴、冬季宿舍取暖补贴、生活困难补贴、住房补贴及其他福利补贴。

6. **答案**：BCD。A 项属于职工个人福利补贴。

📖 名词解释

1. **答案**：职工福利，又称职业福利或劳动福利，是指用人单位和有关社会服务机构为满足劳动者生活的共同需要和特殊需要，在工资和社会保险之外向职工及其亲属提供一定货币、实物、服务等形式的物质帮助。其中包括：为减少劳动者生活费用开支和解决劳动者生活困难而提供的各种补贴；为方便劳动者生活和减轻职工家务负担而提供的各种生活设施和服务，为活跃劳动者文化生活而提供的各种文化设施和服务。

2. **答案**：职工福利机构是指在用人单位内部依

法设置的，由单位行政代表、职工方代表和福利事业工作人员组成的，管理职工福利事业的机构。设置职工福利机构，是实施职工福利的组织保障，便于协助和监督用人单位办好职工福利事业。

3. **答案**：职工福利基金，是指用人单位依法筹集的专门用于职工福利的资金，是职工福利事业的财力基础。

4. **答案**：职工个人福利补贴，是指从职工福利基金或其他有关经费中开支的，主要以货币形式直接支付给职工个人的福利待遇，它作为工资的补充形式构成职工个人收入。它主要包括职工探亲补贴、上下班交通费补贴、冬季宿舍取暖补贴、生活困难补贴、住房补贴及其他福利补贴。

5. **答案**：职工集体福利是指用人单位举办或者通过社会服务机构举办的供职工集体享用的福利性设施和服务。其内容包括物质生活福利和精神生活福利，它是职工福利未来发展的主要形式。

简答题

1. **答案**：职工福利，又称职业福利或劳动福利，是指用人单位和有关社会服务机构为满足劳动者生活的共同需要和特殊需要，在工资和社会保险之外向职工及其亲属提供一定货币、实物、服务等形式的物质帮助。它具有下述基本属性：

（1）补偿性。即职工福利是劳动者所提供劳动的一种物质补偿，享受职工福利须以履行劳动义务为前提。（2）均等性。即职工福利在职工之间的分配和享受，具有一定程度的机会均等和利益均等的特点，每个职工都有享受本单位职工福利的均等权利，都能共同享受本单位分配的福利补贴和举办的各种福利事业。（3）补充性。即职工福利是对按劳分配的补充。实行按劳分配难以避免各个劳动者因劳动能力、供养人口等因素的差别导致的个人消费品满足程度不平等和部分职工生活困难，职工福利可以在一定程度上缓解按劳分配带来的生活富裕程度差别。所以，职工福利不是个人消费品分配的主要形式，而仅是工资的必要补充形式。（4）集体性。即职工福利的主要形式是兴办集体福利事业，职工主要是通过集体消费或共同使用公共设施的方式分享职工福利。虽然某些职工福利项目要分配给个人，但这不是职工福利的主要部分。（5）差别性。即在不同的用人单位之间，职工福利由于同经济效益相联系而有一定差别；在同一用人单位的各个职工之间，因某些职工福利项目同个人劳动贡献相联系也有一定差别。

2. **答案**：职工福利，又称职业福利或劳动福利，是指用人单位和有关社会服务机构为满足劳动者生活的共同需要和特殊需要，在工资和社会保险之外向职工及其亲属提供一定货币、实物、服务等形式的物质帮助。公共福利是指国家和社会为满足全体社会成员的物质及精神生活基本需要而兴办的公益性设施和提供的相关服务。

职工福利与公共福利的联系表现在：社会福利体系主要由公共福利和职工福利构成，二者都是以满足社会成员的物质和精神生活需要、维护和提高社会成员的生活质量为基本任务，以实现社会公平为主要价值目标的物质帮助形式；并且，在职工福利社会化的过程中，职工福利设施可以兼有一定的公共福利职能，公共福利设施可以承担一定的职工福利任务。

职工福利与公共福利的主要区别在于：（1）前者由用人单位举办或者负担费用；后者由国家和社会举办和负担费用。（2）前者的享受主体只限于特定用人单位的职工（包括退休人员）及其亲属；后者的享受主体则是全体社会成员。

3. **答案**：在个人消费品分配体系中，职工福利同工资和社会保险一样，都是基于劳动关系的个人消费品分配形式，都以劳动者向社会提供了劳动作为享受的前提，都来自劳动者的必要劳动所创造的价值，都属于劳动力再生产的费用。它们的区别主要在于：

（1）工资是在劳动过程中进行个人消费分配的主要形式；社会保险是在劳动者丧失劳动能力或劳动机会期间进行个人消费品分

配的主要形式，亦即工资的替代形式；职工福利则一般是劳动过程中进行个人消费品分配的辅助形式，亦即工资的补充形式。

（2）工资是对劳动者当期劳动的报酬、实行按劳分配原则，即工资差别与劳动者所提供劳动的数量和质量差别成等比例；社会保险是对劳动者以往所提供劳动的补偿，主要按劳动者的基本生活需要进行分配；职工福利虽然要求劳动者以提供劳动为享受的前提，但不要求与劳动义务对等，而是按照需要和可能、均等和共享的原则进行分配。

（3）工资由用人单位以货币形式直接给付，完全由职工个人自由支配；社会保险待遇主要由社会保险经办机构和有关社会保险服务机构以货币、服务等形式给付，仅货币给付部分由享受者自由支配；职工福利主要由用人单位以兴办公用设施，提供集体服务的形式给付，仅发给个人的补贴、实物，才由享受者自由支配。

4. **答案**：职工福利机构是指在用人单位内部依法设置的，由单位行政代表、职工方代表和福利事业工作人员组成的，管理职工福利事业的机构。它是一种具有职工民主管理性质的机构。主要表现在：（1）职工福利机构的成员中，必须有一定比例的职工方代表。在我国的实践中，一般要求有工会代表和职工群众代表参加职工福利机构，所占比例不应低于2/3，职工群众代表由职工代表大会选派或职工群众推举。（2）职工福利机构应当对职工代表大会负责，并向其报告工作，接受其监督。（3）职工福利机构的日常办事机构设在工会，由工会领导其日常工作。

5. **答案**：职工福利基金，是指用人单位依法筹集的专门用于职工福利的资金，是职工福利事业的财力基础。它不同于一般企业财产，它与全体职工的基本利益密切相关，应当受到特别保护。立法规定的特别保护措施主要有：（1）任何部门不得没收职工福利基金。（2）职工福利基金有优先受偿权，企业受破产宣告时尚未依法提取的职工福利基金，应优先依法足额提取。（3）企业停产或被合并时尚未依法提取的职工福利基金，应依法照常提取。（4）不提取或少提取职工福利基金的，由主管部门责令补齐提取，并对企业给予经济处罚，对责任人员给予行政处分。（5）因保管人过失致使职工福利基金遭受损失的，保管人应负赔偿责任。（6）对职工福利基金有贪污、侵占或其他营私舞弊行为的，应从重追究刑事责任。

劳动执法篇

第十六章 劳动争议处理

✓ **单项选择题**

1. **答案：B**。《劳动法》第2条规定："在中华人民共和国境内的企业、个体经济组织（以下统称用人单位）和与之形成劳动关系的劳动者，适用本法。国家机关、事业组织、社会团体和与之建立劳动合同关系的劳动者，依照本法执行。"另外《劳动争议调解仲裁法》第2条规定："中华人民共和国境内的用人单位与劳动者发生的下列劳动争议，适用本法：（一）因确认劳动关系发生的争议；（二）因订立、履行、变更、解除和终止劳动合同发生的争议；（三）因除名、辞退和辞职、离职发生的争议；（四）因工作时间、休息休假、社会保险、福利、培训以及劳动保护发生的争议；（五）因劳动报酬、工伤医疗费、经济补偿或者赔偿金等发生的争议；（六）法律、法规规定的其他劳动争议。"

2. **答案：B**。《劳动法》第2条规定："在中华人民共和国境内的企业、个体经济组织（以下统称用人单位）和与之形成劳动关系的劳动者，适用本法。国家机关、事业组织、社会团体和与之建立劳动合同关系的劳动者，依照本法执行。"A、C项中的当事人为公务员，D项中当事人为比照公务员制度执行的事业单位工作人员，公务员、参公事业编人员与单位是人事关系而不是劳动关系，不能适用《劳动争议调解仲裁法》《劳动法》和《劳动合同法》，因此不能提起劳动仲裁，只能依据《公务员法》，向上级机关或者监察机关提出控告。《劳动法》第2条、《关于贯彻执行〈中华人民共和国劳动法〉若干问题的意见》第4条规定，公务员和比照实行公务员制度的事业组织和社会团体的工作人员等不适用《劳动法》；《公务员法》第98条规定："公务员认为机关及其领导人员侵犯其合法权益的，可以依法向上级机关或者监察机关提出控告。受理控告的机关应当按照规定及时处理。"因此ACD项不能依据《劳动法》向劳动争议仲裁委员会申请仲裁。

3. **答案：D**。《劳动法》第77条第1款规定："用人单位与劳动者发生劳动争议，当事人可以依法申请调解、仲裁、提起诉讼，也可以协商解决。"第79条规定："劳动争议发生后，当事人可以向本单位劳动争议调解委员会申请调解；调解不成，当事人一方要求仲裁的，可以向劳动争议仲裁委员会申请仲裁。当事人一方也可以直接向劳动争议仲裁委员会申请仲裁。对仲裁裁决不服的，可以向人民法院提起诉讼。"

4. **答案：C**。《劳动争议调解仲裁法》第27条规定，劳动争议申请仲裁的时效期间为1年。仲裁时效期间从当事人知道或者应当知道其权利被侵害之日起计算。

5. **答案：C**。《劳动法》第83条规定："劳动争议当事人对仲裁裁决不服的，可以自收到仲裁裁决书之日起十五日内向人民法院提起诉讼。一方当事人在法定期限内不起诉又不履行仲裁裁决的，另一方当事人可以申请人民法院强制执行。"

6. **答案：A**。《劳动法》第84条第1款规定："因签订集体合同发生争议，当事人协商解决不成的，当地人民政府劳动行政部门可以组织有关各方协调处理。"

7. **答案：B**。《企业劳动争议协商调解规定》第19条规定："调解员的聘期至少为1年，可以续聘。调解员不能履行调解职责时，调解委员会应当及时调整。"

8. 答案：C。《企业劳动争议协商调解规定》第21条规定："发生劳动争议，当事人可以口头或者书面形式向调解委员会提出调解申请……"

9. 答案：A。本题中的争议属于涉外劳动争议。所谓涉外劳动争议是指当事人一方或双方具有外国国籍或无国籍的劳动争议。涉外劳动争议的处理，适用雇主所在地法，凡用人单位在我国境内的涉外劳动争议，都应当适用我国法律进行处理。

10. 答案：A。《最高人民法院关于审理劳动争议案件适用法律问题的解释（一）》第26条规定："用人单位与其他单位合并的，合并前发生的劳动争议，由合并后的单位为当事人；用人单位分立为若干单位的，其分立前发生的劳动争议，由分立后的实际用人单位为当事人。用人单位分立为若干单位后，具体承受劳动权利义务的单位不明确的，分立后的单位均为当事人。"

11. 答案：D。《最高人民法院关于审理劳动争议案件适用法律问题的解释（一）》第15条规定："劳动者以用人单位的工资欠条为证据直接提起诉讼，诉讼请求不涉及劳动关系其他争议的，视为拖欠劳动报酬争议，人民法院按照普通民事纠纷受理。"

12. 答案：C。《最高人民法院关于审理劳动争议案件适用法律问题的解释（一）》第28条规定："劳动者在用人单位与其他平等主体之间的承包经营期间，与发包方和承包方双方或者一方发生劳动争议，依法提起诉讼的，应当将承包方和发包方作为当事人。"

13. 答案：D。《最高人民法院关于审理劳动争议案件适用法律问题的解释（一）》第51条第2款规定："当事人在调解仲裁法第十条规定的调解组织主持下仅就劳动报酬争议达成调解协议，用人单位不履行调解协议确定的给付义务，劳动者直接提起诉讼的，人民法院可以按照普通民事纠纷受理。"

14. 答案：D。本题考查了劳动争议调解仲裁程序。《劳动争议调解仲裁法》第5条规定，劳动争议发生后，当事人可以向本单位劳动争议调解委员会申请调解；调解不成，当事人一方要求仲裁的，可以向劳动争议仲裁委员会申请仲裁。当事人一方也可以直接向劳动争议仲裁委员会申请仲裁。对仲裁裁决不服的，可以向人民法院提起诉讼。因此AB项错误。《劳动争议调解仲裁法》第2条规定："中华人民共和国境内的用人单位与劳动者发生的下列劳动争议，适用本法：……（四）因工作时间、休息休假、社会保险、福利、培训以及劳动保护发生的争议……"因此C项错误。《劳动争议调解仲裁法》第4条规定："发生劳动争议，劳动者可以与用人单位协商，也可以请工会或者第三方共同与用人单位协商，达成和解协议。"因此D项正确。

15. 答案：D。人民法院依照第二审程序审理的案件，认为依法不应由人民法院受理的，可以由第二审人民法院直接裁定撤销原判，驳回起诉。本案属于没有经过劳动争议仲裁的案件，法院不应受理，二审人民法院应当裁定撤销原判，驳回起诉。

16. 答案：A。部分企业为降低用工成本，经常采用让员工与经济欠发达地区的劳务派遣公司签订劳动合同，再以劳务派遣形式将劳动者派遣到企业工作的做法，这样就会出现用工单位与用人单位不在同一个地区的现象。发生劳动争议后，劳动合同履行地和用人单位所在地的仲裁机构都有管辖权。如果双方当事人分别向劳动合同履行地和用人单位所在地申请仲裁，则不能依据受理在先的原则确定仲裁管辖权，而是应适用劳动合同履行地的劳动仲裁委员会优先管辖权。这样规定一是因为劳动合同履行地的仲裁机构对于调查案件事实更加有利，对于解决纠纷更为便利；二是方便劳动者维权，避免劳动者两地奔波，从而更加有利于保护劳动者权益。本案中李某先后向两地仲裁机构申请了仲裁，应参照适用上述规则，为便于劳动者的维权和案件的调查及执行，应优先由劳动合同履行地即乙公司所在地的仲裁机构管辖，A项正确。

17. 答案：C。劳动仲裁不同于民商事仲裁，劳动仲裁中是有先予执行制度的。《劳动争议调解仲裁法》第44条规定，仲裁庭对追索劳动报酬、工伤医疗费、经济补偿或者赔偿金的案件，根据当事人的申请，可以裁决先予执行，移送人民法院执行。仲裁庭裁决先予执行的，应当符合下列条件：（1）当事人之间权利义务关系明确；（2）不先予执行将严重影响申请人的生活。只有在符合上述两个条件的情况下，仲裁庭才会裁决先予执行。劳动者申请先予执行的，可以不提供担保。故C项正确。

多项选择题

1. **答案**：ABCD。参见《劳动法》第2条。
2. **答案**：ABCD。上述原则体现在《劳动法》的下述规定中，第77条："用人单位与劳动者发生劳动争议，当事人可以依法申请调解、仲裁、提起诉讼，也可以协商解决。调解原则适用于仲裁和诉讼程序。"第78条："解决劳动争议，应当根据合法、公正、及时处理的原则，依法维护劳动争议当事人的合法权益。"第81条："劳动争议仲裁委员会由劳动行政部门代表、同级工会代表、用人单位方面的代表组成。劳动争议仲裁委员会主任由劳动行政部门代表担任。"
3. **答案**：ABC。我国现行法定的劳动争议处理机构包括劳动争议基层调解委员会、劳动争议仲裁委员会、人民法院。
4. **答案**：ABC。劳动争议处理的着重调解原则，适用于基层调解、劳动争议仲裁、劳动争议诉讼程序。
5. **答案**：ABD。本题考查我国的劳动争议处理体制。《劳动争议调解仲裁法》第5条规定："发生劳动争议，当事人不愿协商、协商不成或者达成和解协议后不履行的，可以向调解组织申请调解；不愿调解、调解不成或者达成调解协议后不履行的，可以向劳动争议仲裁委员会申请仲裁；对仲裁裁决不服的，除本法另有规定外，可以向人民法院提起诉讼。"因此A项错误。《劳动争议调解仲裁法》第27条第1款规定："劳动争议申请仲裁的时效期间为一年。仲裁时效期间从当事人知道或者应当知道其权利被侵害之日起计算。"因此B项错误。D项错误，《劳动争议调解仲裁法》第47条规定："下列劳动争议，除本法另有规定的外，仲裁裁决为终局裁决，裁决书自作出之日起发生法律效力：（一）追索劳动报酬、工伤医疗费、经济补偿或者赔偿金，不超过当地月最低工资标准十二个月金额的争议；（二）因执行国家的劳动标准在工作时间、休息休假、社会保险等方面发生的争议。"C项正确，仲裁是劳动争议的必经程序。所以本题应选ABD。

6. **答案**：AD。《劳动争议调解仲裁法》第42条第1款规定："仲裁庭在作出裁决前，应当先行调解。"《民事诉讼法》第9条规定："人民法院审理民事案件，应当根据自愿和合法的原则进行调解；调解不成的，应当及时判决。"申请劳动仲裁前，无须先行申请调解，只是在劳动仲裁环节中，仲裁庭有在做出仲裁裁决前进行庭中调解前置的程序要求。A项正确，B项错误。《劳动争议调解仲裁法》第47条规定："下列劳动争议，除本法另有规定的外，仲裁裁决为终局裁决，裁决书自作出之日起发生法律效力：（一）追索劳动报酬、工伤医疗费、经济补偿或者赔偿金，不超过当地月最低工资标准十二个月金额的争议；（二）因执行国家的劳动标准在工作时间、休息休假、社会保险等方面发生的争议。"第48条规定："劳动者对本法第四十七条规定的仲裁裁决不服的，可以自收到仲裁裁决书之日起十五日内向人民法院提起诉讼。"第50条规定："当事人对本法第四十七条规定以外的其他劳动争议案件的仲裁裁决不服的，可以自收到仲裁裁决书之日起十五日内向人民法院提起诉讼；期满不起诉的，裁决书发生法律效力。"由此可知，劳动争议仲裁的裁决并非全部都是终局的，故C项错误。另根据《劳动争议调解仲裁法》第48条、第50条的规定，在当事人提起诉讼之前，必须先进行劳动仲裁，对仲裁裁决不服方可进行诉讼，因此D项正确。答案为ABD。

7. **答案**：BD。参见《劳动争议调解仲裁法》第5条、第27条第1款、第47条。同时，

《关于贯彻执行〈中华人民共和国劳动法〉若干问题的意见》第 82 条规定："用人单位与劳动者发生劳动争议不论是否订立劳动合同，只要存在事实劳动关系，并符合劳动法的适用范围和《中华人民共和国企业劳动争议处理条例》①的受案范围，劳动争议仲裁委员会均应受理。"

8. 答案：ACD。根据《劳动争议调解仲裁法》第 10 条第 1 款规定："发生劳动争议，当事人可以到下列调解组织申请调解：（一）企业劳动争议调解委员会；（二）依法设立的基层人民调解组织；（三）在乡镇、街道设立的具有劳动争议调解职能的组织。"

9. 答案：ABC。根据《企业劳动争议协商调解规定》第 6 条的规定："协商、调解劳动争议，应当根据事实和有关法律法规的规定，遵循平等、自愿、合法、公正、及时的原则。"

10. 答案：ABCD。《最高人民法院关于审理劳动争议案件适用法律问题的解释（一）》第 2 条规定："下列纠纷不属于劳动争议：（一）劳动者请求社会保险经办机构发放社会保险金的纠纷；（二）劳动者与用人单位因住房制度改革产生的公有住房转让纠纷；（三）劳动者对劳动能力鉴定委员会的伤残等级鉴定结论或者对职业病诊断鉴定委员会的职业病诊断鉴定结论的异议纠纷；（四）家庭或者个人与家政服务人员之间的纠纷；（五）个体工匠与帮工、学徒之间的纠纷；（六）农村承包经营户与受雇人之间的纠纷。"需要注意的是，个体工匠与个体工商户是不同的。

11. 答案：CD。《最高人民法院关于审理劳动争议案件适用法律问题的解释（一）》第 27 条规定："用人单位招用尚未解除劳动合同的劳动者，原用人单位与劳动者发生的劳动争议，可以列新的用人单位为第三人。原用人单位以新的用人单位侵权为由提起诉讼的，可以列劳动者为第三人。原用人单位以新的用人单位和劳动者共同侵权为由提起诉讼的，新的用人单位和劳动者列为共同被告。"

12. 答案：BC。甲、乙、丙、丁与该厂所发生的上述争议属于因劳动报酬（奖励）引发的劳动争议；该项争议因职工一方在 3 人以上而成为集体劳动争议，应推选代表参加仲裁活动；应先申请仲裁，对仲裁裁决不服的，可以起诉；如化工厂依约发放奖金，则四人所得奖金自然应缴纳个人所得税；该项技术属职务发明创造，如被授予专利，则专利权归于该化工厂。

13. 答案：BCD。根据《劳动争议调解仲裁法》第 2 条规定："中华人民共和国境内的用人单位与劳动者发生的下列劳动争议，适用本法：（一）因确认劳动关系发生的争议；（二）因订立、履行、变更、解除和终止劳动合同发生的争议；（三）因除名、辞退和辞职、离职发生的争议；（四）因工作时间、休息休假、社会保险、福利、培训以及劳动保护发生的争议；（五）因劳动报酬、工伤医疗费、经济补偿或者赔偿金等发生的争议；（六）法律、法规规定的其他劳动争议。"

14. 答案：ACD。根据《劳动法》《劳动合同法》及《劳动争议调解仲裁法》的规定，劳动争议纠纷既可以协商解决，也可以通过调解和仲裁解决。故 A 项说法正确。《劳动争议调解仲裁法》第 21 条第 2 款规定："劳动争议由劳动合同履行地或者用人单位所在地的劳动争议仲裁委员会管辖。双方当事人分别向劳动合同履行地和用人单位所在地的劳动争议仲裁委员会申请仲裁的，由劳动合同履行地的劳动争议仲裁委员会管辖。"故 B 项说法不正确。《劳动争议调解仲裁法》第 47 条规定："下列劳动争议，除本法另有规定的外，仲裁裁决为终局裁决，裁决书自作出之日起发生法律效力：（一）追索劳动报酬、工伤医疗费、经济补偿或者赔偿金，不超过当地月最低工资标准十二个月金额的争议……"根据《劳动争议调解仲裁法》第 48 条、第 49 条的规定，对于终局裁决，劳动者只要不服就可以提起诉讼，用人单位只有在特定的情况下才可以申请撤销该裁

---

① 该法规已于 2011 年 1 月 8 日被国务院第 138 次常务会议通过的《国务院关于废止和修改部门行政法规的决定》废止。

决，裁决被撤销后才能提起诉讼。故 C 项、D 项说法正确。

15. 答案：CD。根据《劳动合同法》第 66 条规定，劳动合同用工是我国的企业基本用工形式。劳务派遣用工是补充形式，只能在临时性、辅助性或者替代性的工作岗位上实施。临时性工作岗位是指存续时间不超过六个月的岗位；辅助性工作岗位是指为主营业务岗位提供服务的非主营业务岗位。梁某持续工作了一年半，车间主任也并非辅助性的工作岗位，故 A、B 说法错误。根据《劳动争议调解仲裁法》第 27 条第 4 款的规定，劳动关系存续期间因拖欠劳动报酬发生争议的，劳动者申请仲裁不受本条第一款规定的仲裁时效期间（1 年）的限制；但是，劳动关系终止的，应当自劳动关系终止之日起 1 年内提出。故 C 项说法正确。根据《劳动争议调解仲裁法》第 22 条第 2 款的规定，劳务派遣单位或者用工单位与劳动者发生劳动争议的，劳务派遣单位和用工单位为共同当事人。故 D 项说法正确。

16. 答案：AC。《劳动争议调解仲裁法》第 6 条规定："发生劳动争议，当事人对自己提出的主张，有责任提供证据。与争议事项有关的证据属于用人单位掌握管理的，用人单位应当提供；用人单位不提供的，应当承担不利后果。"故 A 项说法正确。《劳动争议调解仲裁法》第 5 条规定："发生劳动争议，当事人不愿协商、协商不成或者达成和解协议后不履行的，可以向调解组织申请调解；不愿调解、调解不成或者达成调解协议后不履行的，可以向劳动争议仲裁委员会申请仲裁；对仲裁裁决不服的，除本法另有规定的外，可以向人民法院提起诉讼。"另《劳动争议调解仲裁法》第 47 条规定："下列劳动争议，除本法另有规定的外，仲裁裁决为终局裁决，裁决书自作出之日起发生法律效力：（一）追索劳动报酬、工伤医疗费、经济补偿或者赔偿金，不超过当地月最低工资标准十二个月金额的争议；（二）因执行国家的劳动标准在工作时间、休息休假、社会保险等方面发生的争议。"本案是追索劳动报酬的情形，故该仲裁裁决为终局裁决，只有劳动者对该裁决不服的才能提起诉讼。故 B 项说法错误。《劳动争议调解仲裁法》第 21 条规定："劳动争议仲裁委员会负责管辖本区域内发生的劳动争议。劳动争议由劳动合同履行地或者用人单位所在地的劳动争议仲裁委员会管辖。双方当事人分别向劳动合同履行地和用人单位所在地的劳动争议仲裁委员会申请仲裁的，由劳动合同履行地的劳动争议仲裁委员会管辖。"另根据《劳动合同法》第 58 条第 1 款的规定，劳务派遣单位是本法所称用人单位，应当履行用人单位对劳动者的义务。故题述案例的劳动合同履行地为乙区，而用人单位所在地为甲区。C 项说法正确。根据《劳动合同法》第 92 条第 2 款的规定，用工单位给被派遣劳动者造成损害的，劳务派遣单位与用工单位承担连带赔偿责任。题述案例给被派遣劳动者造成损害的是劳务派遣单位，不是用工单位，所以不存在连带责任的情形。D 项说法错误。

17. 答案：ABD。《劳动争议调解仲裁法》第 6 条规定："发生劳动争议，当事人对自己提出的主张，有责任提供证据。与争议事项有关的证据属于用人单位掌握管理的，用人单位应当提供；用人单位不提供的，应当承担不利后果。"因此，A 选项错误，C 选项正确。邹某的入职资料和工资清单是由甲公司掌握管理的，且该资料与仲裁请求即要求甲公司支付双倍工资差额有关，当该资料无法由劳动者邹某提供时，应由用人单位甲公司提供，若其未能在期限内提供，应承担不利后果。故 B 选项错误。《最高人民法院关于审理劳动争议案件适用法律问题的解释（一）》第 44 条规定："因用人单位作出的开除、除名、辞退、解除劳动合同、减少劳动报酬、计算劳动者工作年限等决定而发生的劳动争议，用人单位负举证责任。"因此，在诉讼中应由甲公司对解除劳动合同的时间承担举证责任，与其是否为小微企业无关。故 D 项错误。综上所述，本题答案为 ABD。

18. 答案：CD。《劳动合同法》第 37 条规定："劳动者提前三十日以书面形式通知用人单位，可以解除劳动合同。劳动者在试用期内提前三日通知用人单位，可以解除劳动合同。"劳动者享有自由解除劳动合同的权利，只要给足用人单位准备的期间即可，所以辞职不需要理由，A 项错误；《劳动争议调解仲裁法》第 20 条规定："劳动争议仲裁委员会应当设仲裁员名册。仲裁员应当公道正派并符合下列条件之一：（一）曾任审判员的；（二）从事法律研究、教学工作并具有中级以上职称的；（三）具有法律知识、从事人力资源管理或者工会等专业工作满五年的；（四）律师执业满三年的。"本题中在律所执业满 1 年的马律师不符合上述条件，因此 B 项错误；第 24 条规定："当事人可以委托代理人参加仲裁活动。委托他人参加仲裁活动，应当向劳动争议仲裁委员会提交有委托人签名或者盖章的委托书，委托书应当载明委托事项和权限。"当事人有权委托代理人参加仲裁活动，本案当事人委托法援人员参加仲裁是合法的，C 项正确；第 49 条规定："用人单位有证据证明本法第四十七条规定的仲裁裁决有下列情形之一，可以自收到仲裁裁决书之日起三十日内向劳动争议仲裁委员会所在地的中级人民法院申请撤销裁决：（一）适用法律、法规确有错误的；（二）劳动争议仲裁委员会无管辖权的；（三）违反法定程序的；（四）裁决所根据的证据是伪造的；（五）对方当事人隐瞒了足以影响公正裁决的证据的；（六）仲裁员在仲裁该案时有索贿受贿、徇私舞弊、枉法裁决行为的。人民法院经组成合议庭审查核实裁决有前款规定情形之一的，应当裁定撤销。仲裁裁决被人民法院裁定撤销的，当事人可以自收到裁定书之日起十五日内就该劳动争议事项向人民法院提起诉讼。"因此，本题用人单位可根据上述规定情形申请撤销，D 项正确。

19. 答案：ABD。《劳动争议调解仲裁法》第 2 条第 1 项规定："中华人民共和国境内的用人单位与劳动者发生的下列劳动争议，适用本法：（一）因确认劳动关系发生的争议……"故 A 项正确，当选。《劳动争议调解仲裁法》第 2 条第 5 项规定："中华人民共和国境内的用人单位与劳动者发生的下列劳动争议，适用本法：（五）因劳动报酬、工伤医疗费、经济补偿或者赔偿金等发生的争议。"故 B 项正确，当选。李某与高校关于职称评选问题属于人事关系，该争议不适用《劳动争议调解仲裁法》。故 C 项错误，不当选。《劳动争议调解仲裁法》第 2 条第 3 项规定："中华人民共和国境内的用人单位与劳动者发生的下列劳动争议，适用本法：（三）因除名、辞退和辞职、离职发生的争议。"故 D 项正确，当选。综上所述，本题的正确答案为 ABD 项。

不定项选择题

1. 答案：D。劳动争议是指劳动关系双方当事人之间，即用人单位与劳动者之间关于劳动权利和劳动义务的争议。用人单位之间、职工之间、用人单位与劳动行政部门之间的争议皆不属劳动争议。

2. 答案：D。劳动争议发生在形成劳动关系的用人单位与劳动者之间，且必须是涉及劳动权利与义务。A 项发生的争议是民事债权债务关系，B、C 项中的当事人并没有形成劳动关系。

3. 答案：ABCD。《劳动法》第 84 条规定："因签订集体合同发生争议，当事人协商解决不成的，当地人民政府劳动行政部门可以组织有关各方协调处理。因履行集体合同发生争议，当事人协商解决不成的，可以向劳动争议仲裁委员会申请仲裁；对仲裁裁决不服的，可以自收到仲裁裁决书之日起十五日内向人民法院提起诉讼。"需要注意的是，集体合同争议分为两类，一类是利益争议（因签订集体合同发生争议），该类争议不能通过仲裁、诉讼的方式解决，应由劳动行政部门组织各方协调解决；另一类是权利争议（因履行集体合同发生争议），不适用基层调解，但可以通过仲裁方式解决，不服仲裁裁决的，可以向法院起诉。可见，这两类争议的处理方式是不同的。

4. 答案：AD。个别争议是指单个劳动者与用人单位之间的劳动争议。在我国，集体争议与团体争议是两个不同的概念。集体争议，又称多人争议，是指多个（或称部分）职工当事人基于共同理由与用人单位或其团体之间而发生的劳动争议。团体争议，又称集体合同争议，是指工会与用人单位或其团体之间因集体合同而发生的争议。

5. 答案：ABCD。《劳动争议调解仲裁法》第33条第1款规定："仲裁员有下列情形之一，应当回避，当事人也有权以口头或者书面方式提出回避申请：（一）是本案当事人或者当事人、代理人的近亲属的；（二）与本案有利害关系的；（三）与本案当事人、代理人有其他关系，可能影响公正裁决的；（四）私自会见当事人、代理人，或者接受当事人、代理人的请客送礼的。"

6. 答案：ACD。《劳动争议调解仲裁法》第15条规定："达成调解协议后，一方当事人在协议约定期限内不履行调解协议的，另一方当事人可以依法申请仲裁。"因此调解协议不具有强制执行效力。第51条规定："当事人对发生法律效力的调解书、裁决书，应当依照规定的期限履行。一方当事人逾期不履行的，另一方当事人可以依照民事诉讼法的有关规定向人民法院申请执行……"因此仲裁裁决书和仲裁调解书具有强制执行效力。

7. 答案：ABCD。《劳动争议调解仲裁法》第27条第2款规定："前款规定的仲裁时效，因当事人一方向对方当事人主张权利，或者向有关部门请求权利救济，或者对方当事人同意履行义务而中断。从中断时起，仲裁时效期间重新计算。"

8. 答案：（1）B。《劳动法》第9条规定："国务院劳动行政部门主管全国劳动工作。县级以上地方人民政府劳动行政部门主管本行政区域内的劳动工作。"第85条规定："县级以上各级人民政府劳动行政部门依法对用人单位遵守劳动法律、法规的情况进行监督检查，对违反劳动法律、法规的行为有权制止，并责令改正。"第91条规定："用人单位有下列侵害劳动者合法权益情形之一的，由劳动行政部门责令支付劳动者的工资报酬、经济补偿，并可以责令支付赔偿金：（一）克扣或者无故拖欠劳动者工资的；（二）拒不支付劳动者延长工作时间工资报酬的；（三）低于当地最低工资标准支付劳动者工资的；（四）解除劳动合同后，未依照本法规定给予劳动者经济补偿的。"依此，B项正确，而C、D项错误。对于民工的请求，劳动行政主管部门不能推诿，而有义务作出处理，A项显然错误。

（2）AC。公司在查不出是何人为破坏和偷窃行为时让全体民工承担，显然是于法无据的无理要求，A项正确。公司发生的偷窃和毁坏设备事件应采取其他合法解决途径，如请求公安机关调查等，所以C项也是正确的说法。同理，B、D项的说法是错误的。

9. 答案：（1）BCD。根据《劳动争议调解仲裁法》第21条的规定，劳动争议仲裁委员会负责管辖本区域内发生的劳动争议。劳动争议由劳动合同履行地或者用人单位所在地的劳动争议仲裁委员会管辖。双方当事人分别向劳动合同履行地和用人单位所在地的劳动争议仲裁委员会申请仲裁的，由劳动合同履行地的劳动争议仲裁委员会管辖。故A项说法错误。根据《劳动争议调解仲裁法》第28条第1款和第3款的规定，申请人申请仲裁应当提交书面仲裁申请，书写仲裁申请确有困难的，可以口头申请，由劳动争议仲裁委员会记入笔录，并告知对方当事人。故B项说法正确。根据《劳动争议调解仲裁法》第6条的规定，发生劳动争议，当事人对自己提出的主张，有责任提供证据。与争议事项有关的证据属于用人单位掌握管理的，用人单位应当提供；用人单位不提供的，应当承担不利后果。本题中乙公司是根据公司绩效考核制度中"末位淘汰"的规定与李某解除劳动合同的，因而乙公司掌握了公司绩效考核制度及其考核情况，负有对终止劳动合同主张的举证责任，C项说法正确。根据《劳动争议调解仲裁法》第29条的规定，劳动争议仲裁委员会收到仲裁申请之日起5日内，认为符合受理条件的，应当受理，并通知申请人；认为不符合受理条件的，应当书面通知申请人不予受理，并说明理由。对劳动争议仲裁委员会不予受理或者逾期未作出决定的，申请人可以就该劳动争议事项向人民法院提起诉讼。故 D 项说法正确。

(2) BD。根据《劳动合同法》第 82 条第 1 款的规定，用人单位自用工之日起超过 1 个月不满 1 年未与劳动者订立书面劳动合同的，应当向劳动者每月支付 2 倍的工资。劳动合同到期后应当尽快签订新的劳动合同，不签订的应当适用前述规定，李某有权请求支付 2 倍工资，故 A 项错误，B 项正确。根据《劳动争议调解仲裁法》第 27 条的规定，劳动争议申请仲裁的时效期间为 1 年。仲裁时效期间从当事人知道或者应当知道其权利被侵害之日起计算。前款规定的仲裁时效，因当事人一方向对方当事人主张权利，或者向有关部门请求权利救济，或者对方当事人同意履行义务而中断。从中断时起，仲裁时效期间重新计算。因不可抗力或者有其他正当理由，当事人不能在本条第 1 款规定的仲裁时效期间申请仲裁的，仲裁时效中止。从中止时效的原因消除之日起，仲裁时效期间继续计算。劳动关系存续期间因拖欠劳动报酬发生争议的，劳动者申请仲裁不受本条第 1 款规定的仲裁时效期间的限制；但是，劳动关系终止的，应当自劳动关系终止之日起 1 年内提出。李某的请求属于拖欠劳动报酬的争议，且在劳动关系终止之日起 1 年内提出，因而没有超过诉讼时效，D 项说法正确。

(3) BD。李某属于全日制的不定时工作制，公司无权对其随时终止用工，故 A 项说法错误，B 项说法正确；公司绩效考核制度中"末位淘汰"的规定并不属于《劳动合同法》中有关单位可以单方面解除劳动合同的情形，如果李某经绩效考核被认定为不能胜任工作，则公司只有在对其进行培训或者调整工作岗位后，其仍不能胜任工作时，才能主张解除劳动合同。故 C 项说法错误，D 项说法正确。

(4) ABD。根据《劳动合同法》第 38 条的规定，用人单位的规章制度违反法律、法规的规定，损害劳动者权益的，劳动者可以解除劳动合同。而《劳动合同法》第 46 条则规定了用人单位、劳动者依法主张终止劳动合同时，劳动者可以要求经济补偿的若干情形，其中包括用人单位的规章制度违反法律、法规的规定，损害劳动者权益的，劳动者主张解除合同的情形。因而 A、B 选项都是正确的。根据《劳动合同法》第 87 条的规定，用人单位违反《劳动合同法》规定解除或者终止劳动合同的，应当依照《劳动合同法》第 47 条规定的经济补偿标准的 2 倍向劳动者支付赔偿金。因而 D 项也是正确的。C 项错误，因为违法终止劳动合同的赔偿金和即时辞职的经济补偿金不能兼得。故 ABD 项说法正确。

10. 答案：BC。《社会保险法》第 41 条第 1 款规定："职工所在用人单位未依法缴纳工伤保险费，发生工伤事故的，由用人单位支付工伤保险待遇。用人单位不支付的，从工伤保险基金中先行支付。"《社会保险法》并未明确规定职工有就支付工伤保险待遇和承担民事人身损害赔偿责任进行选择的权利。故 A 说法错误，B 项说法正确。《社会保险法》第 39 条规定："因工伤发生的下列费用，按照国家规定由用人单位支付：（一）治疗工伤期间的工资福利；（二）五级、六级伤残职工按月领取的伤残津贴；（三）终止或者解除劳动合同时，应当享受的一次性伤残就业补助金。"职工薛某被认定为工伤且被鉴定为六级伤残，故 C 项说法正确。《社会保险法》第 42 条规定："由于第三人的原因造成工伤，第三人不支付工伤医疗费用或者无法确定第三人的，由工伤保险基金先行支付。工伤保险基金先行支付后，有权向第三人追偿。"如果电梯厂已支付工伤医疗费，则薛某不能主张工伤保险基金支付的工伤医疗费。故 D 项说法错误。

11. 答案：ABD。根据《劳动争议调解仲裁法》第 5 条的规定，发生劳动争议，当事人不愿协商、协商不成或者达成和解协议后不履行的，可以向调解组织申请调解；不愿调解、调解不成或者达成调解协议后不履行的，可以向劳动争议仲裁委员会申请仲裁；对仲裁裁决不服的，除《劳动争议调解仲裁法》另有规定的外，可以向人民法院提起诉讼。因而，王某可以直接向劳动争议仲裁委申请仲裁，A项说法正确。根据《劳动争议调解仲裁法》第48条、第49条的规定，劳动者对《劳动争议调解仲裁法》第47条规定的仲裁裁决不服的，可以自收到仲裁裁决书之日起15日内向人民法院提起诉讼。用人单位有证据证明《劳动争议调解仲裁法》第47条规定的仲裁裁决有下列情形之一，可以自收到仲裁裁决书之日起30日内向劳动争议仲裁委员会所在地的中级人民法院申请撤销裁决：（1）适用法律、法规确有错误的；（2）劳动争议仲裁委员会无管辖权的；（3）违反法定程序的；（4）裁决所根据的证据是伪造的；（5）对方当事人隐瞒了足以影响公正裁决的证据的；（6）仲裁员在仲裁该案时有索贿受贿、徇私舞弊、枉法裁决行为的。人民法院经组成合议庭审查核实裁决有前款规定情形之一的，应当裁定撤销。仲裁裁决被人民法院裁定撤销的，当事人可以自收到裁定书之日起15日内就该劳动争议事项向人民法院提起诉讼。故B、D项正确，C项错误。

名词解释

1. **答案**：劳动争议，又称劳动纠纷，其广义是指劳动关系双方当事人或其团体之间关于劳动权利和劳动义务的争议；其狭义仅指劳动关系双方当事人之间关于劳动权利和劳动义务的争议。在劳动立法和劳动法学中，一般取其狭义。

2. **答案**：利益争议，又称确定权利的争议，是指因主张有待确定的权利和义务所发生的争议。此种争议的目的是在合同中依法确定当事人的某种利益，使之上升为权利。它一般发生在劳动关系运行过程中的集体合同订立或变更环节，较多表现为订立、变更集体合同的谈判陷入僵局或者失败。

3. **答案**：劳动争议仲裁时效，是指劳动者或用人单位在法定期间内不向劳动争议仲裁机构申请仲裁，而丧失请求劳动争议仲裁机构保护其权利实现之权利的制度。

简答题

1. **答案**：劳动争议，又称劳动纠纷，其广义是指劳动关系双方当事人或其团体之间关于劳动权利和劳动义务的争议；其狭义仅指劳动关系双方当事人之间关于劳动权利和劳动义务的争议。劳动立法和劳动法学中的劳动争议，一般取其狭义。其基本含义包括以下几个方面：

（1）劳动争议的当事人，一方为劳动者或其团体，另一方为用人单位或其团体。若争议不是发生在劳动关系双方当事人或其团体之间，即使争议内容涉及劳动问题，也不构成劳动争议。

（2）劳动争议的内容，涉及劳动权利和劳动义务。即是说，劳动争议以劳动权利和劳动义务为标的。劳动权利和劳动义务是依据劳动法、集体合同和劳动合同具体确定的，因而劳动争议在一定意义上，是因遵守劳动法和订立、履行、变更或终止集体合同或劳动合同所发生的争议；劳动权利和劳动义务的内容，包括就业、工时、工资、劳动保护、保险福利、职业培训、民主管理、奖励惩罚等各个方面。因而，劳动争议的内容相当广泛，凡是以劳动权利义务之外的权利义务为标的的争议，均不属于劳动争议。

（3）劳动争议的形式，表现为当事人双方提出不同主张和要求的意思表示。即当事人双方对劳动权利和劳动义务的确定或实现各持己见，既包括当事人一方反驳另一方的主张或者拒绝另一方的要求，也包括当事人向国家机关、劳动争议处理机构或有关团体提出给予保护或处理争议的要求。

2. **答案**：利益争议，又称确定权利的争议，是指因主张有待确定的权利和义务所发生的争议。此种争议的目的是在合同中依法确定当事人的某种利益，使之上升为权利。它一般发生在劳动关系运行过程中的集体合同订立或变更环节，较多表现为订立、变更集体合同的谈判陷入僵局或者失败。权利争议，又称实现既定权利的争议，是指因实现劳动法、集体合同和劳动合同规定的权利和义务所发生的争议。权利争议与利益争议的区别主要有：

（1）争议的标的不同。权利争议的标的是既定的权利和义务，即对已经确定下来的权利和义务所发生的劳动争议；利益争议的标的是未确定的权利和义务，即在当事人双方权利义务尚未确定的情况下，对权利义务有不同主张而发生的争议。（2）争议的表现形式不同。权利争议可以表现为履行单个劳动合同的争议，也可以表现为履行集体合同的争议；利益争议则只能表现为因签订、变更集体合同发生的争议。（3）处理方式不同。权利争议的处理适用普通程序，可通过和解、调解、仲裁和诉讼方式来解决；利益争议一般只能由政府有关部门协调处理，而不能通过仲裁和诉讼方式来解决。

3. **答案**：劳动争议处理的请求权，是指劳动争议当事人依法享有的请求劳动争议处理机构依法处理争议并保护其合法权益的权利。与诉权一样，它具有两重性，即程序意义上的请求权和实体意义上的请求权。

（1）程序意义上的请求权。即劳动争议当事人之间发生争议，或一方当事人在其合法权益受到损害时，向劳动争议处理机构请求保护的一种权利。依据这一权利，劳动争议当事人在认为自己合法权益受到侵害时，可以向劳动争议调解机构申请调解，或者向劳动争议仲裁机构或司法机构申请仲裁或提起诉讼。

（2）实体意义上的请求权。即劳动争议当事人请求劳动争议仲裁机构或司法机构运用仲裁或审判方法，保护其实体权利的权能。劳动争议当事人只有既具备程序意义上的请求权，又具备实体意义上的请求权，其实体权利才能获得保护并最终实现。劳动争议处理的请求权中，包括对劳动争议处理方式的选择权。在我国，对当事人选择基层调解实行自愿原则，对当事人选择仲裁实行强制原则，即自愿调解与强制仲裁相结合。

4. **答案**：一般认为，劳动争议处理机构处理劳动争议案件应当遵循的原则主要包括：

（1）着重调解原则。即在处理劳动争议的过程中，应当着重运用调解方式解决劳动争议，不仅基层调解机构应当争取当事人双方达成调解协议，而且仲裁机构在裁决前、审判机构在判决前，对适于调解的劳动争议案件也应当先行调解，调解不成才进入下一道程序。

（2）合法、公正、及时处理原则。所谓合法，即处理劳动争议应当以法律为准绳，并遵循法定程序；所谓公正，即在处理劳动争议过程中，应当公正地对待双方当事人，程序和结果上都不得偏袒其中任何一方；所谓及时，即受理劳动争议案件后，应当尽快查明事实、分清是非，并在此基础上尽快调解、裁决或判决，不得违背时限方面的法定要求。

（3）适用法律一律平等原则。即在劳动争议处理过程的各个阶段，不论适用实体法还是适用程序法，对双方当事人都应一视同仁，尤其要确保双方当事人享受平等的法律地位，使双方当事人的实体法权利和请求解决争议、举证、辩解、陈述、要求回避等程序法权利，都获得平等的保护。

5. **答案**：劳动争议基层调解是指劳动争议调解委员会对当事人双方自愿申请调解的劳动争议，在查明事实，分清是非的前提下，依据法规、政策的规定和集体合同、劳动合同的约定，通过说服、劝导和教育，促使双方当事人在平等协商、互谅互让的基础上自愿达成解决劳动争议的协议。劳动争议基层调解有以下特点：（1）其调解机构即企业劳动争议委员会是社会组织，而不是国家机关。（2）其调解活动具有任意性，基本上不受固定程序和形式的约束，也可将道德规范、社会习惯作为调解的依据。（3）调解达成的调解协议仅具有合同性质，不具有强制执行的效力。

6. **答案**：劳动争议基层调解是指劳动争议调解委员会对当事人双方自愿申请调解的劳动争议，在查明事实，分清是非的前提下，依据法规、政策的规定和集体合同、劳动合同的约定，通过说服、劝导和教育，促使双方当事人在平等协商、互谅互让的基础上自愿达成解决劳动争议的协议。劳动争议仲裁是指劳动争议仲裁机构对当事人请求解决的劳动争议，依法居中公断的执法行为，包括对劳动争议依法审理并进行调解、裁决的一系列活动。相较于劳动争议基层调解，劳动争议仲裁具有下述特点：（1）仲裁机构是一种依法定原则所组成的半官方机构，而非民间组织。（2）仲裁申请可以由任何一方当事人提起，无须双方当事人合意。（3）仲裁机构在调解不成的情况下可作出裁决，仲裁调解和裁决依法生效后具有强制执行的效力。

7. **答案**：劳动争议诉讼，是指法院在劳动争议双方当事人和其他诉讼参与人的参加下，依法审理和解决劳动争议案件的活动。劳动争议仲裁是指劳动争议仲裁机构对当事人请求解决的劳动争议，依法居中公断的执法行为，包括对劳动争议依法审理并进行调解、裁决的一系列活动。较之劳动争议诉讼，劳动争议仲裁的特点表现在：（1）仲裁机构不属于司法机关，在处理劳动争议的过程中无权采取强制措施。（2）仲裁程序较简便，不及诉讼程序严密和复杂。（3）仲裁调解和裁决均不具有最终解决争议的效力，也不能由仲裁机构自己强制执行。

8. **答案**：在我国，劳动争议的处理方式主要有协商、调解、仲裁和诉讼四种方式。劳动争议基层调解是指劳动争议调解委员会对当事人双方自愿申请调解的劳动争议，在查明事实，分清是非的前提下，依据法规、政策的规定和集体合同、劳动合同的约定，通过说服、劝导和教育，促使双方当事人在平等协商、互谅互让的基础上自愿达成解决劳动争议的协议。劳动争议仲裁是指劳动争议仲裁机构对当事人请求解决的劳动争议，依法居中公断的执法行为，包括对劳动争议依法审理并进行调解、裁决的一系列活动。劳动争议诉讼，是指法院在劳动争议双方当事人和其他诉讼参与人的参加下，依法审理和解决劳动争议案件的活动。

其中，协商、调解不是处理劳动争议的必经程序。当事人不愿协商、调解或者协商、调解不成的，可以向劳动争议仲裁委员会申请仲裁。仲裁是处理劳动争议的法定必经程序。对仲裁不服的，可以向人民法院起诉，在起诉前必须先经过仲裁程序。协商与调解达成的协议，双方当事人应当自觉履行，协议没有强制执行力；对仲裁裁决无异议的，当事人必须履行，一方当事人在法定期限内不起诉又不履行仲裁裁决的，另一方当事人可以申请人民法院强制执行；劳动争议诉讼所产生的生效裁判，具有当然的强制执行力。

论述题

答案：劳动争议处理体制中的"三方机制"，即国家、工会和用人单位团体三方代表参与劳动争议的处理过程，共同协调劳动争议当事人双方利益的机制，是劳动关系协调的"三方原则"在劳动争议处理体制下的具体贯彻。关于其内容，有的仅理解为组织机制，即主张只需劳动争议处理机构的仲裁或审判组织由三方代表组成即可，而不必要求三方代表都参与办案；有的理解为办案机制，即主张劳动争议的仲裁和审判事务，都应当由三方代表共同办理；有的理解为综合机制，即主张应当从劳动争议处理体制的各个方面综合落实"三方原则"，而不能只强调其中某个方面。我们持后一种观点，主张我国在劳动争议处理体制中建立和完善"三方机制"，而且主要应在组织、人事、权限配置等方面落实"三方原则"。

（1）"三方原则"在组织方面的落实。即在劳动争议处理机构中应当建立由国家、工会和用人单位三方代表组成的组织。在劳动争议仲裁机构中，劳动争议仲裁委员会应当由地方劳动行政部门、同级地方工会组织和用人单位团体委派的代表所组成；劳动争议仲裁庭的成员也应当从三方各自委派的仲裁员中指定或选定。在劳动争议审判机构中，合议庭的组成应当实行分别由工会和用人单位团体委派陪审员的制度；审判委员会处理劳动争议案件，也应当有工会、用人单位团体委派的代表参加。

(2) "三方原则"在人事方面的落实。其要求主要有：①设立正式编制。即劳动行政部门、工会和用人单位团体选派的劳动争议仲裁委员会委员和仲裁员，工会和用人单位团体选派的人民法院的合议庭陪审员和审判委员会委员，都应当纳入各自的正式编制。②统一资格标准。即无论哪一方向劳动争议处理机构选派的代表，都应当遵循统一的资格标准，尤其是选派的仲裁员或陪审员，都应当具备法定任职条件并取得法定任职资格，以确保其素质。

(3) "三方原则"在权限配置的落实。即劳动争议处理的各项权力都应当依其特点在三方之间进行合理配置。其中，劳动争议处理规则的制定权，重大案件或疑难案件的处理权，应当由三方分享并共同行使；一般案件的处理权，总体上应当三方分享并共同行使，但具体到每个案件则不一定由三方分享或共同行使；劳动争议处理的监督权，应当由三方分享，但不一定三方共同行使，也可以由各方分别行使。

案例分析题

1. **答案**：(1) 田某、孙某、李某三人与厂方的争议属于《劳动争议调解仲裁法》中规定的劳动争议。该法第2条规定："中华人民共和国境内的用人单位与劳动者发生的下列劳动争议，适用本法：（一）因确认劳动关系发生的争议；（二）因订立、履行、变更、解除和终止劳动合同发生的争议；（三）因除名、辞退和辞职、离职发生的争议；（四）因工作时间、休息休假、社会保险、福利、培训以及劳动保护发生的争议；（五）因劳动报酬、工伤医疗费、经济补偿或者赔偿金等发生的争议；（六）法律、法规规定的其他劳动争议。"本案中，田某因患病而被机械厂辞退，与厂方发生的争议，属于第3项规定之情形；孙某就社会保险费缴纳问题与厂方发生的争议，属于第4项规定之情形；李某因厂方违反合同约定调整工资而与其产生的争议，属于履行劳动合同发生的争议，即第2项规定之情形。而陶某因职务晋升问题与厂方发生的争议，属于机械厂职工内部职务评定问题，不涉及劳动权利义务，因而不是劳动争议。

(2) 当事人可以通过协商、调解、仲裁和诉讼四种方式解决。《劳动法》第77条规定："用人单位与劳动者发生劳动争议，当事人可以依法申请调解、仲裁、提起诉讼，也可以协商解决。调解原则适用于仲裁和诉讼程序。"第79条规定："劳动争议发生后，当事人可以向本单位劳动争议调解委员会申请调解；调解不成，当事人一方要求仲裁的，可以向劳动争议仲裁委员会申请仲裁。当事人一方也可以直接向劳动争议仲裁委员会申请仲裁。对仲裁裁决不服的，可以向人民法院提起诉讼。"《劳动争议调解仲裁法》第4条规定："发生劳动争议，劳动者可以与用人单位协商，也可以请工会或者第三方共同与用人单位协商，达成和解协议。"第5条规定："发生劳动争议，当事人不愿协商、协商不成或者达成和解协议后不履行的，可以向调解组织申请调解；不愿调解、调解不成或者达成调解协议后不履行的，可以向劳动争议仲裁委员会申请仲裁；对仲裁裁决不服的，除本法另有规定的外，可以向人民法院提起诉讼。"根据上述规定，可以看出在四种争议解决方式中，协商、调解不是处理劳动争议的必经程序；当事人不愿协商、调解或者协商、调解不成的，可以向劳动争议仲裁委员会申请仲裁；仲裁是处理劳动争议的必经程序；对仲裁不服的，可以向人民法院起诉，但起诉前必须先经过仲裁程序。

(3)《劳动法》第80条规定："在用人单位内，可以设立劳动争议调解委员会。劳动争议调解委员会由职工代表、用人单位代表和工会代表组成。劳动争议调解委员会主任由工会代表担任。劳动争议经调解达成协议的，当事人应当履行。"第82条规定："提出仲裁要求的一方应当自劳动争议发生之日起六十日内向劳动争议仲裁委员会提出书面申请。仲裁裁决一般应在收到仲裁申请的六十日内作出。对仲裁裁决无异议的，当事人必须履行。"此外,《劳动争议调解仲裁法》第 15 条规定:"达成调解协议后,一方当事人在协议约定期限内不履行调解协议的,另一方当事人可以依法申请仲裁。"第 51 条规定:"当事人对发生法律效力的调解书、裁决书,应当依照规定的期限履行。一方当事人逾期不履行的,另一方当事人可以依照民事诉讼法的有关规定向人民法院申请执行。受理申请的人民法院应当依法执行。"

因此,协商与调解达成的协议,双方当事人应当自觉履行,协议没有强制执行力;对仲裁裁决无异议的,当事人必须履行,一方当事人在法定期限内不起诉又不履行仲裁裁决的,另一方当事人可以申请人民法院强制执行;至于诉讼的效力则依《民事诉讼法》规定,即一审裁判的上诉期届满而当事人未提起上诉时,一审裁判生效,当事人应服从裁判。一方不履行裁判,另一方可请求人民法院强制执行。当事人在上诉期内提起上诉的,则开始二审程序,二审法院的裁判为终局裁判,当事人应该服从。对二审裁判仍不服的,当事人可以通过申诉提起审判监督程序。

2. **答案**:不正确,因为尹某申请仲裁时并没有超过仲裁时效。本案的关键在于仲裁时效的起算点。《劳动争议调解仲裁法》第 27 条第 1 款规定:"劳动争议申请仲裁的时效期间为一年。仲裁时效期间从当事人知道或者应当知道其权利被侵害之日起计算。"本案中,厂方明知尹某停薪留职,只是在厂里张贴公告,并没有通知尹某本人,也未通知其家人朋友,导致尹某无从知道其权利受到侵害。同时,尹某停薪留职的期限是 2 年。至 2024 年 9 月,尚未届满,也不足以推知其应当知道其权利受到侵害。因此根据前述法条,本案中,应以尹某得知自己被辞退的日期 2024 年 9 月 28 日为仲裁时效的起算点。尹某在 2024 年 12 月提起仲裁,仍在 1 年的仲裁时效内。综上所述,仲裁委员会不予受理的决定是不正确的。

3. **答案**:(1)不合法。根据《劳动争议调解仲裁法》第 10 条的规定,企业劳动争议调解委员会主任由工会成员或者双方推举的人员担任。而本案中,直接由该企业人事处副处长担任调解委员会主任是不符合法律规定的。

(2)不合法。是否向劳动争议调解委员会申请调解,应当由双方当事人自愿选择。张某不同意调解,调解委员会无权维持企业的处理决定。

(3)不应该受理。劳动争议实行仲裁前置程序。

第十七章 劳动监察

☑ 单项选择题

1. 答案：D。 劳动监察是指法定专门机关代表国家对劳动法的遵守情况依法进行的检查、纠举、处罚等一系列监督活动。《劳动法》第85条规定："县级以上各级人民政府劳动行政部门依法对用人单位遵守劳动法律、法规的情况进行监督检查，对违反劳动法律、法规的行为有权制止，并责令改正。"《劳动保障监察条例》第3条规定："国务院劳动保障行政部门主管全国的劳动保障监察工作。县级以上地方各级人民政府劳动保障行政部门主管本行政区域内的劳动保障监察工作。县级以上各级人民政府有关部门根据各自职责，支持、协助劳动保障行政部门的劳动保障监察工作。"

2. 答案：C。《劳动法》第85条规定："县级以上各级人民政府劳动行政部门依法对用人单位遵守劳动法律、法规的情况进行监督检查，对违反劳动法律、法规的行为有权制止，并责令改正。"

3. 答案：A。《劳动保障监察条例》第27条规定："用人单位向社会保险经办机构申报应缴纳的社会保险费数额时，瞒报工资总额或者职工人数的，由劳动保障行政部门责令改正，并处瞒报工资数额1倍以上3倍以下的罚款。骗取社会保险待遇或者骗取社会保险基金支出的，由劳动保障行政部门责令退还，并处骗取金额1倍以上3倍以下的罚款；构成犯罪的，依法追究刑事责任。"

4. 答案：C。《劳动保障监察条例》第28条第1款规定："职业介绍机构、职业技能培训机构或者职业技能考核鉴定机构违反国家有关职业介绍、职业技能培训或者职业技能考核鉴定的规定的，由劳动保障行政部门责令改正，没收违法所得，并处1万元以上5万元以下的罚款；情节严重的，吊销许可证。"

☑ 多项选择题

1. 答案：ABC。 依《劳动法》规定，劳动监察的相对人为用人单位，而将劳动者排除在外。但要明确的是，某些在用人单位担任一定管理职务的劳动者应列入监察相对人之列，因为此种情形下他们是用人单位的代表或代理人；某些劳动服务主体（如职业介绍机构等）也有必要列入劳动监察相对人，因为劳动服务主体与劳动者权益紧密联系，甚至在一定意义上决定着劳动者权益的实现。

2. 答案：ABCD。《劳动保障监察条例》第8条规定："劳动保障监察遵循公正、公开、高效、便民的原则。实施劳动保障监察，坚持教育与处罚相结合，接受社会监督。"

3. 答案：ABD。《劳动保障监察条例》第11条规定："劳动保障行政部门对下列事项实施劳动保障监察：（一）用人单位制定内部劳动保障规章制度的情况；（二）用人单位与劳动者订立劳动合同的情况；（三）用人单位遵守禁止使用童工规定的情况；（四）用人单位遵守女职工和未成年工特殊劳动保护规定的情况；（五）用人单位遵守工作时间和休息休假规定的情况；（六）用人单位支付劳动者工资和执行最低工资标准的情况；（七）用人单位参加各项社会保险和缴纳社会保险费的情况；（八）职业介绍机构、职业技能培训机构和职业技能考核鉴定机构遵守国家有关职业介绍、职业技能培训和职业技能考核鉴定的规定的情况；（九）法律、法规规定的其他劳动保障监察事项。"

4. 答案：ACD。 吊销营业执照权属于工商行政管理部门。

☑ 名词解释

1. 答案： 劳动监察是劳动保障行政部门依法对

用人单位遵守劳动法的情况进行检查、监督，并对违法行为予以处罚的执法活动的总称。劳动监察是保障劳动法实施的重要手段，通过劳动监察可以维护劳动法的权威，以公权力介入的方式保障劳动者的权益。

2. 答案：劳动监察员，是指国家设立的执行劳动监察的专职或兼职人员。凡担任劳动监察人员者，必须具备法定的资格，且由劳动行政部门或其行政首长任免。

3. 答案：劳动监察客体，即劳动监察的对象，一般是指监察相对人（或称被监察主体）实施的为劳动法所规范的行为。劳动监察客体范围包括监察相对人范围、被监察法律规范范围、被监察事项范围几个方面。

4. 答案：劳动监察权是指国家法律授予的劳动监察机关和各级工会依法享有的对企业、事业单位及有雇工的个体工商户执行劳动法规的情况进行监督、检查，对违反劳动法规的行为进行处罚的权力。

简答题

1. 答案：劳动监察是劳动保障行政部门依法对用人单位遵守劳动法的情况进行检查、监督，并对违法行为予以处罚的执法活动的总称。劳动监察是保障劳动法实施的重要手段，通过劳动监察可以维护劳动法的权威，以公权力介入的方式保障劳动者的权益。劳动监察具有以下基本属性：（1）法定性。劳动监察规则为法律所规定，并且这种法律规定是强行性规范，监察主体严格依据法律实施监察活动，被监察主体不得以协议或其他方式逃避监察。（2）行政性。劳动监察属于行政执法和行政监督范畴，是行使行政权力的具体行政行为。（3）专门性。劳动监察是由法定的专门机构和人员针对劳动法的遵守所实施的专门监督。（4）唯一性。在劳动法监督体系中，唯有劳动监察是以国家名义对劳动法的遵守实行统一和全面监督。

2. 答案：劳动监察是劳动保障行政部门依法对用人单位遵守劳动法的情况进行检查、监督，并对违法行为予以处罚的执法活动的总称。劳动监察是保障劳动法实施的重要手段，通过劳动监察可以维护劳动法的权威，以公权力介入的方式保障劳动者的权益。劳动监察与劳动仲裁主要区别表现在：

（1）劳动仲裁机构由劳动行政部门、工会和用人单位团体三方代表组成；劳动监察机构则是劳动行政部门的职能机构。

（2）劳动仲裁是一种社会干预行为；劳动监察直接以查处、纠正监察相对人违反劳动法行为，督促监察相对人遵守劳动法为目的。

（3）劳动仲裁机构应劳动争议当事人的请求而实施仲裁；劳动监察主体对其职权范围内的事项则应主动进行监察。

（4）劳动仲裁所依据的实体法既可以是强行性规范，也可以是任意性规范，并且还能够依据合法有效的合同条款、企业内部劳动规则进行调解和裁决；劳动监察所依据的实体法应只限于强行性规范，不得以合同条款和企业内部劳动规则作为监察决定的依据。

（5）劳动仲裁机构无权对劳动争议当事人进行处罚，但对劳动争议有调解权；劳动监察主体对违反劳动法的监察相对人则有一定的处罚权，但对被监察事项无调解权。

（6）劳动争议当事人不服仲裁裁决，按我国现行规定，可依法提出民事诉讼；监察相对人不服监察决定，则可依法申请行政复议或提起行政诉讼。

论述题

答案：界定监察相对人的范围，首先应当明确，在劳动关系当事人双方，只有用人单位方才是监察相对人。我国现行立法规定："县级以上各级人民政府劳动行政部门依法对用人单位遵守劳动法律、法规的情况进行监督检查。"立法之所以如此，其主要理由在于：

（1）劳动关系双方当事人虽然都必须遵守劳动法，但劳动法已将执行劳动纪律的权力赋予用人单位，用人单位可依法对劳动者行使生产（工作）指挥权和违纪行为制裁权，其中已包含了对劳动者遵守劳动法的监督。相反，劳动者在劳动关系中处于从属地位，对于用人单位遵守劳动法的情况，不可能像用人单位监督劳动者那样单凭自己的力量进行有效的监督。(2) 劳动法以保护劳动者为主旨,对劳动者实行的是权利本位主义,对用人单位实行的则是义务本位主义。因而,用人单位遵守劳动法的责任和难度都大于劳动者,这就特别要求对用人单位遵守劳动法的情况实行监督。(3) 在劳动法中,劳动基准法规定的是用人单位向劳动者提供劳动条件所必须达到的最低标准,亦即为用人单位设定的最基本义务,以保证劳动基准法的遵守为目的的劳动监察,当然只能以用人单位作为被监察主体。(4) 劳动监察最初是在雇主不遵守劳动法的现象相当普遍和严重的背景下产生的,一开始就直接以监督雇主遵守劳动法为目的,后来的发展实践也一直表明劳动监察坚持此目的的必要。于是,以雇主方作为监察相对人,在世界上已成了传统性和普遍性劳动监察规则。可见,在劳动关系当事人双方,只将用人单位作为监察相对人,与劳动关系和劳动法的本质要求相符。

在不应当将劳动者方列为监察相对人的同时,还应当明确:(1) 将劳动者方置于监察相对人范围之外,并不意味着劳动者遵守劳动法的情况不受监督,更不意味着劳动者违反劳动法不受处罚。实际上,劳动者在劳动过程中始终处于用人单位的监督之下;劳动者不履行劳动义务,不仅会受到用人单位的纪律制裁,而且还应承担违约责任,甚至还应受到刑事处罚。但是,这些都不属于劳动监察的内容。(2) 将劳动者方不包括在监察相对人范围之内,并不排除在用人单位中担任一定管理职务的劳动者仍应被列为监察相对人。但此种情形下,劳动者是作为用人单位的代表人或代理人,而不是作为劳动关系中用人单位的对方当事人。

界定监察相对人的范围,还应当明确,有必要把某些劳动服务主体也列为监察相对人。劳动服务主体与劳动者权益联系密切,甚至在一定意义上决定着劳动者权益的实现,尤其是决定着劳动基准法的实施,把它们列为监察相对人,有利于保护劳动者的权益。根据我国有关法规的规定,职业介绍机构、职业培训机构、职业技能鉴定机构、社会保险机构和境外就业服务机构等,都应当列为监察相对人;劳动保护监测、检验机构,矿山工程的设计、施工单位,锅炉压力容器的设计、制造、安装、检验、修理单位,劳动防护用品的生产、经营单位等,都应当列为劳动保护监察的监察相对人。

综合测试题一

☑ 单项选择题

1. 答案：A。我国法律明确禁止传染病病原携带歧视，保障传染病病原携带者在就业、生活等方面不受不合理的差别对待。传染病歧视表述不准确，行为障碍歧视、视听障碍歧视一般不属于健康歧视中与题干并列的常见类型。所以选A。

2. 答案：D。根据《劳动合同法》的有关规定，建立劳动关系，应当订立书面劳动合同，而非协商选择书面或口头形式，A错误。已建立劳动关系，未同时订立书面劳动合同的，应当自用工之日起1个月内订立书面劳动合同，B、C错误。用人单位自用工之日起超过1个月不满1年未与劳动者订立书面劳动合同的，应当向劳动者每月支付2倍的工资，D正确。

3. 答案：D。根据国家统计局的规定，工资总额由计时工资、计件工资、奖金、津贴和补贴、加班加点工资、特殊情况下支付的工资组成。职工福利费用是企业用于职工集体福利方面的支出，不属于工资范围。所以选D。

4. 答案：A。《国务院关于职工探亲待遇的规定》明确，已婚职工探望父母的，每4年给假一次，假期为20天。所以选A。

5. 答案：B。《劳动法》规定，不得安排女职工在哺乳未满12个月的婴儿期间从事国家规定的第三级体力劳动强度的劳动和哺乳期禁忌从事的其他劳动，不得安排其延长工作时间和夜班劳动。所以选B。

6. 答案：C。劳动保障行政部门依法实施劳动保障监察活动，对用人单位遵守劳动保障法律、法规和规章的情况进行监督检查，维护劳动者的合法权益。严格意义上，"劳动保障检查活动"表述不准确，不存在"劳动保障督查活动""劳动保障检察活动"的规范说法。所以选C。

7. 答案：B。用人单位与其招用的领取退休金的人员之间属于劳务关系而非劳动关系，A项错误。用人单位与劳动者因除名、辞退和辞职、离职发生的争议属于劳动争议，应按劳动关系处理，B正确。企业停薪留职人员、未达到法定退休年龄的内退人员与新的用人单位之间按劳务关系处理居多，C、D错误。

8. 答案：A。社会法是调整劳动关系、社会保障、社会福利和特殊群体权益保障等方面的法律规范，社会救助法旨在保障困难群体的基本生活，属于社会法的体系。所以选A。

9. 答案：C。职工福利是用人单位为了吸引人才或稳定员工而自行为员工采取的福利措施，其提供者主要是用人单位。国家主要是通过立法等方式进行规范引导，企业工会可参与组织部分福利活动但不是主要提供者，劳动者是职工福利的享受者。所以选C。

10. 答案：B。《劳动保障监察条例》第17条规定："劳动保障行政部门对违反劳动保障法律、法规或者规章的行为的调查，应当自立案之日起60个工作日内完成；对情况复杂的，经劳动保障行政部门负责人批准，可以延长30个工作日。"

☑ 多项选择题

1. 答案：ACD。劳动法律关系的产生，是指劳动者与用人单位之间依法确立劳动法律关系，而产生相互权利和义务。引起劳动法律关系发生的法律事实，必须是合法行为，并且其中必须有劳动者与用人单位的合意行为。个体工商户雇佣童工为违法行为，丙与单位协议改变岗位是引起劳动法律关系变更的法律事实，甲与某旅馆延期的协议将导致劳动法律关系的续展，并非劳动法律关系的再次发生，因此答案为ACD。

2. 答案：BCD。《劳动法》第28条规定："用人单位依据本法第二十四条、第二十六条、

第二十七条的规定解除劳动合同的,应当依照国家有关规定给予经济补偿。"另外,试用期内解除劳动合同可以不支付经济补偿金。因此 A 项符合规定。BCD 当选。

3. 答案:ABCD。参见《未成年工特殊保护规定》第 3 条。

4. 答案:AC。《失业保险条例》第 6 条规定:"城镇企业事业单位按照本单位工资总额的百分之二缴纳失业保险费。城镇企业事业单位职工按照本人工资的百分之一缴纳失业保险费。城镇企业事业单位招用的农民合同制工人本人不缴纳失业保险费。"B 项错误。第 8 条第 1 款规定:"省、自治区可以建立失业保险调剂金。"D 项错误。第 16 条第 3 款规定:"失业保险金由社会保险经办机构按月发放。社会保险经办机构为失业人员开具领取失业保险金的单证,失业人员凭单证到指定银行领取失业保险金。"A 项正确。第 19 条规定:"失业人员在领取失业保险金期间患病就医的,可以按照规定向社会保险经办机构申请领取医疗补助金。医疗补助金的标准由省、自治区、直辖市人民政府规定。"C 项正确。答案为 AC。

5. 答案:BCD。《劳动合同法》第 14 条规定:"无固定期限劳动合同,是指用人单位与劳动者约定无确定终止时间的劳动合同。用人单位与劳动者协商一致,可以订立无固定期限劳动合同。有下列情形之一,劳动者提出或者同意续订、订立劳动合同的,除劳动者提出订立固定期限劳动合同外,应当订立无固定期限劳动合同:(一)劳动者在该用人单位连续工作满十年的;(二)用人单位初次实行劳动合同制度或者国有企业改制重新订立劳动合同时,劳动者在该用人单位连续工作满十年且距法定退休年龄不足十年的;(三)连续订立二次固定期限劳动合同,且劳动者没有本法第三十九条和第四十条第一项、第二项规定的情形,续订劳动合同的。用人单位自用工之日起满一年不与劳动者订立书面劳动合同的,视为用人单位与劳动者已订立无固定期限劳动合同。"BCD 符合上述规定,当选。

名词解释

1. 答案:劳务派遣,又称劳动派遣或劳动力派遣,是指派遣单位按照用工单位或劳动力市场的需要招收劳动者并与之订立劳动合同,按照其与用工单位订立的劳务派遣协议将劳动者派遣到用工单位劳动,劳动过程由用工单位管理,工资和社会保险费用等项待遇由用工单位提供给派遣单位,再由派遣单位支付给劳动者,并为劳动者办理社会保险登记和缴费等项事务;用工单位向派遣单位就提供的服务支付劳务费的一种特殊用工形式。

2. 答案:劳动争议,又称劳动纠纷,其广义是指劳动关系双方当事人或其团体之间关于劳动权利和劳动义务的争议;其狭义仅指劳动关系双方当事人之间关于劳动权利和劳动义务的争议。在劳动立法和劳动法学中,一般取其狭义。

论述题

答案:《劳动法》第 3 条规定,作为劳动法律关系主体一方的劳动者享有的基本权利主要有:平等就业和选择职业的权利、取得劳动报酬的权利、休息休假的权利、获得劳动安全卫生保护的权利、接受职业技能培训的权利、享受社会保险和福利的权利、提请劳动争议处理的权利以及法律规定的其他劳动权利。具体如下:

(1) 平等就业和选择职业的权利

平等就业权:劳动者就业,不因民族、种族、性别、宗教信仰不同而受歧视。用人单位在录用职工时,除国家规定的不适合妇女的工种或者岗位外,不得以性别为由拒绝录用妇女或者提高对妇女的录用标准。法律保障劳动者在求职过程中享有公平竞争的机会,禁止任何形式的就业歧视,确保各类劳动者都能平等地参与劳动力市场竞争。选择职业权:劳动者有权根据自己的意愿、兴趣、能力等自主选择适合自己的职业和工作岗位,任何单位和个人不得强迫劳动者从事其不愿意从事的工作。劳动者可以在不同的行业、企业和职位之间进行自由流动和选择，以实现自身的职业发展和价值。

(2) 取得劳动报酬的权利

工资获取权：劳动者付出劳动后，有权获得相应的劳动报酬，这是劳动者维持自身及家庭生活的基本经济来源。工资应当以货币形式按月支付给劳动者本人，不得克扣或者无故拖欠劳动者的工资。工资合理增长权：随着经济的发展和企业效益的提高，劳动者有权要求工资水平相应提高。国家实行最低工资保障制度，用人单位支付劳动者的工资不得低于当地最低工资标准，同时鼓励企业通过集体协商等方式合理确定工资增长幅度，保障劳动者分享经济发展成果。

(3) 休息休假的权利

休息权：劳动者每日工作时间不超过8小时，每周工作时间不超过40小时，用人单位应当保证劳动者每周至少休息1日。此外，劳动者在工作日内还享有必要的休息时间，如间歇休息、用餐时间等，以恢复体力和精力，保障劳动者的身心健康。休假权：劳动者依法享有法定节假日、年休假、婚丧假、探亲假、产假等带薪休假权利。法定节假日是全体公民放假的节日，劳动者在法定节假日期间休息，用人单位应当支付工资；年休假是劳动者连续工作1年以上享有的带薪休假，休假天数根据工作年限确定；婚丧假、探亲假、产假等则是根据劳动者的特定生活事件给予的相应假期，保障劳动者在处理家庭事务等方面的权益。

(4) 获得劳动安全卫生保护的权利

安全工作环境权：用人单位必须建立、健全劳动安全卫生制度，严格执行国家劳动安全卫生规程和标准，对劳动者进行劳动安全卫生教育，防止劳动过程中的事故，减少职业危害。工作场所应符合国家规定的劳动安全卫生标准，配备必要的劳动防护设施和用品，如安全帽、安全鞋、防护手套、防尘口罩等，确保劳动者在安全的环境中工作。职业健康保障权：对从事有职业危害作业的劳动者应当定期进行健康检查，用人单位若发现劳动者存在职业禁忌或者与所从事职业相关的健康损害，应当及时将其调离原岗位，并妥善安置。同时，劳动者有权了解其作业场所和工作岗位存在的危险因素、防范措施及事故应急措施等。

(5) 接受职业技能培训的权利

职业培训机会权：劳动者有要求用人单位按照国家规定和劳动合同约定，为其提供职业技能培训的权利。用人单位应当建立职业培训制度，按照国家规定提取和使用职业培训经费，根据本单位实际，有计划地对劳动者进行职业培训。培训质量保障权：劳动者有权接受高质量、符合实际需求的职业技能培训，以提高自身的职业素质和就业能力。培训内容应紧密结合实际工作需要，采用科学合理的培训方法和手段，确保劳动者能够真正学到实用的技能和知识。

(5) 享受社会保险和福利的权利

社会保险权：劳动者依法享有基本养老保险、基本医疗保险、工伤保险、失业保险、生育保险等社会保险待遇。用人单位和劳动者必须依法参加社会保险，缴纳社会保险费，劳动者在年老、患病、工伤、失业、生育等情况下，有权按照国家规定从社会保险基金中获得物质帮助，保障其基本生活和医疗需求等。福利权：劳动者有权享受用人单位提供的各种职工福利，如集体福利设施（食堂、宿舍、浴室等）、生活困难补助、文化娱乐活动等，以及国家和社会提供的公共福利，如公共卫生设施、公共文化设施等，以提高生活质量和工作满意度。

(6) 提请劳动争议处理的权利

争议处理请求权：当劳动者与用人单位之间发生劳动争议时，劳动者有权依法向劳动争议调解组织申请调解，向劳动争议仲裁委员会申请仲裁，对仲裁裁决不服的，有权向人民法院提起诉讼。法律为劳动者提供了多种解决劳动争议的途径和方式，保障劳动者的合法权益得到及时、有效的维护。争议处理参与权：在劳动争议处理过程中，劳动者有权参与调解、仲裁和诉讼等各个环节，表达自己的诉求和意见，提供证据，进行辩论等，以维护自己的合法权益。

(7) 法律规定的其他劳动权利

劳动者还享有法律规定的其他权利，如依法参加和组织工会的权利，通过工会维护自身的合法权益；对用人单位管理人员违章指挥、强令冒险作业有权拒绝执行，对危害生命安全和身体健康的行为有权提出批评、检举和控告等。这些权利共同构成了劳动者在劳动关系中的权利体系，保障劳动者在劳动过程中的合法权益和尊严。

案例分析题

答案：（1）应予支持，《劳动合同法》第40条规定："有下列情形之一的，用人单位提前三十日以书面形式通知劳动者本人或者额外支付劳动者一个月工资后，可以解除劳动合同……"因此单位解除劳动合同，如果不选择提前一个月通知，就必须额外支付一个月工资。

（2）不成立。《劳动合同法》第26条规定，下列劳动合同无效或者部分无效：①以欺诈、胁迫的手段或者乘人之危，使对方在违背真实意思的情况下订立或者变更劳动合同的；②用人单位免除自己的法定责任、排除劳动者权利的；③违反法律、行政法规强制性规定的。对劳动合同的无效或者部分无效有争议的，由劳动争议仲裁机构或者人民法院确认。"劳动合同期内不准结婚"的规定属于上述第3项的情形，违反了《宪法》《民法典》《妇女权益保障法》等关于保障婚姻自由权利的规定，属于无效条款。

（3）《劳动争议调解仲裁法》第49条规定："用人单位有证据证明本法第四十七条规定的仲裁裁决有下列情形之一，可以自收到仲裁裁决书之日起三十日内向劳动争议仲裁委员会所在地的中级人民法院申请撤销裁决：（一）适用法律、法规确有错误的；（二）劳动争议仲裁委员会无管辖权的；（三）违反法定程序的；（四）裁决所根据的证据是伪造的；（五）对方当事人隐瞒了足以影响公正裁决的证据的；（六）仲裁员在仲裁该案时有索贿受贿、徇私舞弊、枉法裁决行为的。人民法院经组成合议庭审查核实裁决有前款规定情形之一的，应当裁定撤销。仲裁裁决被人民法院裁定撤销的，当事人可以自收到裁定书之日起十五日内就该劳动争议事项向人民法院提起诉讼。"据此，仲裁员收受当事人贵重礼品的行为属于此规定的第6项，展望银行可以在自收到仲裁裁决书之日起30日内向劳动争议仲裁委员会所在地的中级人民法院申请撤销裁决。仲裁裁决被人民法院裁定撤销后，展望银行可以自收到裁定书之日起15日内就该此事项向人民法院提起诉讼。

综合测试题二

单项选择题

1. 答案：B。 回顾世界范围劳动法的历史，资本主义发展初期，雇佣关系由民法调整。但随着资本主义发展，劳动关系双方矛盾逐渐尖锐，国家开始对雇佣关系进行干预，制定专门的劳动法规。这种干预使劳动法具备独特原则、制度和调整方法，逐渐从民法中独立出来。工人运动兴起是推动因素而非根源；劳动关系双方矛盾发展是背景，国家干预才是关键；法律社会化是结果而非根源。所以选B。

2. 答案：D。《劳动合同法》第19条第2款规定，同一用人单位与同一劳动者只能约定1次试用期，以避免用人单位利用试用期侵犯劳动者权益。所以A、B、C选项错误，D选项正确。

3. 答案：A。 集体合同是工会等组织代表劳动者与用人单位就劳动报酬、工作时间等事项签订的合同，个体劳动合同劳动标准和条件不能低于集体合同规定，以保障劳动者权益。所以选A。

4. 答案：B。《工资支付暂行规定》第16条规定，因劳动者本人原因给用人单位造成经济损失的，用人单位可按照劳动合同的约定要求其赔偿经济损失。经济损失的赔偿，可从劳动者本人的工资中扣除。但每月扣除的部分不得超过劳动者当月工资的20%。若扣除后的剩余工资部分低于当地月最低工资标准，则按最低工资标准支付。所以选B。

5. 答案：D。《国务院关于职工工作时间的规定》第3条规定，职工每日工作8小时、每周工作40小时。实行综合计算工时工作制，平均每周工作时间也不得超过40小时。所以选D。

6. 答案：C。 特种作业危险性高，特种作业人员必须经专门安全技术培训，取得相应资格，方可上岗作业。未经培训或考核不合格不得上岗，这是保障安全生产的强制要求。所以选C。

7. 答案：B。《劳动法》第63条规定，不得安排女职工在哺乳未满12个月的婴儿期间从事国家规定的第3级体力劳动强度的劳动和哺乳期禁忌从事的其他劳动，不得安排其延长工作时间和夜班劳动。所以选B。

8. 答案：B。《劳动争议调解仲裁法》第21条第2款规定，劳动争议由劳动合同履行地或者用人单位所在地的劳动争议仲裁委员会管辖。双方当事人分别向劳动合同履行地和用人单位所在地的劳动争议仲裁委员会申请仲裁的，由劳动合同履行地的劳动争议仲裁委员会管辖。所以选B。

多项选择题

1. 答案：ABC。 劳动者倾斜保护理论主要体现在：偏重于规定劳动者的权利和用人单位的义务；以强制性规范规定劳动标准；对用人单位单方解除劳动合同关系实行严格限制；在劳动监察制度中，监察对象一般只限于或者主要是用人单位遵守劳动法的行为等方面。因此D项不选，答案为ABC。

2. 答案：BCD。《违反〈劳动法〉有关劳动合同规定的赔偿办法》第4条规定："劳动者违反规定或劳动合同的约定解除劳动合同，对用人单位造成损失的，劳动者应赔偿用人单位下列损失：（一）用人单位招收录用其所支付的费用；（二）用人单位为其支付的培训费用，双方另有约定的按约定办理；（三）对生产、经营和工作造成的直接经济损失；（四）劳动合同约定的其他赔偿费用。"因此用人单位可以对BCD三项的损失要求赔偿。

3. 答案：AC。《劳动合同法》第42条规定："劳动者有下列情形之一的，用人单位不得依照本法第四十条、第四十一条的规定解除劳动合同：（一）从事接触职业病危害作业的劳动者未进行离岗前职业健康检查，或者疑似职业病病人在诊断或者医学观察期间的；（二）在本单位患职业病或者因工负伤并被确认丧失或者部分丧失劳动能力的；（三）患病或者非因工负伤，在规定的医疗期内的；（四）女职工在孕期、产期、哺乳期的；（五）在本单位连续工作满十五年，且距法定退休年龄不足五年的；（六）法律、行政法规规定的其他情形。"

因此 AC 当选。

4. **答案**：ABC。《劳动合同法》第 37 条规定："劳动者提前三十日以书面形式通知用人单位，可以解除劳动合同。劳动者在试用期内提前三日通知用人单位，可以解除劳动合同。"《劳动合同法》第 38 条规定："用人单位有下列情形之一的，劳动者可以解除劳动合同：（一）未按照劳动合同约定提供劳动保护或者劳动条件的；（二）未及时足额支付劳动报酬的；（三）未依法为劳动者缴纳社会保险费的；（四）用人单位的规章制度违反法律、法规的规定，损害劳动者权益的；（五）因本法第二十六条第一款规定的情形致使劳动合同无效的；（六）法律、行政法规规定劳动者可以解除劳动合同的其他情形。用人单位以暴力、威胁或者非法限制人身自由的手段强迫劳动者劳动的，或者用人单位违章指挥、强令冒险作业危及劳动者人身安全的，劳动者可以立即解除劳动合同，不需事先告知用人单位。"结合文义和体系解释，只有"用人单位以暴力、威胁或者非法限制人身自由的手段强迫劳动者劳动的"或者"用人单位违章指挥、强令冒险作业危及劳动者人身安全的"这两种情形之下，劳动者可以随时立即解除劳动合同，不需事先告知用人单位。第 38 条规定的其他情形均需满足第 37 条的程序性要求。因此，ABC 错误。

5. **答案**：BD。《劳动法》第 77 条规定："用人单位与劳动者发生劳动争议，当事人可以依法申请调解、仲裁、提起诉讼，也可以协商解决。调解原则适用于仲裁和诉讼程序。"《劳动争议调解仲裁法》第 3 条规定："解决劳动争议，应当根据事实，遵循合法、公正、及时、着重调解的原则，依法保护当事人的合法权益。"因此 D 项正确。《劳动争议调解仲裁法》第 5 条规定："发生劳动争议，当事人不愿协商、协商不成或者达成和解协议后不履行的，可以向调解组织申请调解；不愿调解、调解不成或者达成调解协议后不履行的，可以向劳动争议仲裁委员会申请仲裁；对仲裁裁决不服的，除本法另有规定的外，可以向人民法院提起诉讼。"因此 A 项错误。根据《劳动争议调解仲裁法》第 47 条、第 50 条的规定，只有一部分劳动争议案件是仲裁终局，因此 C 错误。劳动仲裁是劳动诉讼的前置程序，B 正确。

名词解释

1. **答案**：劳动法律关系，是劳动法主体之间以劳动为纽带产生的社会关系经由劳动法调整后形成的权利义务关系。劳动法调整的社会关系有两类：一类是劳动关系，即劳动者与用人单位之间形成的社会关系，又称个别劳动关系；另一类是与劳动关系密切相连的社会关系，包括集体劳动关系、劳动服务关系和劳动行政关系。劳动法通过对前述两类社会关系的调整，分别形成个别劳动法律关系、集体劳动法律关系、劳动服务法律关系和劳动行政法律关系。其中，个别劳动法律关系，即劳动者与用人单位之间的法律关系，是最重要的劳动法律关系，劳动法的基本理念、特点、原则和内容等，主要以这类劳动法律关系为研究对象凝练而成。

2. **答案**：社会保险是与劳动风险相对应的概念，它是指当劳动者完全或部分丧失劳动能力、暂时或永久丧失劳动机会的情况下，为了确保劳动者的生存和劳动力的再生产，而由国家和社会采取的通过给予一定物质帮助，使其至少能维持基本生活需要的一种社会保障制度。

简答题

1. **答案**：作为劳动法调整对象的劳动关系，是指劳动力所有者（劳动者）与劳动力使用者

（用人单位）之间，为实现劳动过程而发生的一方有偿提供劳动力由另一方用于同其生产资料相结合的社会关系。其下述内涵要点尤其值得重视：

（1）劳动者与雇主（用人单位）的关系。即劳动关系当事人一方固定为劳动力所有者和支出者，称劳动者（或雇员、劳工），另一方固定为生产资料占有者和劳动力使用者，称雇主（或用人单位）。其中，劳动者在劳动过程中及其前后都是劳动力所有者，并且在劳动过程中还是劳动力支出者；雇主以占有生产资料作为其成为劳动力使用者的必要条件。

（2）劳动力与生产资料相结合的关系。劳动力和生产资料是劳动的两大要素。劳动过程的实现须以劳动力与生产资料相结合为前提。

（3）劳动力使用关系。在劳动力与生产资料的结合中，劳动力所有权与使用权发生分离，劳动者将其劳动力使用权转让给雇主，由雇主将劳动力用于同其生产资料相结合。雇主享有劳动力使用权，具体决定和安排劳动力在劳动过程中的使用，劳动者的劳动应当服从雇主的安排、指挥和监督。

（4）劳动组织关系。雇主使用劳动力的过程，表现为雇主将劳动者的劳动力纳入其生产经营系统安排使用的过程。劳动者被雇主安排在生产经营系统中特定岗位（职位）从事劳动，成为雇主的劳动组织成员。因而，劳动者作为劳动组织成员，对雇主有忠实义务，应当遵守雇主的劳动规章制度。

（5）劳动力有偿转让（或称劳动力交易）关系。这里的"有偿"，不限于劳动报酬，而是劳动力再生产的全部条件。即雇主使用劳动者的劳动力，应当以向劳动者提供劳动力再生产的条件为代价。这是因为，劳动者所转让的只是劳动力使用权，而仍然享有劳动力所有权。在劳动关系中，劳动力所有权以依法能够自由支配劳动力并且获得劳动力再生产的保障为基本标志；雇主在使用劳动力的过程中应当为劳动者提供保障劳动力再生产所需要的时间、物质、技术学习等方面的条件，不得损害劳动力本身及其再生产机制，也不得侵犯劳动者转让劳动力使用权的自由和在劳动力被合法使用之外支配劳动力的自由。

2. **答案**：在我国，劳动争议的处理方式主要有协商、调解、仲裁和诉讼四种方式。劳动争议基层调解是指劳动争议调解委员会对当事人双方自愿申请调解的劳动争议，在查明事实，分清是非的前提下，依据法规、政策的规定和集体合同、劳动合同的约定，通过说服、劝导和教育，促使双方当事人在平等协商、互谅互让的基础上自愿达成解决劳动争议的协议。劳动争议仲裁是指劳动争议仲裁机构对当事人请求解决的劳动争议，依法居中公断的执法行为，包括对劳动争议依法审理并进行调解、裁决的一系列活动。劳动争议诉讼，是指法院在劳动争议双方当事人和其他诉讼参与人的参加下，依法审理和解决劳动争议案件的活动。

其中，协商、调解不是处理劳动争议的必经程序。当事人不愿协商、调解或者协商、调解不成的，可以向劳动争议仲裁委员会申请仲裁。仲裁是处理劳动争议的法定必经程序。对仲裁不服的，可以向人民法院起诉，在起诉前必须先经过仲裁程序。协商与调解达成的协议，双方当事人应当自觉履行，协议没有强制执行力；对仲裁裁决无异议的，当事人必须履行，一方当事人在法定期限内不起诉又不履行仲裁裁决的，另一方当事人可以申请人民法院强制执行；劳动争议诉讼所产生的生效裁判，具有当然的强制执行力。

论述题

1. **答案**：集体合同在保护劳动者利益和协调劳动关系方面，具有劳动法规和劳动合同所无法取代的功能。首先，集体合同可以弥补劳动立法的不足。这突出表现在：（1）劳动法所规定的关于劳动者利益的标准属于最低标准，按此标准对劳动者进行保护只是法律所要求的最低水平，通过集体合同，可以对劳动者利益作出高于法定最低标准的约定，从而使劳动者保护的水平能够实际高于法定最低标准。（2）劳动法规关于劳动者利益和劳动关系协调规则的规定，有许多是粗线条、原则性的规定，并且，相对现实生活中丰富复杂的劳动关系而言，难免有所疏漏。通过集体合同，可以在一定范围内就劳动者利益和劳动关系协调的共性问题作出约定，从而更具体地规范劳动关系，对劳动立法的不完备起补充作用。

其次，集体合同也可以弥补劳动合同的不足。这突出表现在：（1）在签订劳动合同时，因单个劳动者是相对弱者而不足以同用人单位抗衡，难免违心地接受用人单位提出的不合理条款；而由工会代表全体劳动者签订集体合同，就可改善单个劳动者在劳动关系中的地位，利于双方平等协商，避免劳动者被迫接受不合理条款。（2）劳动者之间因各自实力不同而在与用人单位相对时实际地位有差别，仅以劳动合同来确定劳动者的权利义务，就难免有的劳动者受到歧视，即不能平等地享有权利和承担义务（如同工不同酬等）；通过集体合同就可以确保在一定范围内全体劳动者的权利和义务实现平等。（3）劳动关系的内容包括工时、定额、工资、保险、福利、安全卫生等多个方面，若都由劳动合同具体规定，每个劳动合同的篇幅必将冗长，这对劳动合同的签订和鉴证来说，都是难以承受的负担，也不利于劳动关系的及时确立，会增加确立劳动关系的成本；集体合同对劳动关系的主要内容作出具体规定后，劳动合同只需要就单个劳动的特殊情况作出约定即可。这样，就可以简化劳动合同内容，减少劳动合同签订和鉴证的工作量，降低确立劳动关系的成本。

因此，应进一步发挥集体合同所具有的功能，更好地保护劳动者合法权益，促进劳动关系的协调。

2. 答案： 社会保险是与劳动风险相对应的概念，它是指当劳动者完全或部分丧失劳动能力、暂时或永久丧失劳动机会的情况下，为了确保劳动者的生存和劳动力的再生产，而由国家和社会采取的通过给予一定物质帮助，使其至少能维持基本生活需要的一种社会保障制度。它具有社会性、福利性、强制性、互济性、补偿性、差别性等基本属性。社会保险法律制度的建立和实施，有利于维护社会秩序的稳定、促进社会进步、调节国民收入的分配和再分配、促进精神文明建设。根据社会保险的性质、属性及其功能，现阶段我国对社会保险的法律调整至少应当遵循以下原则：

（1）社会保险水平与社会生产力发展水平相适应原则。社会保险需要社会生产力的发展为其提供可能和创造条件，只有当生产力发展到一定水平，社会财富较为丰富时，国家才有能力提供较高水平的社会保险；同时，社会生产力的发展水平还制约着社会保险的水平，社会保险水平过高或过低，都会阻碍社会生产力的发展。因此，我国社会保险水平的程度，不仅要考虑社会保险保障劳动者基本生活需要的目的，而且也应充分考虑我国国情，使社会保险水平在保证实现社会保险基本目标的前提下，随着我国社会经济的不断发展，逐步提高并建立与经济发展水平相协调的社会保险联动机制。

（2）社会保险权利与义务相统一原则。社会保险制度的运行和发展在很大程度上取决于社会保险基金的建立，而社会保险基金的建立不是由某一组织或少部分人负责的，而是由国家、用人单位和劳动者共担责任的。承担社会保险责任的用人单位和劳动者个人，必须首先尽到缴纳社会保险费用的义务，才能以此作为享受社会保险待遇的权利。

（3）社会保险一体化和社会化相统一原则。社会保险一体化原则即统一社会保险的项目、统一社会保险或基本社会保险的标准、统一社会保险的管理与实施机制等。实行社会保险一体化原则有利于实现劳动者的自由流动和劳动力资源的合理配置。社会保险社会化要求进一步扩大社会保险的覆盖范围，鼓励劳动者积极参与监督社会保险制度的实施。同时，实行社会保险管理的社会化，即把原来的各部门、各单位分散管理的形式逐步转为统一的社会化管理，将用人单位承担的社会保险方面的事务性工作转为社会化服务，逐步健全全社会统一的社会化服务组织。社会保险的一体化和社会化应在立法中充分得到体现。作为社会主义市场经济重要组成部分的社会保险制度，必须符合市场经济的统一、平等的基本原则。

（4）保障功能与激励机制相结合原则。社会保险制度是为实现社会公平而设立的，但社会保险在实质上不是超越劳动者自身行为以外的恩赐，而是全体劳动者都参加和获取的社会群体行为。它需要每个劳动者的积极参与和投入，与每个劳动者的切身利益挂钩。这一原则要求劳动者不能只存在依赖心理，只讲权利不讲义务，缺乏自我保障意识，这样不利于激励劳动者努力工作，不利于提高生产和工作效率。因此，对社会保险的法律调整要坚持保障功能与激励机制相结合的原则，要处理好权利与义务、公平与效率、保障与激励的关系。

图书在版编目（CIP）数据

劳动与社会保障法配套测试 / 教学辅导中心组编.
12版. -- 北京 ：中国法治出版社，2025.8. -- （高校法学专业核心课程配套测试）. -- ISBN 978-7-5216-5283-3

Ⅰ. D922.504；D922.182.304

中国国家版本馆CIP数据核字第2025JQ9054号

责任编辑：谢雯	封面设计：杨泽江　赵博

劳动与社会保障法配套测试

LAODONG YU SHEHUI BAOZHANGFA PEITAO CESHI

组编/教学辅导中心
经销/新华书店
印刷/三河市紫恒印装有限公司

开本/787毫米×1092毫米　16开	印张/15.75　字数/322千
版次/2025年8月第12版	2025年8月第1次印刷

中国法治出版社出版

书号 ISBN 978-7-5216-5283-3	定价：39.00元

北京市西城区西便门西里甲16号西便门办公区
邮政编码：100053

网址：http://www.zgfzs.com	传真：010-63141600
市场营销部电话：010-63141612	编辑部电话：010-63141797
	印务部电话：010-63141606

（如有印装质量问题，请与本社印务部联系。）